AF565616

BENJAMIN IDRIZ

Wie verstehen Sie den Koran, Herr Imam?

GRUNDGEDANKEN FÜR EINEN ISLAM HEUTE UND HIER

INHALT

EINLEITUNG: DER KORAN – EIN BUCH, DAS MEINEN HORIZONT ERWEITERT UND MICH VOR EXTREMEN SCHÜTZT

Es ist die 27. Nacht des Monats Ramadan, in der ich diese Einleitung schreibe. Muslimen gilt sie als »Nacht des Schicksals und der Bestimmung«, *»Lailatu-l-Qadr«,* als die segensreichste Nacht des Jahres, tausend Monaten gleich (Sure 97). Diese Nacht war Zeugin einer Veränderung und des Anfangs einer neuen Ära in der Geschichte der Menschheit, denn in dieser Nacht begann die Offenbarung des Korans mit dem Befehl: *Iqra,* »Trag vor, lies (bilde dich)!« Der Ramadan ist darum nicht einfach nur der »Fastenmonat«, er ist der Monat, in dem das Buch namens Koran den Menschen als Rechtleitung gegeben und anvertraut wurde (2/*al-Baqara,* 185). Aber: Fühlen sich die Menschen durch den Koran angesprochen? Hat dieses eintausendvierhundert Jahre alte Buch den Menschen in der heutigen Zeit noch etwas zu sagen? Ich versuche, im Folgenden auf diese Frage zu antworten, aber ohne den Anspruch zu haben, dies in einer abschließenden Weise tun zu können.

In diesen Tagen des Ramadan sitze ich jeden Nachmittag in der Penzberger Moschee vor der Kamera und rezitiere 20 Seiten aus dem Koran. Bis zum Ende des Fastenmonats werde ich auf diese Weise den ganzen Koran vorgetragen haben, coronabedingt nicht vor Zuhörern in der Moschee, sondern via *livestream*. Einzelne, Eheleute, viele Familien sitzen gemütlich auf dem Sofa, haben YouTube oder Facebook geöffnet und lauschen eine Stunde lang der melodischen Rezitation. Wie viele von ihnen das Arabisch des Korans beherrschen, ist schwer zu sagen, doch Übersetzungen helfen dabei, die Botschaft Gottes zu verstehen. Aber so sehr geht es gar nicht um die Bedeutung der Worte. Was die Herzen der Zuhörenden berührt und manchmal Gänsehaut und Tränen hervorruft, ist der melodische Klang, in der die »beste aller Lehren« *(ahasanu-l-hadith)* hier zum Ausdruck kommt: *»Gott erteilt von droben, Schritt für Schritt, die beste aller Lehren in Gestalt einer göttlichen Schrift, völlig in sich stimmig, jede Aussage der Wahrheit in vielfältiger Form wiederholend – (eine göttliche Schrift) ob derer die Haut aller erschauert, die Ehrfurcht vor ihrem Erhalter haben: (aber) am Ende erweichen ihre Haut und ihr Herz beim Gedenken (der Gnade und des Wortes) Gottes ...«*[1] (39/*az-Zumar,* 23).

Schon seit meiner Kindheit rezitiere ich den Koran im Ramadan vor Menschen und dank der Jahre, in denen ich Ende der Achtziger und Anfang der Neunziger Jahre in Damaskus lebte und die arabische Sprache erlernen konnte, verstehe ich, wenn auch nicht immer ganz leicht, das, was ich rezitiere. Immer wieder entdecke ich dabei zu meinem eigenen Erstaunen etwas Neues, und es kommt mir vor, als hätte ich manche Stellen noch nie zuvor gelesen. Der Koran prägt mein Leben seit genau 40 Jahren. Als ich 8 Jahre alt war, las ich ihn zum ersten Mal ganz. Später traf ich dann die Entscheidung, den ganzen Koran auswendig zu lernen. Vor meinem Vater auf dem Boden sitzend übte ich und es gelang mir innerhalb von 17 Monaten. So bekam ich mit 11 Jahren den Ehrentitel *»Hafiz«* – jemand, der den ganzen Koran auswendig beherrscht. Die wundervolle Feier, die meine Familie zu diesem Anlass ausrichtete, ist in meinen Gedanken immer noch ganz lebendig gegenwärtig. Als damals jüngster Hafiz in Skopje im damals jugoslawischen Makedonien, begann ich, in der Moschee meines Vaters den Koran im Ramadan zu rezitieren. Seitdem prägt mich diese schöne Tradition, die in den Balkanländern und in der Türkei als *mukabela* bekannt ist. *Mukabela* heißt so viel wie »Begegnung«; die Begegnung zwischen dem Koranrezitator und den Zuhörenden sowie zwischen beiden und dem Wort Gottes. Diese Tradition fasst jetzt auch in Deutschland Fuß. In vielen Moscheen hierzulande rezitieren die Imame den ganzen Koran einmal während des Ramadan.

Und nicht nur im Ramadan spielt der Koran für mich eine große Rolle. Ich stehe täglich in der Gebetsnische der Moschee, arab. *mihrab,* die mir Ruhe und Freude beschert, um das Gebet in der Gemeinschaft zu leiten. Die Koranrezitation ist die wichtigste Voraussetzung für die Gültigkeit des Gebetes. Ich stehe wöchentlich auf der Kanzel, arab. *minbar,* um die Inhalte der Lehre des Korans mit der Gemeinschaft zu teilen. Meine zentrale Aufgabe als Imam ist durch diese beiden Pole bestimmt: *mihrab* und *minbar,* durch die Rezitation und die Erklärung dessen, was ich vom Koran wie verstanden habe, ohne dass ich je behaupten würde, mein Verständnis sei das allein gültige und richtige. In diesem Buche teile ich einige meiner Grundgedanken, wie wir als Gesellschaft den Koran verstehen können und vielleicht auch sollten, im *Hier* und *Heute*.

Der Koran stellt für mich die primäre Quelle für mein Islamverständnis dar. Er hat eine Korrekturfunktion für die Überlieferungen und die Interpretationen, die nach seiner Offenbarung aufkamen. Diese verdienen nur dann Beachtung, wenn sie mit dem Koran und seinem universellen Geist übereinstimmen. Keine Instanz kann über dem Koran stehen, nicht einmal die Sunna, die dem Propheten Muhammad zugeschriebene Überlieferung, geschweige denn die Interpretationen der Gelehrten.

Der Koran sagt, dass die Torah (5/*al-Maida,* 44) und ebenso das Evangelium (5/*al-Maida,* 45) Lichter seien. Das letzte Licht, welches Gott der Menschheit geschenkt hat, aber ist der Koran: »*Glaubt denn (o Menschen,) an Gott und*

Seinen Gesandten und an das Licht (der Offenbarung), das Wir (euch) von droben erteilt haben!« (64/*at-Taghabun*, 8). Die Metapher des Lichts bestimmt auch einen der schönsten, berühmtesten und wirkmächtigsten Verse des Korans, den so genannten Lichtvers (35/*an-Nur*, 24): *»Gott ist das Licht der Himmel und der Erde. Das Gleichnis seines Lichtes ist das einer Nische, die eine Lampe enthält. Die Lampe ist in einem Glas eingeschlossen, das Glas leuchtend wie ein strahlender Stern: Eine Lampe, entzündet von einem gesegneten Baum, einem Olivenbaum, der weder vom Osten noch vom Westen ist, dessen Öl ist so hell, dass es beinahe von sich aus Licht geben würde, selbst wenn das Feuer es nicht berührt hätte. Licht über Licht. Gott leitet zu Seinem Licht, wer geleitet werden will, und zu diesem Zweck legt Gott den Menschen Gleichnisse vor, da Gott allein volles Wissen von allen Dingen hat.«* Generationen von Korangelehrten zerbrachen sich den Kopf über die Bedeutung dieses Verses. Mit dem »Licht Gottes«, verstärkt formuliert als »Licht über Licht«, ist die Liebe Gottes, Seine Fürsorge, kurzum, Seine Botschaft an uns gemeint. Gott hat jedem Menschen Verstand und Herz gegeben, um dieses Licht zu sehen, zu spüren und ihm zu folgen. Jeder Mensch kann von Seinem Licht profitieren, so weit, wie sein Herz sich öffnet und das Licht hineinlässt. Aber es gibt vieles, das Menschen daran hindert, das Licht zu sehen. Darum sollten Muslime, wenn es um Vorurteile und Unkenntnis gegenüber dem Islam geht, die heute sehr verbreitet sind, nicht nur »die Anderen« beschuldigen, sondern auch das eigene Fehlverhalten und die eigene Unkenntnis erkennen und korrigieren.

Den Koran als leuchtendes und beleuchtendes Buch zu betrachten, bedeutet, in ihm ein Buch zu sehen, das den Horizont erweitert und nicht einschränkt. Er hat eine Korrekturfunktion; alle anderen im Islam und im Namen des Islam entstandenen Werke sind abhängig von ihm, er ist die erste und authentische Quelle. Viele Muslime bauen ihr Islamverständnis aber nicht nur auf dem Koran auf, sondern auf die Überlieferungen und Interpretationen von Gelehrten, die in anderen Zeiten und Umständen gelebt haben, wie auch auf Traditionen und kulturelle Gepflogenheiten, die manchmal der Haltung des Korans diametral entgegenstehen. Je mehr wir Muslime unser Islamverständnis vom Koran her entwickeln, desto mehr wird es uns gelingen, mit unserer eigenen Identität in einer pluralen Welt erfolgreich und – als Musliminnen und Muslime – anerkannt zu sein.

Den Koran verstehe ich dabei nicht als erstarrten und eingefrorenen Text, sondern vor allem als ein offenes und dynamisches Gespräch. Und die in diesem Buch niedergeschriebenen Gedanken kommen aus diesem Gespräch, wie ich es mit meiner Moscheegemeinde in Penzberg in meinen Predigten führe. Ich teile diese Gedanken auch mit der nichtmuslimischen Gesellschaft. Denn der Koran, wie ich ihn verstehe, verpflichtet mich, nicht in einem Getto, abgeschottet, realitätsfern, am Rande der Gesellschaft, sondern im Zentrum und aufgeschlossen zu wirken. Ein Vers bringt das schön auf den Punkt: *»Und so haben Wir euch zu einer in der Mitte* (wasat) *stehenden Gemeinschaft gemacht, auf dass ihr Zeugen seid über die Menschen«* (2/*al-Baqara,* 143). Der Begriff *wasat* in diesem Vers kann als *Zentrum* übersetzt werden und bezeichnet hier den Ort einer Gemeinschaft, die weder extremistisch noch schwach, weder isoliert noch assimiliert, sondern souverän, moderat, integriert, aber mit einer erkennbaren Identität Teil des Ganzen ist. Diese Gemeinschaft (der Muslime) hält sich von Extremen fern: von Assimilation ebenso wie von Isolation, von einer Religiosität, der Vernunft, Offenheit und Modernität fehlen, ebenso wie von einer Modernität, der religiöse Identität und Spiritualität fehlen.

In der Mitte zu wirken bedeutet, dort zu sein, wo ganz unterschiedliche Menschen sind: Arbeiter und Akademiker, Junge und Alte, Frauen und Männer, Gläubige, Andersgläubige und Nichtgläubige. Die Menschen wurden beauftragt, inmitten dieser Verschiedenheit durch friedliche Mittel gemeinsam das Konstruktive zu bewirken und das Destruktive zu vermeiden: »*Auf dass aus euch eine Gemeinschaft (von Leuten) erwachsen möge, die einladen zu allem, was gut ist, und das Tun dessen fördern, was recht ist, und das Tun dessen verhindern, was unrecht ist: und es sind sie, sie, die einen glückseligen Zustand erlangen werden.*« (3/*Al 'Imran*, 104). Das Gebot, Gutes zu fordern und zu fördern und das Böse zu verhindern, verlangt eine gesamtgesellschaftliche Anstrengung, um ein gemeinsames Bewusstsein dafür zu schärfen, alles, was gut und recht ist, zu verwirklichen.

So hat sich auch der Prophet Muhammad, nachdem er die Offenbarung am Lichtberg erhalten hatte, nicht in die Abgeschiedenheit zurückgezogen, sondern in der Mitte der Gesellschaft gewirkt. Muslime sollen darum nicht isoliert und realitätsfern leben, auch nicht als Gemeinschaft. Es ist längst die Zeit gekommen, dass sie in Deutschland aus abgeschotteten Hinterhofmoscheen herauskommen, um sichtbare Strukturen aufzubauen. Und dabei geht es nicht nur um eine zeitgemäße, attraktive Architektur der Moscheegebäude, sondern auch um die Art und Weise der Moscheearbeit: zeitgemäß, offen, frauen- und fremdenfreundlich und mit Deutsch als Kommunikationssprache. Der Koran betont, dass »*Gott niemals einen Gesandten/Propheten anders als in der Sprache seines eignen Volkes entsandt (hat), auf dass er ihnen die Botschaft klarmachen möge.*« (14/*Ibrahim*, 4). Dieser Vers verpflichtet vor allem Imame und islamische Theologen, denen die Funktion zukommt, den Islam zu deuten und zu erklären, die Sprache des Landes zu lernen und in dieser Sprache zu lehren. Und in Deutschland ist das eben Deutsch. Wenn sie das nicht tun, können sie nicht von sich behaupten, sie seien »die Erben des Propheten«[2], wie es in einer Überlieferung von Muhammad heißt. Die Sprache und eine offene Kommunikation sind die Schlüssel, um den Koran bzw. den Islam zu entgettoisieren.

Und das gilt auch für den Diskurs. Die Auseinandersetzung des Propheten Muhammad mit den »Leugnern des Korans« war immer von einer Kultur des Dialogs, des Gesprächs und des Austausches geprägt. Er forderte die andere Seite auf, ihre Argumente vorzulegen. Dutzende Beispiele im Koran belegen die kontroversen Diskussionen, die zwischen Muslimen und Nichtmuslimen stattgefunden haben. Der Koran lädt zu einer Streitkultur ein. Auch wenn der Koran ein »erhabenes« Buch ist, ist er doch kein »unantastbares«, über das nicht gesprochen und debattiert werden darf. Seine Auslegung ist eine offene und nicht abgeschlossene Materie. Eine Streitkultur über seine Inhalte ist nicht nur erlaubt, sondern auch erwünscht und sogar notwendig, denn nur so kann das Wort Gottes seine Lebendigkeit bewahren. Selbstverständlich haben die Menschen ein Anrecht darauf, kritische Fragen über den Koran zu stellen. Wenn ein Muslim sich bei solchen kritischen und manchmal provokanten Fragen über die Inhalte des Korans beleidigt fühlt und darauf emotional und aggressiv reagiert oder offenen Dialog verweigert, dann entzieht er sich der Verantwortung. Wer die Auslegungen der früheren Korangelehrten als absolut und allein richtig für alle Zeiten auffasst und keine neuen Interpretationen zulässt, der ist wie tot, denn er lebt in einer Zeit, die nicht mehr existiert. Dieser Mensch hat der Menschheit in der Gegenwart nichts mehr zu sagen.

Dieses Buch versucht, eine Antwort auf Fragen, die Muslime und Nichtmuslime heute stellen, zu geben. Wenn einige Gedanken in diesem Buch ein Streitgespräch in Gang setzen – ob innerhalb der muslimischen Gemeinschaft oder auch innerhalb der nichtmuslimischen Gesellschaft –, dann hat dieses Buch sein Ziel erreicht. Herr Diedrich Steen vom Gütersloher Verlagshaus, – dem ich sehr herzlich für sein beharrliches Interesse an diesem Projekt danken möchte –, hat mich mit seiner Wahrnehmung, dass es in Deutschland ein neues Leserpublikum für islamische Themen gibt, ermutigt: die Generation junger Muslime, die in Deutschland geboren wurde, die hier aufgewachsen ist und sich mit diesem Land identifiziert. Mein erstes Buchprojekt mit dem Gütersloher Verlagshaus »Der Koran und die Frauen – Ein Imam erklärt vergessene Seiten des Islam« (2019), hat bewiesen, dass tatsächlich ein großer Bedarf an Büchern besteht, die sowohl muslimische als auch nichtmuslimische Leser ansprechen. Die junge Generation der Muslime in Deutschland unterscheidet sich von der älteren Generation, die aufgrund sprachlicher Barrieren keine intensiven Berührungspunkte mit der breiten nichtmuslimischen Gesellschaft hatte. Diese neue Generation der deutschen Muslime ist aufgeschlossen, gebildet und interessiert, dieses Land in allen Hinsichten des Lebens mitzuprägen und zu seiner Entwicklung, intellektuell und kulturell, das ihre beizutragen. Sie sind Brückenbauer zwischen Sprachen, Kulturen, Religionen, zwischen Muslimen und Nichtmuslimen. Dieses Buch ist vor allem an die heranwachsende Generation der Muslime einerseits und an die Nichtmuslime anderseits gerichtet, die an einer lebhaften Diskussion über den Islam und nicht nur an einer Konfrontation interessiert sind. Die nichtmuslimischen Leser können ihr potenziell stereotypes Bild des Islam hinterfragen und korrigieren und differenzierte

Informationen über den islamischen Glauben bzw. den Koran erwerben, die Muslime können den Horizont ihres ererbten oder gelernten Islamverständnisses erweitern und ihrerseits mögliche Fehlinterpretationen korrigieren.

Meine Frau Nermina hat mich maßgeblich in meiner Arbeit unterstützt. Ihr will ich hier meinen Dank in Demut aussprechen. Ich bin nicht in Deutschland geboren, nicht primär hier sozialisiert worden. Jedoch haben mich unsere Söhne Ammar und Emir, die dieses Land geprägt hat, mit ihren reflektierenden Ansichten immer wieder neu zum Nachdenken gebracht. Für ihre vielfältigen Impulse will ich hier ebenfalls meinen Dank aussprechen. Die Vorstandsmitglieder wie auch die Mitglieder meiner Moscheegemeinde haben die innovative Arbeit der Gemeinde maßgeblich vorangetrieben. Ohne deren Unterstützung, für welche ich mich recht herzlich bedanke, hätte die Penzberger Moscheegemeinde wie auch meine Person nicht das erreicht, was wir in 25 Jahren gemeinsam bewirkt haben. Mein geschätzter Freund, Prof. Dr. Stefan Jakob Wimmer (LMU), verdient meinen Dank – auch dafür, dass er mich während der Arbeit an diesem Buch konstruktiv begleitet hat. Nicht zuletzt geht mein herzlicher Dank an alle muslimischen Kollegen und Mitstreiter, wie auch an christliche und jüdische Partner im interreligiösen Dialog, und schließlich auch ganz besonders an Bundespräsident Frank-Walter Steinmeier, der unsere Arbeit anerkannt und bei seinem Besuch der Penzberger Moschee im Dezember 2019 Folgendes gesagt hat: *»Von Journalisten bin ich gefragt worden, was wir an dieser Gemeinde so bewundern, warum wir gerade hierher gekommen sind. Es gibt ja noch die eine oder andere muslimische Gemeinde in Deutschland. Sie dürfen ruhig wissen: Das, was Sie hier tun, ist weit über die Grenzen Penzbergs hinaus bekannt, und ich freue mich wirklich* *sehr, dass es dieses eine und hoffentlich bald noch viele mehr Beispiele gibt, in denen sich die Menschen muslimischen und nichtmuslimischen Glaubens mit so viel Neugier und so viel Respekt begegnen, wie wir das hier heute in Penzberg erlebt haben. Ihnen allen herzlichen Dank.«*[3]

Dieses Buch widme mich meinem Koranlehrer: meinem Vater – möge Gott seiner Seele gnädig sein.

Benjamin Idriz
Penzberg, Ramadan 1442 n.H./Mai 2021.

TEXT UND KONTEXT: DREI KRITERIEN, UM DEN KORAN BESSER ZU VERSTEHN

Der Koran (so die eingedeutschte Form des arabischen *al-Qur'ān*) bedeutet wörtlich: »Lesung, Rezitation, Vortrag« und ist die offenbarte Rede und Botschaft Gottes an die Menschheit durch den letzten Gesandten Gottes: Muhammad – mögen Gottes Segen und Frieden auf ihm sein *(sallallahu alaihi wa sallam).*[1] Der Koran wurde nicht in einem Moment offenbart, sondern Stück für Stück, *step by step*, in unterschiedlichen Lebenssituationen des Gesandten Muhammad und der damaligen Bevölkerung um ihn herum. Manchmal antwortete Gott auf die konkrete Frage eines Menschen oder einer Gruppe von Menschen,[2] oft reagierte er auf ein bestimmtes Ereignis. Der Koran war für seine ersten Adressaten ganz unmittelbar verständlich, weil sie selbst Zeugen der Herabsendung der Verse waren und wussten, welcher Vers zu welchem Anlass und aus welchem Motiv offenbart wurde. Sie erlebten ihn als Richtschnur und als Medium eines lebendigen Gesprächs zwischen Gott und Mensch und nicht primär als einen offenbarten Text. Der türkische Koranexeget Hasan Elik, dem es gelungen ist, den Koran in einer das Arabische hervorragend aufnehmenden Übertragung ins Türkische zu übersetzen, drückt es so aus: »Der Koran ist nicht vor allem ein Text, sondern ein Gespräch.«[3] Ein ewiges Gespräch Gottes mit den Menschen.

Der Koran ist, wie die Arabistin Angelika Neuwirth festhält, »in der altarabischen Dichtersprache *(ʿarabiya)* gehalten, einer überregionalen, ausschließlich literarischem und formellem Gebrauch vorbehaltenen Hochsprache.«[4] Auch nichtarabische Muslime wachsen mit dieser Sprache auf, auch wenn sie sie – außer in ihren Gebeten und bei der Rezitation – in ihrem Alltag nicht zu gebrauchen mächtig sind. Die unnachahmliche arabische Textgestalt des Korans bringt seine hohe literarische Qualität und seinen poetischen Charakter in besonderer Weise zum Klingen. Der harmonische Klang und die Phonetik des Korans berühren den Verstand und das Herz gleichermaßen. Darum gibt es viele Menschen, die den ursprünglichen arabischen Text nicht verstehen, und dennoch, wenn sie ihn lesen und seiner Rezitation lauschen, in ihrem Herzen so tief berührt und bewegt werden, dass Tränen fließen. Dabei kann die Emotion die Vernunft ausblenden.

Umgekehrt gibt es auch solche, die bei der Lesung des Korans das Herz verschließen, um ihn nur durch die Brille ihres eigenen Verstandes aufzunehmen. Dabei kann die Vernunft die Emotionen ausblenden. Je mehr der Leser des Korans zu nur einer dieser Wahrnehmungsweisen tendiert, desto mehr entfernt er sich von etwas Wesentlichem.

Genauso verhält es sich bei jemandem, der den Koran sozusagen nur »mit den Augen«, vielleicht sogar ohne Grund- und Hintergrundwissen, liest, und dabei den Klang der Worte nicht hört und das Herz verschließt. Die Botschaft wird so nicht ankommen. Das ist oft der Fall bei Menschen, die dem Koran »skeptisch« begegnen, und nicht gewillt sind, sich dem Koran unvoreingenommen zu nähern, sondern sich von Vorurteilen leiten lassen und durch selektive Lesart ihre Vorurteile bestätigt sehen. Leider führt das auch bisweilen zu antiislamischer Agitation.

Es kommt aber auch bei muslimischen Koranlesern vor, dass sie bei der Lesung ihren Verstand aus- und ihr Herz verschließen, Verse aus der Gesamtheit des Korans wie auch aus dem Kontext seiner Offenbarung herausreißen und sie für ihre eigene Position oder für ideologische und politische Interessen missbrauchen.

Diese drei Gruppen spricht wohl dieser Vers an: *»Doch, wahrlich, es sind nicht ihre Augen, die blind geworden sind – sondern blind geworden sind ihre Herzen, die in ihren Brüsten sind!«* (22/*al-Hadsch,* 46).

Vor allem für die Leser, die sich auf den Koran einlassen möchten, ist es wichtig zu betonen: Ein Gleichgewicht des Herzens mit dem Verstand soll herbeigeführt werden; zwischen der Phonetik bzw. dem Klang, der das Herz berührt, und dem Verstand bzw. der Bedeutung der Worte, die zum Nachdenken anregen. Wer sich der Phonetik und der richtigen Aussprache des arabischen Originals im Übermaß widmet, kann Gefahr laufen, sich von der Bedeutung des Inhalts zu entfernen. Je besser in der Rezitation das arabische Original korrekt vorgetragen wird und je schöner die Modulation und die Stimme des Rezitators klingt, desto intensiver wird das Herz berührt und der Hörende begeistert. Oft wird allerdings der Verstand dann zum Opfer der Phonetik, und die Emotion dominiert über die Ratio. Was in diesem Fall von einer (Zeremonie der) Koran-Rezitation haften bleibt, ist die schöne Stimme des *Hafiz* (desjenigen, der Koran auswendig beherrscht) und des *Qari* (des professionellen Rezitators). In den muslimischen Gesellschaften weltweit finden »Koran-Wettbewerbe« statt, in manchen sogar mit staatlicher Förderung. Bei solchen Wettbewerben gibt es in der Regel drei Kriterien: das auswendige Beherrschen von einzelnen Teilen oder des ganzen Korans; die richtige Betonung und korrekte Aussprache des arabischen Textes; den Sprachrhythmus und die Modulation des Rezitators. Es wird also rein auf die »Rezitation« fokussiert. Es geht ausschließlich um die Frage nach dem besten Vortrag.

Gott offenbarte sein Buch allerdings nicht nur, damit es rezitiert wird, sondern auch, damit seine Botschaft verstanden und umgesetzt wird. Mir ist nicht bekannt, dass Wettbewerbe veranstaltet werden, in der es um die Frage geht, wer den Koran am besten verstanden hat? Oder wer seine beste Übersetzung erarbeitet und seine Bedeutung am besten erschließt? Oder um die Frage, in welchen Ländern und Gesellschaften die Maßstäbe und Werte des Korans, wie z.B. Gerechtigkeit, Religionsfreiheit, Bildung, Wissenschaft, Umweltschutz oder Frauenrechte, am besten umgesetzt werden?

Dieser Befund wird noch durch eine weitere Beobachtung unterstrichen: Eine der Traditionen in muslimischen Gesellschaften – sie ist einzigartig in der Welt – ist das Memorieren des Korans, vor allen im jüngeren Lebensalter. Millionen von Männern und Frauen und sogar Kindern weltweit haben Anspruch auf den Ehrentitel *Hafiz*, jemand, der den Koran auswendig beherrscht. Es dürfte nahezu unmöglich sein, eine Stadt, in der das muslimische Dasein sichtbar ist, zu finden, wo keine Koran-Schule betrieben wird, in der vor allem Kinder und Jugendliche den Koran teilweise oder ganz auswendig lernen. Das ist eine wunderbare Tradition, die die Kontinuität des Korans mündlich bewahrt! Woran es allerdings solchen Schulen zumeist mangelt, sind besondere Lehrpläne, die den Schülerinnen und Schülern die Bedeutung und die Übersetzung des Korans programmatisch vermitteln. Hier besteht ein dringender Nachholbedarf.

Diejenigen, die den Koran im arabischen Original lesen und rezitieren können, sind heute allerdings auch unter den Muslimen in der Minderheit. Dank der Tatsache, dass der Koran in fast alle Sprachen der Welt übersetzt wurde, kann die ungefähre Bedeutung des Textinhalts den Menschen überall vermittelt werden. Weil die Sprache des Korans aber so komplex ist, wurden Übersetzungen schon sehr früh kritisch gesehen.[5] Im europäischen Raum sind Übersetzungen des Korans und der Diskurs über seine Bedeutung und Auslegungen ein relativ neues Phänomen. Durch die zunehmenden Diskussionen um den Islam und Muslime in Europa, aber auch unabhängig davon, steigt auch das Interesse am Koran: Welche Botschaft will der Koran den Menschen vermitteln? Was hat er uns heute zu sagen? Wie sollen wir ein Buch, das in einem anderen Kulturraum und in einem ganz anderen Kontext offenbart wurde, im *Hier* und *Heute* verstehen? Auf diese Fragen versuche ich hier einzugehen.

Der Koran ist über 1400 Jahre lang ohne jegliche Änderung bewahrt und erhalten geblieben. Der Prozess der Offenbarung selbst ist abgeschlossen und der Wortlaut somit auf ewig unveränderlich. Der Prozess des Nachdenkens über den Text ist dagegen mitnichten abgeschlossen. Die Worte Gottes bzw. seine Botschaft sind größer als alles, was in einem Buch niedergeschrieben und fixiert werden kann. Der Koran selbst betont diesen breiten Horizont des Wortes Gottes: *»Sag: ›Wenn das ganze Meer Tinte wäre für die Worte meines Erhalters, wäre das Meer fürwahr erschöpft, ehe die Worte meines Erhalters erschöpft sind!‹* (18/*al-Kahf*, 109); *›Wenn alle Bäume auf Erden Schreibfedern wären und das Meer Tinte wäre, mit sieben weiteren Meeren noch danach ergänzt, die Worte Gottes wären nicht erschopft.‹* (31/*Luqman*, 27).« Diese beide Versen deuten an, dass die Worte Gottes viel unerschöpflicher sind, als der Mensch sich vorstellen kann oder das sie alle in einem Buch niedergeschrieben sein könnten. Daher würde man Gott auf einen Ort und eine bestimmte Zeit reduzieren und einschränken, wenn man die Worte Gottes bzw. den Koran auf eine bestimmte Region und auf eine bestimmte Zeit reduziert, und Seine Worte nur aus dem Blickwinkel dieser Zeit liest. Den Koran dürfen wir darum nicht als erstarrten Text verstehen, sondern müssen ihn vielmehr als ein »offenes und interaktives Gespräch« zwischen Gott und Menschen in allen Zeiten begreifen. Um die Intention des Wortes Gottes zu verstehen, die über den Text hinaus bzw. »im tiefen Meer« gesucht werden soll, benötigt man zweierlei: eine Reinheit der Absicht und Wissen. Wenn die Vernunft aber aufhört, über den Sinn des Textes nachzudenken, verliert der Text selbst seinen Wert.

Wie also soll die göttliche Botschaft verstanden werden, im *Hier* und *Heute*? Der iranisch-amerikanische Islamwissenschaftler und Philosoph Seyyed Hossein Naser (geb. 1933) antwortet: »Womit soll sich die moderne Hermeneutik befassen? Sie gibt die gleichen Antworten, die sowohl Christentum als auch Islam geben können: Unterschiedliche Religionen und deren Angehörige leben immer häufiger und intensiver zusammen mit Andersgläubigen, zusammen nehmen sie an den Ereignissen der modernen Welt teil. Dieser Prozess ist immer noch im Gange. Jedoch, wird er von einer gemeinsamen Hermeneutik zum Verständnis unserer Weltreligionen begleitet? Diese Frage soll heute gestellt werden. Vor den Augen unserer traditionell ausgerichteten Theologien, vor den Blicken unserer traditionellen Religionen, richtete sich ein vollkommen neues Element auf: Wir interpretieren unsere Religion nicht mehr nur für uns selbst, nicht nur für unsere Gläubigen. Wir erklären unsere Religion auch den anderen, mit denen wir zusammenleben. Tatsache ist, dass wir nicht mehr in einer isolierten Welt leben, daher hat unsere Religionsinterpretation viele Konsequenzen nicht nur für uns, für unser eigenes religiöses Universum, sondern auch für Angehörige anderer Religionen. Hier liegen die wichtigsten Gründe dafür, warum es heute enorm wichtig ist, vorsichtig hinsichtlich der Konsequenzen unserer Interpretation und unserer Hermeneutik und der Exegese unseres Glaubens oder unseres religiösen Buches vorzugehen. Diese Konsequenzen müssen wir heute viel mehr berücksichtigen, als die Geistlichen, Theologen, Theosophen und Philosophen der früheren Epochen, damals, als die Kulturen noch in ihren ziemlich isolierten traditionellen Universen lebten, es taten oder verpflichtet waren, es zu tun. In diesem Zusammenhang zu der gemeinsamen Hermeneutik der Verständigung möchte ich die Frage stellen: Was haben wir heute gemeinsam? Und ich möchte gleich antworten: *Erstens,* der Frieden ist uns gemeinsam. Im Frieden wird viel gewonnen, Frieden bietet viele Chancen, entfaltet viele gute Initiativen. *Zweitens*, uns ist die Welt heute gemeinsam. Unsere unterschiedlichen Horizonte haben sich angenähert. Diese Horizonte werden gemeinsame Horizonte, wir beteiligen uns an ihnen, tauschen sie aus, arbeiten zusammen in Bezug auf sie. *Drittens,* in dieser Epoche der Begegnungen der Religionen sind uns die allgemeinen Werte des Menschen und der Menschheit gemeinsam: Leben und das Recht auf Leben, Freiheit, Würde, Eigentum, Kommunikation, etc. Unsere heutige Hermeneutik unserer heiligen Texte sollen wir im Auge behalten, wir sollen sie sogar auf den ersten Platz setzen. Kurzgefasst, unsere heutige Interpretation der Religion, unsere heutige Hermeneutik, soll vielfältige Rücksichtnahme den anderen gegenüber einschließen.«[6]

Wenn wir, als Muslime, dem Islam ein Mitspracherecht im *Hier* und *Heute* geben wollen, so müssen wir dies tun, indem wir uns von den früheren Interpretationen nicht abkoppeln, aber sie auch nicht dogmatisieren, sondern unser Islamverständnis im Lichte des Korans immer wieder hinterfragen, es mit *alten* Methoden *neu* begründen und dabei den Wurzeln treu bleiben. Dass die früheren Gelehrten historisch nahe an der ersten Generation der Muslime waren, bedeutet nicht, dass ihre Deutungen absolute Gültigkeit für sich beanspruchen können. Die Interpretationen der früheren Koranexegeten für die heutige Zeit absolut zu setzen und sie als unantastbar darzustellen, ist ein Hindernis für die Weiterentwicklung der Wissenschaft und der Menschheit. Sie haben ihre Gedanken und ihre Interpretationen im Horizont ihrer Zeit und nicht für alle Zeiten zum Ausdruck gebracht, so wie auch die neuen Theologen ihre Gedanken und Interpretationen für die heutigen Zeit anbieten und nicht für die Zeiten und Generationen, die nach uns kommen werden.

Die islamische Aufklärung in unserer Zeit setzt voraus, bei der Interpretation der Koranverse wie auch der Hadith-Überlieferungen diese drei Elemente zu berücksichtigen und miteinander zu verbinden: *Sabab, Tadabbur und Maqasid*. Das soll im Folgenden erläutert werden.

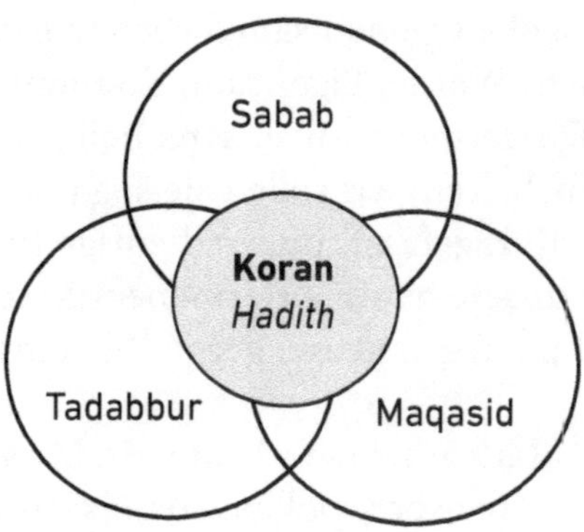

1. *Sabab-an-nuzul:* Den Text des Korans in seinem Kontext verstehen

Ohne den Menschen hätte es auch keine Offenbarung gegeben, denn die Botschaft Gottes ist für den Menschen gedacht. Der Koran ist die Sendung, und der Mensch ihr Adressat. Diese wechselseitige Interaktion ist nicht nach Zeit und Ort begrenzt, auch wenn der Text der Offenbarung in einer bestimmten Zeit (610-632) und an bestimmten Orten (Mekka und Medina) entstanden ist. Der Prozess der Koranoffenbarung, der gleichzeitig die erste Phase in der Entwicklung der islamischen Theologie darstellt, vollzog sich in den sozialen Umständen der damaligen Zeit. Diese waren von arabischen Einflüssen ebenso bestimmt, wie von den Nachbarkulturen im vorderasiatischen und Mittelmeerraum, von muslimischen und nichtmuslimischen Faktoren, von der Gestalt der Gesellschaft in Mekka und in Medina. Der Koran verwendet Ausdrücke und Begriffe sowie eine Rhetorik, die den Menschen in Mekka und Medina damals vertraut waren, und er bezieht sich auf Sitten und Gewohnheiten, die die Menschen an diesen Orten damals pflegten. Daher war (und ist) der Koran nicht nur ein Gespräch Gottes mit den Menschen, sondern auch ein Gespräch der Menschen mit Gott, Ausdruck ihrer Sorgen, Wünsche, Fragen, die sie an Gott durch den Propheten richteten. Der Koran ist ein Resultat der Interaktion zwischen Gott und Menschen. Jede Aussage im Koran ist absolut göttlichen Ursprungs, jedoch übermittelt Gott uns Menschen auch die Kommunikation der Menschen und Völker aus der Zeit vor der Entsendung des Propheten Muhammad und zur Zeit der Offenbarung mit ihm.

Der Koran enthält Begriffe von universellem Charakter, die zeitlos sind, wie z.B. Glaube, Gerechtigkeit oder Vergebung. Aber im Koran werden auch Begriffe verwendet und Traditionen angesprochen, die die Menschen ausschließlich zu jener Zeit gekannt und gepflegt haben. Ein solcher Begriff ist zum Beispiel *dhihar*. Bezeichnet wird damit ein Rechtsakt, der zustande kommt, wenn ein Mann zu seiner Frau sagt: »Du bist für mich so ungesetzlich wie meine Mutter«, und so die Scheidung ausspricht.[7] Die Offenbarung Gottes zu diesem Sachverhalt erfolgte, nachdem eine Frau diesen Umstand angeprangert und ihre Unzufriedenheit dem Propheten vorgetragen hatte. Diese Formulierung entstammte einer Rechtstradition der nomadischen Araber der damaligen Zeit, wird aber in unserer Zeit, auch bei heutigen Arabern, nicht mehr verwendet – und doch kommt sie im Koran vor.

In manchen Fällen reagiert der Koran auch auf ein bestimmtes Ereignis. Ein Beispiel dafür ist ein Fall von Verleumdung, sog. *ifk*, die eine Gruppe von Menschen gegen Aischa, die Ehefrau des Propheten vorbringt, als dieser von einem Feldzug zurückgekehrt ist. Damals blieb Aischa hinter dem Heer zurück, um nach ihrer Halskette zu suchen, die sie verloren hatte. Aischa wird von einem Mann namens Safwan entdeckt. Er lässt sie auf seinem Kamel reiten und geleitet sie heim, wobei er selbst das Kamel führt. Nach der Ankunft in Medina wird diese Begebenheit von den Gegnern des Propheten benutzt, um Aischa unzüchtiges Verhalten zu unterstellen. Der Prophet reagierte, indem er auf eine Offenbarung Gottes zu dem Vorfall wartete. Diese Offenbarung findet sich in den Versen 11-20 der Sure 24/*an-Nur,* in denen Aischas Unschuld bestätigt wird.[8] Auch der Vers 53 der Sure 33/*al-Ahzab* ist ein Beispiele dafür, wie der Koran auf die konkreten Verhältnisse zwischen den Menschen damals lenkend Bezug genommen hat. Er regelt Fragen zum Betreten der Wohnstätten des Propheten und wie man sich in seinem Haus zu verhalten hat, wie auch das Verbot, eine seiner Ehefrauen nach ihm zu heiraten.

Als ein anderes Beispiel, in dem auf ein akutes Problem der damaligen Gesellschaft Bezug genommen wird, findet sich in den Versen 107-111 der Sure 9/*at-Tawba*, in denen es um die »Zerstörung einer Moschee« geht. Als nämlich eine Gruppe von Menschen eine Moschee außerhalb des Wirkungskreises des Propheten und seiner Gemeinschaft baute, teilte Gott dem Propheten mit, dass diese Moschee mit dem Ziel errichtet werde, Spaltung unter den Muslimen hervorzurufen. Der Prophet ordnete daraufhin an, die Moschee abzureißen und die Trümmer zu verbrennen.

Diese und unzählige andere Reaktionen des Korans auf den Alltag in der Anfangszeit bedeuten, dass die Offenbarung nicht nur vom Himmel herabstieg, sondern auch in der Gegenrichtung verlief: von der Erde in die Höhe. Manche Verse im Koran sind Reaktionen auf das menschliche Verhalten oder Antworten auf ihre Fragen und Probleme. Fast jeder Vers hat einen Offenbarungsanlass. Der Grund, Anlass oder das Motiv einer Offenbarung wird in der Koranwissenschaft als *sabab-an-nuzul* bezeichnet. Al-Wahidi (gest. 1076), einer der ersten Gelehrten, der diese Disziplin in der Koranwissenschaft begründete, sagt: »Es ist unmöglich einen Vers zu deuten, ohne dass man seine Geschichte kennt und den Offenbarungsanlass erklärt.«[9] Zum Verständnis des koranischen Textes ist es also notwendig, nach dem Motiv und Anlass, nach dem *sabab* (plural: *asbab*), der Herabsendung (*nuzul*) eines Koranverses zu suchen. Gleiches gilt auch für die Überlieferungen der Hadithe, also der Aussagen des Propheten; hier gilt es, den *sabab-al-wurud*, den Grund der Überlieferung, offenzulegen.

Es ist nämlich notwendig herauszufinden, in welchem *Kontext* ein *Text* ausgesprochen wurde, um eine pauschale Beurteilung, Missverständnisse oder Fehldeutungen eines Verses oder Hadithes außerhalb des Kontexts zu vermeiden. Diesen Kontext – *sabab-an-nuzul* – nicht zu kennen führt zu Fehlinterpretationen. Leider ist das immer wieder bei Extremisten zu beobachten, die Verse auslegen, die Götzendienern – *muschrikun* – offenbart worden waren und sie auf die heutigen friedlichen Nichtmuslime beziehen. Solche bewussten Fehlinterpretationen sind zu verurteilen, weil sie das Wort Gottes verfälschen und missbrauchen.

Deshalb ist das Wissen von *sabab-an-nuzul* die Voraussetzung für das richtige Verständnis der Texte. »Jeder Text stellte eine Antwort dar auf die Frage, welche ihn veranlasst hatte, oder die Festlegung eines bestimmten Prinzips, einer Vorschrift oder Institution. Das Wissen über die Anlässe der Offenbarung hilft zu entdecken, was in dem entsprechenden Text historisch, temporär, räumlich, bedingt und was dauerhaft ist; was die Lösung einer konkreten Frage und was ein Prinzip oder eine Ansicht ist. Besonders wichtig ist, zu wissen, welche Bedeutung ein bestimmtes Wort oder ein Begriff aus dem Koran in der Gemeinschaft, auf die es/er sich bezog, hatte.«[10]

Wenn wir einen gesellschaftlich und rechtlich relevanten Vers verstehen wollen, müssen wir diese sechs W-Fragen im Auge behalten: *Was* wurde gesagt, *wo* wurde es gesagt, *wann* wurde es gesagt, *wie* wurde es gesagt, *warum* wurde es gesagt und zu *wem* wurde es gesagt? Diese Fragen zu stellen und eine angemessene Antwort zu finden, ist nicht nur legitim, sondern auch notwendig, um Pauschalisierung zu vermeiden und die Bagatellisierung des Wortes Gottes und des Wortes des Propheten zu verhindern.

Um den Missbrauch des koranischen Textes zu verhindern, muss an erster Stelle die wichtige Tatsache akzeptiert werden, dass der Koran ein Buch ist, auf das die geschichtlichen Ereignisse zur Zeit des Propheten Einfluss genommen haben. »Wenn das Wort *nuzul* bedeutet ›das, was von *oben* nach unten absteigt‹, dann ist das Wort *sabab* ein Hinweis, der bedeutet ›das, was von *unten* nach oben aufsteigt‹. Wenn ein Vers erst nach einem bestimmten Ereignis beziehungsweise aus einem bestimmten Anlass herabgesandt wurde, dann bedeutet das in gewisser Weise, dass der Grund für etwas, was von *oben* nach *unten* herabgesandt wurde, in dem Geschehen, das *unten* passierte, lag. Das heißt, dass *sabab-an-nuzul*, das Ereignis bzw. der Kontext vor dem Text existierte. Die Gesellschaft oder ein Ereignis in der Gesellschaft sind an erster Stelle, dann folgt die Offenbarung, was heißt, dass zuerst die Erfahrung des Menschen und erst dann der koranische Text kommt. Das Leben kommt zuerst und dann später der Gedanke, die Antwort oder die Lösung«, so der ägyptische Islamwissenschaftler Hasan Hanafi.[11]

Gott sprach zu den Arabern nicht nur in ihrer Sprache, sondern Er nutzte auch ihre Kultur und Denkweise. Er hörte die Probleme der verschiedenen Gruppen von Menschen: Muslime, Juden, Christen, *Muschrikun* (Götzendiener) und *Munafiqun* (Heuchler), und gab allen Seine Anweisungen. Der türkische Koranwissenschaftler Mevlüt Erten ist der Ansicht, dass der Koran weder einer unbestimmten Gesellschaft offenbart wurde, noch das Ziel hatte, die bestimmenden Faktoren dieser Gesellschaft einzuebnen, sondern im Gegenteil: Er wurde einer Gesellschaft offenbart, die in einem bestimmten Gebiet lebte, eine bestimmte Sprache sprach, einem Volk, das seine eigenen kulturellen Errungenschaften, Sitten, Traditionen, Gewohnheiten und Mentalität hatte. Deshalb beeinflussten die Probleme dieser Gruppen und ihre Forderungen den Inhalt des koranischen Textes. Obwohl wir nicht sagen können, dass in der Offenbarung die bestehende Situation des Volkes eine vorrangige Rolle spielte, spiegelt sie sich doch deutlich in ihr wider.[12] Ein Beispiel dafür sind die Verhaltensweisen gegenüber Nichtmuslimen, wie der der Koran sie vorsieht.

Ein Beispiel: *Darf ein Muslim mit Juden und Christen kooperieren?*

Ein wichtiges Thema im Koran ist Frage nach der Einstellung zu den Nichtmuslimen. Um Missverständnisse und Fehlentwicklungen zu vermeiden, müssen die Verse, die über die Nichtmuslime sprechen, daraufhin untersucht werden, in welcher Situation sie offenbart wurden, damit wir differenzieren können zwischen einem überzeitlichen und allgemeinen Prinzip, das in ihnen zum Ausdruck kommt, und den Aussagen, die nur den Umständen der damaligen Zeit geschuldet sind. Die Grundprinzipien der Beziehung zu den Juden und Christen werden im Koran mit den Worten »Lob, Vertrauen, Achtung und Zusammenarbeit« beschrieben.[13] Wenn der Koran jedoch sagt, man solle Christen und Juden sich nicht als »Freunde« nehmen, dann hat das mit der jeweiligen Situation zu tun, in deren Kontext die Offenbarung erfolgte, und damit, wie sich Christen und Juden zu den Muslimen verhalten. Der bosnische Islamtheologe Husein Đozo erklärt dies mit einem Beispiel: »Wir werden hier eine koranische Textstelle zitieren: ›*O ihr, die ihr Glauben erlangt habt! Nehmt nicht die Juden und die Christen zu euren Verbündeten* (waly): *sie sind nur Verbündete untereinander – und wer immer von euch sich mit ihnen verbündet, wird wahrlich einer von ihnen; siehe, Gott leitet solche Übeltäter nicht recht.*‹ (5/*al-Maida*, 51). Viele interpretieren das Wort ›*waly*‹ in diesen und ähnlichen Versen im Sinne von ›Freund‹, doch das führt oft zu Missverständnissen, denn dieses Wort bedeutet ›Schutzbefohlener‹. Untersagt wird hier also nicht Freundschaft mit ihnen, sondern eine Abhängigkeit als Autoritätspersonen und Kooperationspartner im Krieg gegen andere Muslime. »Wenn wir diese Textstelle nach dem Prinzip *al-ibratu li-´umulil-lafdhi* (allgemeine Bedeutung des Textes) verstehen würden, würden wir seine Forderung im Hinblick auf das Verhalten zu Christen und Juden absolut falsch verstehen. Wir müssen hier das Prinzip der sog. *al-ibratu bi khususis-sabab* zur Anwendung bringen: Es ist hier die Rede von einem *bestimmten Verhalten in einer bestimmten Situation* und entsprechend gilt die Forderung des Verses nur in einer solchen oder ähnlichen Lage, und in diesem Fall handelt es sich um eine Konfliktsituation, um den Krieg und die Konfrontation im Allgemeinen.«[14]

Im vorletzten Kapitel dieses Buches gehe ich ausführlich auf Verse ein, die im Koran das Verhältnis zu den Juden zur Sprache bringen, um klarzustellen, was prinzipiell und was wandelbar ist. Es wäre falsch und es hätte weitreichende, schädliche Konsequenzen, wenn aufgrund der Verse, die eine spezifische oder außerordentliche Situation wie Krieg regulieren, die prinzipiellen Verhaltensnormen des Islam zu den anderen Religionen und Kulturen festgelegt würden. Es muss genau festgestellt werden, wo ein allgemeines Prinzip zum Ausdruck gebracht wird und wo es um die Lösung eines konkreten Problems geht. Letzteres wird immer von den gegebenen Umständen bestimmt, und wenn diese nicht berücksichtigt werden, muss es zu Missverständnissen kommen.[15]

Ohne die Anwendung der Methode der *sabab-an-nuzul* kann das Wesen des Korans nicht verstanden werden. Das zweite Kriterium, das angewendet werden muss, um den Koran richtig zu verstehen, ist das sog. *tadabbur*.

2. *Tadabbur:* Den Koran reflektierend lesen

Um den Koran *vernünftig* zu verstehen, gibt uns Gott selbst einen Tipp: *tadabbur* – Nachsinnen und Nachdenken. Zunächst die vier Verse in denen das Wort *tadabbur* vorkommt:

- »*Wollen sie denn nicht versuchen, diesen Qur´an zu verstehen* (jatadabbarun)?« (4/*an-Nisa,* 82).
- »*Haben sie denn niemals versucht, dieses Wort (Gottes) zu verstehen* (jaddabbaru)?« (23/*al-Mu´minun,* 68)
- »*Ein Buch voll Segen, wir sandten es zu dir herab, auf dass die Menschen über seine Botschaften nachsinnen* (jaddabbaru) *mögen und dass jene, die mit Einsicht versehen sind, sie sich zu Herzen nehmen mögen.*« (38/*Sad,* 29).
- »*Wollen sie denn nicht über diesen Qur´an nachsinnen* (jatadabbarun)*? – oder sind da Schlösser auf ihren Herzen?!*« (47/*Muhammad,* 24).

Gott verlangt, sein Buch reflektierend zu lesen und über den Schöpfer und Seine Geschöpfe, über den Sinn des Lebens und das Leben nach dem Tod, über die Konsequenzen unserer Taten und über alles, was Gott uns durch den Koran verkündet hat, nachzudenken. Der Koran bezeichnet sich selbst als Rechtleitung, als Geleit, als evidenter Maßstab für »alle Menschen« (2/*al-Baqara,* 185). Hier können also unterschiedliche Menschen Ratschläge und die Orientierung finden, die sie in ihrem Leben oder für ihre Forschung benötigen: Theologen, Theoretiker, Metaphysiker, Moralphilosophen, Psychologen, Soziologen, Pädagogen, Anthropologen, Ökologen, Politologen, Juristen, Wirtschaftler, Naturwissenschaftler ... usw.

Der Begriff »*Tadabbur*« bedeutet, Durchleuchten, um den Hintergrund zu erfassen. Beispielsweise versteht man darunter, die gesellschaftlichen Ereignisse in der Zeit der

Koranoffenbarung auf die heutige Realität hin zu reflektieren. Wer nun diese Reflexion – diesen *Tadabbur* – vollzieht, dem kann es gelingen, sich mit dem Koran und dem Willen Gottes vertraut zu machen. Das Reflektieren über den Koran ist von enormer Wichtigkeit, um die Botschaft Gottes in allen Zeiten zu verstehen. Gott ruft zur Reflexion, zum Nachdenken auf und dazu, das Herz Seiner Botschaft gegenüber zu öffnen.

Gegenwärtig scheint unter Muslimen das Nachdenken vielfach eher zum Stillstand gekommen zu sein. Stattdessen kann man das unreflektierte Befolgen von Dogmen beobachten, das es zu überwinden gilt, wenn der Korantext in seinem Kontext und aus seinem Kontext heraus angemessen verstanden werden soll. Der Koran lehnt das unreflektierte Übernehmen und Nachahmen von religiösen Vorstellungen oder Praktiken auf der Grundlage einer unkritischen Gefolgschaft der Vorväter oder religioser Führer kategorisch ab. Er verbietet dieses blinde Folgen (sog. *Taqlid*) in mehreren Versen,[16] weil diese Verhaltensweisen der Anwendung der Vernunft, die der größte Segen Gottes für den Menschen ist, im Wege stehen. Die Vernunft als das wichtigste Instrument zur Unterscheidung von Gut und Böse auszuschließen, führt Menschen in die Verderbnis, denn: »Die Stütze des Islams ist: zuerst überlegen, dann akzeptieren oder ablehnen. Das erste Fundament des Islams ist die Vernunft.«[17]

Tadabbur leitet sich vom Wort *dubr* ab, was so viel bedeutet wie *hinter*. Das kann man so verstehen: Um die wesentliche Botschaft eines Verses zu entdecken, um seine Bedeutung wahrhaft zu erkennen und den wahren Sinn für das Leben der Menschen in ihm zu finden, muss sein *Hinter*grund untersucht werden. *Tadabbur* bedeutet die Hinwendung zum wahren Sinn des Verses, die Suche nach seiner konkreten Bedeutung. Es geht darum, den Vers nicht allein seinen Buchstaben nach zu lesen, sondern nach seinem Sinn, nach seinem Herz, nach seiner Seele zu suchen. Es geht darum, zu versuchen, den Text, den Verstand und die konkrete Situation miteinander ins Gespräch zu bringen. Deswegen werden in den eingangs zitierten Versen (38:29 und 47:24) sowohl der Verstand als auch das Herz erwähnt, damit der Leser und Erforscher des Korans immer diese beiden im Auge behält und das eine nicht vom anderen trennt. *Tadabbur* wird also benutzt, um die tiefere und dem unmittelbaren Verständnis nahe Bedeutung der koranischen Verse aufzudecken, was den Verstand und die Aktivierung der Fähigkeit zum Denken voraussetzen. Den Koran mit *tadabbur* zu lesen bedeutet, den Kern eines Verses freizulegen und ihn mit der Realität, mit dem aktuellen Leben und seiner dynamischen Entwicklung zu verbinden. Wenn wir im Koran das, was für uns *heute* wichtig ist, nicht finden und wenn wir nicht darüber nachdenken, was aus der Botschaft des Korans gewonnen werden kann, werden wir aus dem Koran nur ein »Rezitationsbuch« oder ein »Geschichtenbuch« machen. Dann aber haben die Muslime der heutigen Welt nichts *Neues* mehr zu sagen.

Die Botschaft Gottes hat einen universellen und überzeitlichen Charakter. Sie selbst fordert dazu auf, sie mithilfe einer entsprechenden Interpretation zeitgemäß auszulegen. Das bedeutet nicht die Entwertung der traditionellen Auslegungsmethoden der früheren Koranexegeten *(tafsir)*. Für das Verständnis des Korans sind sowohl die traditionelle als auch die rationale Denkweise geboten. Beide sind notwenige Methoden für die Entwicklung des islamischen Denkens; das eine kann ohne das andere dauerhaft nicht existieren. Husein Đozo (gest. 1982), ein Brückenbauer zwischen der Tradition und Innovation in der Koranexegese, hält dazu sehr klar fest: »Es muss dazu gesagt werden, dass im Wesentlichen die rationale Methode auf keinen Fall die Ablehnung der traditionellen Methode der Koranexegese bedeutet. Es handelt sich in der Tat nur um eine strengere Beurteilung der Tradition. Es wäre falsch zu denken, dass die rationale Methode die Tradition verwirft und sie überhaupt nicht verwendet. Sie hat ein konkretes Verhältnis zur ihr. Die rationale Methode lehnt die Tradition nur da ab, wo sie keine Glaubwürdigkeit besitzt, die verpflichtet und nur zur Annahme auffordert ...[18]

Den Koran mithilfe der *tadabbur*-Methode zu lesen bedeutet, statt an der Formalität des Textes zu hängen, in seine Tiefe zu gehen. Es bedeutet, über die historischen Umstände der Offenbarung des Textes nachzudenken, die Dimensionen und Inhaltsebenen des Korans zu analysieren und diese mit der Gegenwart zu verbinden. Diese Lesart geht »immer in die Richtung, die zu dem Menschen führt, und nicht zu dem Text selbst«.[19] Diese intellektuelle Anstrengung in der Interpretation geht von der universellen koranischen Botschaft aus und sucht nach Antworten auf die Frage: Was wollte Gott damit sagen? Auf solche Art und Weise aktualisiert diese Interpretationsmethode den Text und öffnet ihn dem Horizont der Gegenwart und der Zukunft, in der der Text in eine globale und universelle Idee verwandelt wird.[20]

Dies beinhaltet die Entsakralisierung des islamischen Erbes der Vergangenheit in der Absicht, eine falsche und anachronistische Deutung des koranischen Textes zu verhindern. Die Hadith-Überlieferungen aus der Sunna bzw. aus der Praxis des Propheten Muhammad sind ebenso im

Kontext des Korans und seiner universalen Botschaft zu betrachten und können dann – genau so, wie es die Tradition heute schon tut – als Hilfen bei der Deutung der Botschaften des Korans genutzt werden.

Wir können festhalten: Wir brauchen eine vernunftgeleitete, kreative Neukontextualisierung des Textes des Korans und der Sunna, die die Ursprungssituation der Texte und unsere Gegenwart miteinander in ein Gespräch bringt. Dann wird sich der *maqasid*, der Sinn der Texte, erschließen. Darum geht es im letzten Abschnitt dieses Kapitels.

3. *Maqasid:* Den Sinn entdecken – was hat Gott mit seiner Offenbarung gewollt?

Gott wollte mit den Offenbarungen nicht auf alltägliche Fragen der Menschen detaillierte Antworten geben und sie mit einer Fülle von Einzelanweisungen beladen. Er gibt vielmehr in einer bestimmten gesellschaftlichen Realität und einer bestimmten Zeit Beispiele und erwartet vom Menschen, dass er aus diesen Schlüsse zieht und dadurch sein Bewusstsein schärft. Auf diese Art und Weise will Gott den schlafenden menschlichen Geist und sein Streben nach allem, was gut ist, wecken.

Der Prozess der Offenbarung Gottes ist abgeschlossen, aber der Entwicklungsprozess, der durch die Offenbarung auf der Erde angestoßen ist, ist es nicht. Im Fortschritt des menschlichen Denkens, seiner Vernunft und seines Willens sich weiterzuentwickeln, spielen die menschliche Fantasie und seine Fähigkeit zur Innovation eine zentrale Rolle. Denn Gott erschafft (die Welt) jeden Tag neu; *khalqin dschadid: »Er kann, wenn er es will, euch hinwegschaffen und eine neue Wesensart* (khalkin dschadid) *an eurer Stelle hervorbringen: auch ist dies nicht schwierig für Gott.«* (14/ *Ibrahim,* 19-20). Religion setzt den lebendigen Gott voraus, sie muss immer wieder, auf diesen lebendigen Gott hörend, neue Antworten auf neue Fragen und Herausforderungen finden. Deshalb hat Gott den Menschen als Statthalter *(khalifa)* der Erde auf Erden eingesetzt, damit der Mensch dauerhaft Gottes Willen in der Welt den Weg bahnt und freihält. Das ist nötig, weil der Glaube immer neuen Herausforderungen in einem konkreten Umfeld sowie einer konkreten Zeit und Gesellschaft begegnet. Deshalb ist das Verhältnis zwischen Gott und dem Menschen dynamisch und stellt einen Prozess dar, der notwendig ist, solange diese Welt existiert. Gott ist *hayy*, lebendig, und Sein Wort ist lebendig. Gott hat sich nicht nur in einer bestimmten Zeit an Seine Propheten gewandt und dann geschwiegen. Gott spricht weiter, sowohl durch Sein Buch als auch durch irdische und spirituelle Erkenntnisse.

Der heutige Hörer der Koranischen Botschaft ist nicht derselbe wie im 7. Jahrhundert. Die Umstände, unter denen Menschen leben, und ihre Bedürfnisse sind zeitbedingt, variabel und dynamisch, wohingegen die heiligen Texte statisch sind. Die berechtigte Frage ist, ob ein Text, der statisch ist und in einer Zeit und in einem Kulturraum formuliert wurde, die uns fremd sind, weiterhin eine Bedeutung für die Menschen haben kann. Die knappe Antwort ist: Ja. Den Koran erlebe ich als eine tröstende und bewegende Botschaft, die den Horizont von Menschen erweitern will, und nicht als Fessel, die die Menschen zu Geiseln nimmt. Die Intention und der Sinn, *maqasid,* des Korantextes, der Wille Gottes und Seine Weisheit stehen über der wortwörtlichen und buchstäblichen Formulierung des Textes.

Es geht darum, im Koran die verborgene Weisheit zu suchen und zu finden, die Licht auf den Weg des Menschen bringen soll. Sich mit dem Sinn und der Intention des Korans zu beschäftigen bedeutet, die Bedürfnisse und Fragen von heutigen Menschen in den Mittelpunkt zu stellen, weil die Offenbarung kein Selbstgespräch war, sondern sich an die Menschen richtete. Sich mit der Intention und dem Sinn des Korans zu beschäftigen bedeutet, sich nicht ständig mit der Vergangenheit auseinanderzusetzen, in der wir nicht leben, sondern sich von ihm inspirieren zu lassen, einen Weg für den Menschen im *Hier* und *Heute* zu finden. Es geht darum, eine Verbindung zwischen dem wortwörtlichen Text und der heutigen Wirklichkeit herzustellen und eine aktuelle Antwort auf die Frage zu finden, was Gott gemeint hat, statt zu wiederholen, was Gott wortwörtlich gesagt hat. Wer bei der Interpretation des Korans so vorgeht, der wird z.B. bei dem Vers, in dem Gott sagt, dass man *»sei es zu Fuß, sei es auf mageren Reittieren jeder Art«* (22/*Hadsch,* 27) zur der Wallfahrt *(hadsch)* nach Mekka gehen soll, nicht mehr von Kamelen und anderen Reittieren sprechen, sondern von Flugzeugen und anderen modernen Verkehrsmitteln. Ebenso, wenn man den Vers liest, in dem dem Propheten Johannes befohlen wird: *»Johannes! Nimm das Buch mit Entschlossenheit entgegnen!«* (19/*Maryam,* 12). Heute heißt das nicht, dass Johannes ein Buch festhalten soll, sondern dass man sich um Forschung, Bildung und Technologie als wichtige Faktoren der Kraft und Macht ernsthaft bemühen soll. Einem Koraninterpreten, der so vorgeht, geht es nicht darum, diesen in die Gegenwart zu holen, sondern umgekehrt darum, die Gegenwart im Licht des Korans zu verstehen, weil »der Koran nicht aus der Realität herausgerissen werden und vom wahren und aktuellen Leben ferngehalten werden kann: Es soll mit der aktuellen Wahrnehmung begonnen und mit ihr im Koran abgeschlossen werden«.[21]

Der Koran wurde an einem Ort herabgesandt, an dem nur einige Tausend Menschen lebten, so viele wie heute in einem Stadtviertel. Wie also würde Gott den Koran wohl formulieren, würde Er ihn in dem Jahrhundert, in dem wir heute leben, offenbaren, und wie würde Er zu unseren heutigen Problemen und Herausforderungen Stellung nehmen? Welche Ratschläge würde uns Muhammad dazu von Gott verkünden? Wie würde Gott seine Botschaft heute formulieren, in einer Welt mit mehr als 7 Milliarden Menschen, mit 5.000 unterschiedlichen ethnischen Gruppen, mit den fünf großen Weltreligionen und mit über eintausend Religionsgemeinschaften? Wie würde der Koran die Muslime mit unterschiedlicher ethnischer und konfessioneller Zugehörigkeit, die in über sechzig Ländern mit unterschiedlichen Interessen leben, ansprechen? Wie würde er die religiöse Praxis, zum Beispiel das Fasten in den Ländern, wo der Tag zwanzig Stunden dauert, regulieren, im Vergleich mit Medina, wo durchschnittlich 12 Stunden gefastet wird? Bei Delikten, wie Diebstahl z.B., geht es wirklich darum, die Hände von Dieben und Räubern »abzuschlagen«, oder es geht um Bestrafung Krimineller auch mit anderen Methoden? Ist die Form wichtig oder die Intention, *maqsad*?

Um Antworten auf diese Fragen zu bekommen, braucht der heutige Mensch weder einen neuen Propheten noch einen neuen göttlichen Text. Mit dem besten Wissen und Gewissen kann die menschliche Vernunft oft richtige Schlüsse ziehen, und dabei kann die göttliche Offenbarung Inspirationen und Denkanstöße geben. Es geht darum, den Sinn des Textes zu entdecken, welcher über den Text hinaus zu suchen ist. Gott hat empfohlen, *»dem besten und gefälligsten von dem Koran zu folgen«* (39/*az-Zumar*, 18, ähnlich wiederholt es sich auch in derselben Sure, Vers 55), also die Teile anzunehmen, denen der Geist und der Verstand des Menschen zustimmen können, ohne den anderen Teil ablehnen zu müssen. Der Koran ist eher eine Quelle des Bewusstseins als des Wissens. Er gehört eher zur Ontologie als zur Epistemologie, d.h., er ist eher eine Ansprache an den Menschen, der Erkenntnis erlangen soll, als eine Quelle der Erkenntnis selbst.

In der Tradition der Koranexegese, *tafsir,* fokussierten sich die Exegeten meistens auf das Äußerliche, *dhahir,* an einem Vers. Diese Methode betont die Wichtigkeit des Verstehens der Sprache und Sprachterminologie als wesentliches Element zum Textverständnis. Sicherlich kommt der Sprache, in diesem Fall der arabischen, die wichtigste Rolle im Textverständnis zu. Wenn jedoch nur die Sprache im Vordergrund bei der Textinterpretation steht, dann wird der eigentliche und mehrdeutige Sinn des Korans vernachlässigt und die Botschaft des Korans in ihrer eigentlichen Bedeutung gerät in den Hintergrund.[22] Die *dhahir*-Methode bei der Koraninterpretation gibt sich mit der Antwort auf die Frage »Wie lautet der Text?« zufrieden, anstatt nach einer Antwort auf die wesentliche Frage zu suchen: »Welche Botschaft steckt hinter dem Text?«

Wir sollten uns unmittelbar vom Koran inspirieren und Gott von der Wahrnehmung der Zeit aus sprechen lassen. Das schließt ein, die Begrifflichkeit des Korans, die sich auf einen bestimmten Landstrich bezieht, anzupassen an eine allgemein nachvollziehbare und von heutigen Menschen verstehbare Sprache. Durch die Erneuerung und Entwicklung der Interpretationen erneuert sich auch der Gedanke.

Trotz der abstrakten und metaphorischen, mehrdeutigen Sprache des Korans war das Wort Gottes deutlich, einfach, verständlich und zugänglich für Menschen. Die schriftliche Version der Offenbarung, der Text (*nass*), ist ein Dogma. Dieser schriftliche *Text* ist unveränderbar, jedoch ist die *Botschaft des Textes* dynamisch. Sie spricht in die Zeit hinein und ist doch zeitlos. Ein dogmatisches Verständnis des Inhalts des Textes vernachlässigt die Bedürfnisse der aktuellen Zeit. »Ein Text, der keine klaren Botschaften sendet und keinen Bezug zur Realität hat, ist wie ein unfruchtbarer Acker. Denn die Äcker sind erst dann von Nutzen, wenn sie die Früchte, das Leben hervorbringen, und ein Text hat erst dann den Sinn, wenn er mit dem heutigen Leben verbunden wird.«[23] Die Intention des Korans ist es, Menschen eine Orientierung zu geben, damit sie den Willen Gottes und Seine universellen Ziele entdecken und sie in ihrem Leben verwirklichen. Welche sind diese universellen Ziele des Korans? Das nächste Kapitel versucht, eine Antwort auf diese spekulative Frage zu finden.

DIE SIEBEN SÄULEN DES KORANS

1. Fünf Säulen des Islam? – Eine Anfrage

Nur eine einzige Aussage des Propheten Muhammad, wonach er gesagt haben soll, dass der Islam auf fünf Säulen aufbaut, hat vielen Muslimen genügt, den ganzen Islam auf fünf Elemente zu reduzieren. Diese Aussage des Propheten Muhammad – sie gilt als authentisch – lautet: »Der Islam wurde auf fünf (Säulen) gebaut: dem Zeugnis, dass es keinen zu Recht anbetungswürdigen Gott, außer dem einem Gott, gibt und dass Muhammad der Gesandte Gottes ist, dem Verrichten des Gebets, dem Entrichten der sozialen Pflichtabgabe, der Pilgerfahrt (nach Mekka) und dem Fasten im (Monat) Ramadan.«[1] Der Prophet verwendet in vielen seiner Aussagen Aufzählungen. Diese sollten aber nicht dogmatisch und statisch verstanden werden, so, als würden sie anderes ausschließen. Der Prophet beabsichtigte sicher nicht, die göttliche Weltreligion nur auf fünf Elemente zu reduzieren. Bei der zitierten Aufzählung ging es nur darum, den Rahmen der religiösen Praxis zu umreißen. Ja, der Islam ist das Glaubensbekenntnis, das Gebet, das Fasten, die Abgabe und die Pilgerfahrt – aber der Islam ist nicht nur das, sondern sehr viel mehr: freundlich über Menschen zu reden (2/*al-Baqara* 83), ehrlich und rechtmäßig sein Brot zu verdienen (2/*al-Baqara,* 188), den Eltern Fürsorge zu leisten (17, *al-Isra´*, 23) oder dem Arbeiter, »bevor sein Schweiß trocknet«, das Gehalt zu bezahlen.[2] Solche und ähnliche Gebote sind unverzichtbare Bestandteile des Islam.

Der erste Präsident des unabhängigen Bosnien und Herzegowina, Alija Izetbegović (gest. 2004), der auch ein Intellektueller und Denker war, veröffentlichte im Jahr

1978 einen Artikel unter der Überschrift »Der Koran und die Fünf Säulen des Islam«, in dem er sich kritisch zu den sog. »Fünf Säulen« äußert. Er sagt: »Ich weiß nicht, wer die ›Fünf Säulen‹ in der heutigen Form definiert hat, aber wenn sie den Geist und die Ganzheit des Korans nicht aufrechterhalten, spielt es keine Rolle, wie diese Autorität heißt«, und dann fügt er hinzu: »Diese Säulen sollten eigentlich die Zusammenfassung des Korans sein, sie sind es aber nicht. Menschen betrachten sie als Definition des Islam, aber das sind sie nicht. Die Fünf Säulen repräsentieren die allerwichtigsten Elemente des Korans nicht, auch wenn die Bezeichnung den Eindruck erweckt, das dem so sei. Mit dieser Wahrnehmung wird ein falscher Eindruck davon erzeugt, was man vom Islam kennen sollte. Die Lehre der ›Fünf Säulen‹ ist zu einem Ersatz für die Lehre des Korans geworden. Sie trägt die Gefahr in sich, den Hauptgedanken des Korans zu verstümmeln. Denn es ist einfacher, die ›Fünf Säulen‹ zu lernen, als den Koran zu lesen. Wo aber findet sich in den ›Fünf Säulen‹ das Gebot des Korans, gerecht zu sein und unrecht zu bekämpfen, wo das Gebot ›Glaube und tue Gutes‹, das am allerhäufigsten im Koran erwähnt wird? Der Befehl, Gutes zu tun, der dem Koran den Ton gibt, findet keinen Platz in den ›Fünf Säulen‹! Wenn Menschen über Hunderte von Jahren von Generation zu Generation eine fehlerhafte, verkrüppelte und unvollkommene Darstellung leitender Gedanken erhalten, die den Geist, die Wahrnehmungen und das Verhalten von Menschen prägen, ist es kein Wunder, dass die Folgen auf dieselbe Weise fehlerhaft und unvollständig sind. Aus der Perspektive des Korans betrachtet, hat der Islam vor allem und über allem zwei Säulen: Erstens Glaube, und zweitens Gutes tun. Und wenn jemand glaubt, dass dieses Gute auf das Gebet, auf Fasten und Almosen geben beschränkt werden kann, leistet er dem Islam und vor allem sich selbst einen sehr schlechten

Dienst. Der Mensch kann beten, fasten und sogar Almosen geben (was nicht leicht fällt), und trotzdem kann er in seiner Moral leer bleiben. Das Gebet ist nicht das Ziel, sondern ein Mittel, ein Weg. Das Ziel ist, Vollkommenheit und Gutes zu erlangen. Es ist möglich, scheinheilig zu beten, es ist aber unmöglich, scheinheilig ein guter und aufrichtiger Mensch zu sein. Die größte Gefahr für den Glauben geht nicht, wie gewöhnlich angenommen wird, von den Ungläubigen aus. Die wirkliche Gefahr geht von schwachen und unehrlichen Gläubigen aus. Im Orient habe ich einige Menschen in der Moschee gesehen, die die rituelle Waschung mit einer solchen Routine durchführen, dass sie wissen, wie man alle vorgeschriebenen Körperteile genau ›wascht‹, und trotzdem schmutzig bleiben. Es ist, als würden sie in ein Wasserbecken tauchen und dennoch nicht nass werden. Das Ritual hat keine innerlich reinigende Kraft mehr, nur die Symbolik ist übriggeblieben. Was hier mit der Waschung geschah, geschah mit allen oder fast allen islamischen Vorschriften. Der Islam wurde auf das Ritual reduziert, leer und ohne Inhalt. Natürlich sind die Folgen auch im täglichen Leben verheerend. Wenn mich jemand fragt, und besonders wenn mein Kind mich fragen wird: ›Was ist der Islam?‹, dann werde ich antworten: ›Es ist zu glauben und Gutes zu tun.‹ Dann werde ich ihm über das Gebet, über das Fasten und von der Pilgerfahrt erzählen und schließlich betonen: Diese sind Rituale. Sie gehören zum Glauben, wenn deine Seele vom Glauben an Gott erfüllt ist, und wenn dein Verhalten mit guten Taten vervollständigt ist. Ist dies nicht der Fall, sind diese Rituale ebenso bedeutungslos wie jeder andere Aberglaube. Wir müssen immer wieder zu den Quellen des Islam und zum Koran als Hauptquelle zurückkehren. Nur der Koran ist die ganze Wahrheit über den Islam. Er ist das Wort Gottes. Die ›Fünf Säulen‹ sind menschlich, allzu menschlich …«[3]

Die sog. »Fünf Säulen des Islam« sind so geläufig, dass sie z.B. auch an deutschen Schulen in den Fächern »Islamische Religionslehre« oder »Ethik« gelehrt werden, und sogar im christlichen Religionsunterricht wird im Bereich »Andere Religionen« der Islam in erster Linie mit den »fünf Säulen« präsentiert. Dadurch geben wir an die kommenden Generationen ein sehr enges und eingeschränktes Verständnis vom Islam weiter. Und wir schließen als Muslime zudem unbewusst andere Menschen vom Islam aus, weil wir ihn einschränken. Es ist ja ein Widerspruch, den Islam auf die »Fünf Säulen« zu beschränken, auf der anderen Seite aber zu behaupten, dass der Koran als Gottes Buch und Muhammad als Gottes Prophet eben nicht nur an eine bestimmte Gruppe, nämlich die Muslime, gesandt sind, sondern an die ganze Menschheit. Die »Fünf Säulen« sind nicht der Islam, sondern intime Aufgaben des Individuums gegenüber seinem Erhalter. Sie betreffen heute »nur« 1,7 Milliarden Menschen islamischen Glaubens. Doch der Islam selbst bietet sehr breite gesellschaftliche Lehren, die die Aufmerksamkeit auch der anderen 6 Milliarden Menschen verdienen.

Der Koran, der die göttliche und somit die höchste Instanz der Religion darstellt, beschränkt sich nicht auf eine bestimmte Anzahl von Normen, Geboten, Ratschlägen usw. Es sind die Menschen, die aus dem Koran eine bestimmte Zahl von Schlüssen ableiten, um die Aufmerksamkeit auf bestimmte Inhalte zu lenken.

Der andalusische Islamgelehrte Imam al-Schatibi (gest. 1388) entwickelte zum Beispiel ein Konzept, wonach die islamischen Normen bestimmten Zielen folgen müssen. Nach seiner Theorie der sog. *»maqasid asch-scharia«* (Intentionen der islamischen Normenlehre, sog. *Scharia*), baut das islamische Recht und seine Werte auf fünf Menschenrechten auf: 1. Schutz der Religion *(ad-dīn);* 2. Schutz des Lebens *(an-nafs)*; 3. Schutz des Verstands *(al-ʿaql)*; 4. Schutz des Vermögens *(al-māl)* und 5. Schutz der Nachkommenschaft *(an-nasl)*. Al-Schatibi erklärt, dass die religiöse Normenlehre allein das kurzfristige und langfristige Wohl der Menschen bezwecke.[4] Die fünf Ziele, die al-Schatibi formuliert, wurden später von dem tunesischen Islamgelehrten Ibn Aschur (gest. 1972) um ein sechstes Ziel erweitert: Schutz der *Freiheit*.[5]

Al-Schatibis Absicht war es, eine utilitaristische Ethik zu entwickeln. Das Handeln der Menschen sollte so sein, dass es dem Einzelnen und der Gemeinschaft nützt. Diese utilitaristische Ethik bildet den Kern der Ethik des Korans. Doch wurde dieser wichtige Ansatz in der islamischen Theologie nicht systematisiert und weiterentwickelt. Die elementaren Ansätze von al-Schatibi gingen in der sog. *Fiqh*-Lehre verloren, in einer Vielzahl von kleinen, detaillierten und manchmal irrelevanten Bestimmungen, die die Handlungen der Muslime nach religiösen Maßstäben regeln. Die Konsequenz davon war, dass der Wortlaut und die äußere Form des Korans in den Fokus der Interpretation gerieten, Fragen nach der Bedeutung, dem Sinn und die Intention des Korans aber in den Hintergrund traten.[6]

Inspiriert von der Theorie al-Schatibis, von der Kritik Izetbegovićs an den »Fünf Säulen« und von seinem Impuls, das die Grundwerte des Islam auf dem Koran basieren und seinen Geist repräsentieren sollen, würde ich die Ziele, die der Koran verwirklichen will, nicht auf die eine oder andere bestimmte Anzahl reduzieren. Dennoch finde ich im Koran, wenn ich ihn als Ganzes betrachte und analysiere, *sieben elementare thematische Linien*, deren Inhalte er, nach meiner Wahrnehmung, in der Weltgemeinschaft verwirklichen will. Alle Weltbewohner, an die Gott sich mit Heiligen Büchern wendet, sollen sich dadurch angesprochen fühlen. Der Koran ist darum kein Buch nur für Muslime, sondern eine Wegweisung Gottes für alle Menschen: *»Geheiligt ist Er, der von droben, Schritt für Schritt, Seinen Diener den Maßstab, mit dem das Wahre vom Falschen zu unterscheiden ist, erteilt hat, auf dass er für alle Welt eine Warnung sein möge.«* (21/*al-Furqan*, 1).

Gott lädt alle Menschen ein, vor allem die Gläubigen, »Gottes Sache« zu unterstützen: *»O ihr, die ihr Glauben erlangt habt! Wenn ihr (der Sache von) Gott helft, wird Er euch helfen und wird eure Schritte festigen.«* (47/*Muhammad*, 7). Wir sehen hier: Gott zählt auf das Handeln des Menschen, nicht weil Gott hilfsbedürftig wäre, sondern weil Gott die Menschen motivieren will, sich für »Gottes Sache« bzw. für alles einzusetzen, was nützlich ist für die Menschheit. Gott schließt somit die Menschen in den Prozess ein, die »Sache Gottes« zu verwirklichen. Und die »Sache Gottes« ist alles, was Gott uns in dieser Welt anvertraut hat: Die Natur und die Menschheit. Gott will mit den Menschen zusammenwirken und die Welt harmonischer machen.

Je mehr die Individuen und Gesellschaften die Weisheiten, Ratschläge, Ideen, Ziele und somit die »Säulen« des Korans umsetzen, desto mehr sind sie mit ihm vertraut, unabhängig von ihrer religiösen Identifikation oder anderer Zugehörigkeit. Nach meiner Auffassung lassen sich sieben universelle Ziele des Korans bestimmen:

2. Die erste Säule: Wissen als Grundlage von Aufklärung und gesellschaftlicher Entwicklung

Etwa im Jahr 570 n. Chr. wurde Muhammad, der Sohn von Abdullah und Amina, in Mekka geboren. Seine Biografen erzählen, Muhammad habe sich von der Stadtbevölkerung und ihren schlechten Gewohnheiten ferngehalten. Häufig habe er in den Bergen um Mekka Ruhe gesucht und über den Sinn des Lebens und über die Gesellschaft, in der er lebte, nachgedacht. Als er sich im Alter von 40 Jahren im September (das ist nach dem arabischen Mondkalender im Ramadan) des Jahres 640 n. Chr. auf dem sog. Lichtberg (*Jabal Nur*) aufhielt, stieg unvermutet der Erzengel Gabriel zu ihm herab und überbrachte ihm von Gott die ersten Verse der Offenbarung, des Korans. Damit wurde er beauftragt, als Gesandter Gottes, *Rasul Allah,* zu wirken. Im Unterschied zur Torah, die Mose auf dem Berg Sinai mit dem Befehl: »Höre!« offenbart wurde – *»Ich habe dich (Mûsâ) auserwählt (mein Gesandter zu sein): höre denn auf das, was dir offenbart wird«* (20/*Ta-Ha,* 13) –, stand am Anfang der Offenbarung an Muhammad der Befehl *Iqra'!*[7] – *»Lies/Trag vor/Verkünde im Namen deines Herren, der alles erschuf.«* (96/*al-Alaq,* 1). Als diese erste Aufforderung an Muhammad erging, wurde diesem aber kein Text vorgelegt, den er lesen bzw. vortragen sollte. Gemeint war damit vielmehr: Denke nach! Benutze deinen Verstand und erkenne, was Gott sagen will über den Ursprung des Kosmos, über die Natur und über alles, was die Menschheit betrifft!

Viele Muslime glauben, dass der Prophet auf diesen Befehl Gottes mit dem Satz »Ich bin des Lesens unkundig« reagiert haben soll. War Muhammad Analphabet? Konnte der Prophet tatsächlich nicht lesen und schreiben und hat er es während der 63 Jahre seines Lebens auch nicht gelernt? Ich halte das für unmöglich. Wenn der Prophet auf die unerwartete Forderung des Engels Gabriel »Lies!« tatsächlich mit »Ich kann nicht lesen« geantwortet hat, so war damit meiner Meinung nach gemeint: »Ich weiß nicht, was ich lesen soll.« Weil Gabriel völlig unvermutet zum Propheten kam, während dieser allein auf dem Berg war, und ihm den Auftrag Gottes überbrachte, ist es möglich, dass der Prophet überrascht antwortete: »Ich weiß nicht, was ich lesen soll.« Und als ihn Gabriel zum dritten Mal aufforderte: »Lies!«, wie es überliefert wird, da begann er zu lesen, das heißt vorzutragen und weiterzutragen, was ihm offenbart wurde.

Und zu bedenken ist auch noch etwas Weiteres: Die islamischen Gelehrten behaupten, dass der Prophet Analphabet gewesen sei, weil sie das Wort *ummi* aus dem Koran in diesem Sinn deuten: »*Denjenigen, die dem (letzten) Gesandten folgen werden, dem schriftunkundigen* (ummi) *Propheten, den sie beschrieben finden werden in der Thora, die bei ihnen ist, und (später) im Evangelium*« (7/*al-Araf*, 157). Der Koran geht hier explizit davon aus, dass schon in den früheren Offenbarungsschriften Ankündigungen auf den letzten Propheten enthalten sind, die sich entsprechend deuten lassen. Dass in diesem Vers, in dem das Wort *ummi*, »unkundig«, vorkommt, die Thora und das Evangelium erwähnt werden, könnte darauf hindeuten, dass sich das Wort nicht auf das Lesen und Schreiben an sich bezieht, sondern auf die mangelnden Kenntnisse des Propheten im Hinblick auf die Hebräische Bibel und das Neue Testament. Die entscheidende Frage ist: Heißt *ummi* hier »der schriftunkundige Prophet«, der weder lesen noch schreiben kann, oder bedeutet es, dass der Prophet die früheren Offenbarungen, Thora und Evangelium, nicht näher kannte?[8] Der Korankommentator Muhammad Asad (gest. 1992) sagt dazu: »Die Betonung darauf, dass er ›schriftunkundig‹ *(ummi)* war, d.h. nicht lesen und schreiben konnte, dient dazu, die Tatsache herauszustellen, dass all sein Wissen über die früheren Propheten und die von ihnen übermittelten Botschaften allein göttlicher Eingebung zu verdanken war und nicht einer Vertrautheit mit der Bibel als solcher.«[9] Damit sollte also schlicht der verbreitete Vorwurf entkräftet werden, Muhammad habe aus Thora und Evangelium abgeschrieben.

Mit dem Befehl *»Iqra!«* verlangt Gott von Muhammad und den Menschen allerdings, auch darüber nachzudenken, was für das Leben notwendig ist, alles zu lesen und zu erforschen. Die ersten Verse der Offenbarung waren nicht nur das Gebot an den Propheten, sie zu lesen, sondern sie sind ein dauerhafter Wegweiser für die Schaffung einer neuen Zivilisation, die auf Wissen aufgebaut werden soll. Die ersten offenbarten Verse (96/*al-Alaq*, 1-5) lauten wie folgt:

1. *Iqra´, bismi Rabbikal-ladhi khalaq – »Lies im Namen deines Herrn, der erschuf«*. Hier geht es aber nicht nur um den Koran. »Der Mensch ist mit diesem Befehl beauftragt, neben dem Koran alles, was für die Menschen nützlich ist zu lesen, zu erforschen.«[10]– Lies im Namen Gottes, Vertraue auf Ihn, bete an, erkenne, verstehe was dein Herr, der dich erschuf, sagen will. Verwende dein Wissen nicht gegen die Menschlichkeit; daher achte darauf, dass du Gott in dein Wissen einbeziehst.
2. *Khalaqal insana min alâqa – »Der die Menschen aus einem ›alaq‹ erschuf«. Alâqa* bedeutet »Keimzelle«. Der türkische Korankommentator Mustafa Islamoglu erkennt in dem Begriff *alâqa* eine zusätzliche Bedeutung: Liebe und Achtsamkeit. Er behauptet, dass dieses Wort eine weitere Dimension als nur die biologische umfasst: Anhänglichkeit im Sinne von Zuneigung, Bezogenheit und enge Verbindung, so wie das arabische Wort *alâqa* so viel wie »Beziehung« heißt. »Gott hat den Menschen aus einer Keimzelle erschaffen, doch geistlich hat Er die Menschen aus Liebe und Achtsamkeit erschaffen, was in Bezug auf diesen Vers nur eine spirituelle Dimension hat. Die Reihenfolge der Verse deutet auf etwas, was über das biologische Segment hinausgeht.«[11] Wie Gott dich aus Liebe erschaffen und dich mit Liebe ausgestat-

tet hat, so liebe du auch die Menschen und achte auf die Beziehungen zu ihnen.

3. *Iqra we Rabbukal akram – »Lies, denn dein Herr ist großzügig«*. Lies, lerne und denke frei, sei *karim*, großzügig, wie dein Herr dir gegenüber unendlich großzügig *akram* ist; Gott wird großzügig sein und nicht an Herabsendung geizen!
4. *Alladhi allama bil-qalam – »Er ist derjenige, der dich mit der Schreibfeder lehrt«*. Gott hat dich gelehrt zu schreiben, daher bilde dich, lerne, schreibe, publiziere und produziere!
5. *Allamal insana ma lam ya´lam – »den Menschen gelehrt hat, was er nicht wusste«*. Das Wissen, das wir erwerben und mit dessen Hilfe wir die Welt meistern, verdanken wir Gott, der die Menschen mit Wissen und Vernunft ausstattet und auszeichnet.

Diese ersten fünf Koranverse, die der Prophet auf dem Licht-Berg erhielt, waren das Licht für den Weg, den er und die Menschen, die ihm folgen würden, beschreiten sollten. Die Doppelbetonung auf »Lesen« bzw. darauf, zu lernen und Wissen zu erwerben, ist sinnlos, wenn diejenigen, an die die Aufforderung geht, nicht schreiben können. Und gerade weil Wissenserwerb Gottes Wille ist, verweist Gott in dieser Sure auf die Schreibfeder. In der Sure 68/*al-Qalam*/Schreibfeder, die dem Propheten Muhammad unmittelbar nach Sure 96/*al-Alaq* offenbart wurde, wird nochmals die Wichtigkeit des Schreibens hervorgehoben: *»Betrachte die Schreibfeder und alles, was sie damit schreiben! Du bist nicht, durch die Gnade deines Erhalters, ein Verrückter! Und, wahrlich, für dich wird es eine niemals endende Belohnung geben – denn, siehe, du hältst dich fürwahr an eine erhabene Lebensweise; und eines Tages wirst du sehen, und sie (die dich nun verspotten,) werden sehen, wer von euch der Vernunft beraubt war.«* (68/*al-Qalam*, 2-6).

Die Schreibfeder symbolisiert das Mittel zur Weitergabe von Wissen. Das Wissen soll weitergegeben und vermehrt werden. Gott verspricht all jenen Menschen Erfolg, die sich bilden, die lernen, lesen, forschen und auf Gott vertrauen und glauben: *»Gott wird jene von euch um viele Stufen erhöhen, die Glauben erlangt haben, und vor allem solche, denen Wissen gewährt worden ist.«* (58/*al-Mudschadila,* 11). Ein Mensch, ein Land und eine Gesellschaft können diesem Vers zufolge in zweierlei Hinsichten vorankommen: geistlich und spirituell durch den Glauben, sowie weltlich und materiell durch Lernen, Lesen, Forschen und Wissen. Es mag sein, dass bestimmte Personen oder Gesellschaften sich geistlich-religiös entwickeln, wenn aber bei ihnen Wissen, Wissenschaft und die Weitergabe des Wissens fehlen, können sie untergehen – und umgekehrt ist es genauso. Aus diesem Grund betont der Koran die Notwendigkeit von beidem und hebt explizit den Erwerb von Wissen hervor. Gott stellt die Frage: *»Können diejenigen, die wissen, und diejenigen, die nicht wissen, für gleich erachtet werden?«* (39/*az-Zumar,* 9). Die Religiosität eines Menschen und seine Beziehung zu Gott sind individuelle Aspekte eines Lebens, aber sich mit dem Wissen zu beschäftigen ist ein notwendiger Beitrag für die Entwicklung der Menschheit. Der Unterschied zwischen einem nur betenden Menschen und einem, der sich auch mit Wissen beschäftigt, ist deutlich: Mit dem Gebet erfüllt er für sich selbst eine Verpflichtung, aber in der Beschäftigung mit Wissen handelt er auch für andere. Der Prophet Muhammad vergleicht diese beiden wie folgt: *»Die Vortrefflichkeit eines gelehrten Menschen über einen bloßen Anbetenden ist wie die Vortrefflichkeit des Mondes in der Vollmondnacht über alle anderen Sterne.«*[12]

Die Aufforderung, im Koran zu lernen/lesen, ruft dazu auf, aktiv zu sein, sich selbst zu bilden und die Gesellschaft und die Welt als Ganze mitzugestalten. Es geht darum, an der Dynamik des Lebens teilzunehmen, sich für Veränderungen einzusetzen, eingefahrene Denkwege zu verlassen und alle Sinne, die nach Güte und Gerechtigkeit verlangen, zu schärfen.[13] Der Fortschritt in dieser Welt ist im Wesentlichen abhängig von Wissen. Wissen zu erwerben ist ein Gottesdienst an sich. Gottesdienst bedeutet, im Dienst des Schöpfers und der Geschöpfe zu sein.

Mit Stolz erzählen wir Muslime, wie Mediziner, Mathematiker, Physiker, Philosophen, Künstler, Wissenschaftler und Architekten in der Vergangenheit von Bagdad bis Cordoba hervorragende Gemeinwesen aufgebaut haben. Der Grund dieser Erfolge lag darin, dass die muslimischen Ingenieure ihr Vertrauen auf Gott nicht dadurch zeigten, dass sie auf der Brücke, die sie bauten, den Koran rezitierten, sondern indem sie sicherstellten, dass die Brücke auch bei Überschwemmungen nicht überflutet wurde und hielt. Auf ihren Spuren bewegen sich heute viele Wissenschaftler. Aktuell ist z.B. das deutschtürkische Paar Şahin und Türeci bekannt geworden, die den Biontech-Impfstoff gegen Covid-19 in Deutschland entwickelt haben. Vielleicht ist es eine mögliche Sichtweise, zu sagen, dass sie ihre Demut gegenüber Gott im Labor zeigen, indem sie ihr Wissen für die Rettung der Menschheit einsetzen. Das ist ihr Gottesdienst, denn: *»Wer ein einziges Leben rettet, der rettet die ganze Welt.«* (5/*al-Maida,* 32). Der Koran betont, dass Menschen, die Gott respektieren, und somit auch Respekt verdienen, diejenigen sind, die Wissen haben: *»Von all Seinen Dienern haben nur jene, die mit Wissen versehen sind, wahrhaft Ehrfurcht vor Gott.«* (35/*al-Fatir,* 28). Der Prophet Muhammad soll gesagt haben: *»Wissen zu erwerben ist für Frauen und Männer, sprich für jedermann, eine Pflicht.«*[14]

Die Aufgabe der Eltern, der Gesellschaft und des Staates ist es, (junge) Menschen zu ermutigen, wissenschaftliche Forschung zu betreiben. Nur so ist Weiterentwicklung möglich.

Der Koran hat Lesen und Schreiben, beziehungsweise Wissen und Denken zur Grundlage seiner Botschaft bestimmt. Jede Botschaft, die nicht auf Bildung basiert, auf Vernunft und Wissenschaft, wie auch immer sie formuliert sein mag, wird zwangsläufig zu Zurückentwicklung oder zum Untergang führen. Das Gebot, zu wissen, ist im Islam gleichzeitig die erste und die größte gottesdienstliche Handlung! *Iqra* ist also das erste islamische Gebot. *Iqra*/Bildung bedeutet im Sinne des Korans eben nicht nur, den Koran zu rezitieren oder auswendig zu lernen. Bildung heißt, alles zu lernen und alles zu lesen, was für das Leben wichtig und notwendig ist.

Es gibt in manchen muslimischen Ländern Hunderttausende Schüler, die den Koran auswendig beherrschen – und das ist schön! Doch das hat nicht zum wissenschaftlichen und wirtschaftlichen Fortschritt dieser Länder geführt. Der Kern des Problems liegt darin, dass viele unter *iqra* lediglich »Rezitiere den Koran!« verstanden haben. Stattdessen geht es um Bildung, die als Maß der Übereinstimmung des persönlichen Weltbildes mit den tatsächlichen Umständen verstanden werden soll. Dass Gott seine letzte schriftliche Offenbarung an die Menschheit, also den Koran, mit den Worten »Wissen« und »Schreibfeder« beginnen lässt, ist auch ein Zeichen dafür, dass Gott die Menschen auch weiterhin begleiten wird, solange sie Wissen erwerben und ihr Bewusstsein erweitern. Durch Wissen und Bewusstsein lässt sich die Botschaft Gottes durch alle Zeiten hindurch immer wieder aufs Neue aktualisieren. Prägnant hat der iranische Denker Ali Shariati formuliert:

»Gott sagt ›lies!‹ – also bitte lies! Denn dort, wo keine Tinte fließt, wird das Blut fließen!«

3. Die zweite Säule: Freiheit als Bedingung für Ehrlichkeit und persönliche Entwicklung

Der Koran kam in eine Gesellschaft, in der nicht das Recht, sondern die Macht der Stammführer als oberste Instanz galt. In der ersten Sure der Offenbarung (Sure 96), in der Gott, wie wir gesehen haben, vom Lesen und von der Schreibfeder spricht, kritisiert er in weiteren Versen die Anmaßung dieser Stammführer und ihre Despotie: *»Nein, wahrlich, der Mensch wird äußerst anmaßend, wann immer er sich für selbstgenügend hält«* (96/*al-Alaq*, 6-7). Dieser Vers ist eine Anspielung auf die Menschen, die sich selbst als Macher fühlen und kein Gesetz und keine höhere Ordnung über sich selbst akzeptieren. Der Koran beklagt die Gewissenlosigkeit der Welt, in die er hineinspricht: eine Welt, in der neugeborene Mädchen, weil sie unerwünscht sind, bei lebendigem Leibe begraben wurden (81/*at-Takwir,* 9), in der Frauen wie Waren auf Märkten verkauft wurden und in der die Unterdrückung der Schwächeren durch Stärkere wie ein Naturgesetz galt. Die Unterdrückten und Schwachen waren durstig nach Freiheit: *»Was lässt dich wissen, was ›der beindruckende Weg‹ ist? Freilassung eines Sklaven.«* (90/*al-Balad,* 12-13). Auf diese Worte des Korans setzten die Sklaven ihre Hoffnung. »Wieso macht ihr die Menschen zu Sklaven, wo ihre Mütter sie doch frei geboren haben?« Mit dieser kritischen Frage bekräftigte der Begleiter des Propheten und der zweite Kalif Umar bin Khattab (gest. 644) die Befreiungsphilosophie des Korans. Auch der Neffe des Propheten und vierte Kalif Ali (gest. 661) äußert sich ähnlich: »Sei nicht der Sklave eines anderen Geschöpfes. Gott hat dich frei erschaffen.« Der Prophet wurde von den Mekkanern angegriffen, die Meinungsfreiheit nicht ertragen konnten, und musste deswegen seine Heimat verlassen. Zehn Jahre später kehrte er gestärkt wieder nach Mekka zurück und sprach zu seinen ehemaligen Peinigern Worte, die als Richtschnur für die Zukunft gelten sollten: »*Möge Gott euch verzeihen. Geht, wohin ihr wollt, ihr seid frei!*«[15] Muhammad hat sie nicht unterdrückt, gequält und Rache geübt, sondern sie in Freiheit leben lassen.

Es war der Wille Gottes, dass die Menschen unterschiedliche religiöse Überzeugungen haben – denn sonst hätte Er uns alle zu Anhängern einer einzigen Gemeinschaft gemacht (11/*Hud*, 118). Der Koran sieht gerade in den Unterschieden und in der Vielfalt das Potenzial, um zusammenzufinden und zu einer Übereinkunft zu finden. Worüber? Im Gesamtkontext des Korans geht es immer um Charakterbildung. So wird auch der Zwang in Glaubensangelegenheiten explizit verboten. Der Vers »*Es gibt keinen Zwang im Glauben*« (2/*al-Baqara*, 256) deutet nicht nur darauf hin, dass es verboten ist, jemanden zum Glauben zu zwingen. Er macht auch klar: Innerhalb eines Glaubens ist es nicht hinnehmbar, jemanden – sei es ein Familienmitglied oder ein Mitbürger – zu religiöser Praxis zu zwingen. Dieser Vers wurde in Medina offenbart, als die Muslime die politische Macht in Händen hielten. Dieser Grundsatz wurde aber auch vorher in Mekka thematisiert, als der Prophet mit Enthusiasmus den Islam vermittelte, damit die Menschen ihn annehmen. Dann kam die Ermahnung von Gott: »*Und (also ist es:) hätte dein Erhalter es so gewollt, alle jene, die auf Erden leben, hätten sicherlich Glauben erlangt, allesamt: denkst du denn, dass du die Leute zwingen könntest zu glauben?!*« (10/*Yunus*, 99); »*Und so, o Prophet, ermahne sie; deine Aufgabe ist nur zu ermahnen: du kannst sie nicht zwingen zu glauben*« (88/*al-Gaschiya*, 21-22).

Der Prophet war verpflichtet, seinen Glauben aufrichtig auszuüben, aber gleichzeitig sollte er seine Gegner respektieren, die seine Botschaft ablehnten. Gott befahl ihm, solchen Menschen mit folgenden Worten zu antworten: *»Sag: Gott allein bete ich an, aufrichtig in meinem Glauben an Ihn allein – und es ist an euch, anstelle Seiner anzubeten, was immer euch gefällt!«* (39/*az-Zumar,* 14-15).

Gott verkündete den Menschen seine Botschaft und legte ihnen nahe, seine Anweisungen zu befolgen. Dazu entsandte Er auch die Propheten, die nicht mit dem Schwert, sondern mit dem Buch kamen, damit sie Menschen durch Nachdenken für den Glauben überzeugen könnten. Dazu hat Gott den Menschen den Verstand gegeben: damit er uneingeschränkt nachdenkt, frei entscheidet und frei lebt. Schließlich folgt jeder Mensch dem Weg Gottes um seiner selbst willen, und wenn er irregeht, fügt er sich selbst den Schaden zu. Das Einzige, was dem Menschen davon bleiben wird, ist die Konfrontation mit den Folgen seiner Taten: *»Jede Seele haftet für das, was sie erworben hat!«* (74/*al-Muddathir,* 38). Keine Seele trägt die Verantwortung für die Taten der anderen. Die Verantwortung des Menschen ist individuell, und keiner soll sich als Wächter über die anderen fühlen, nicht einmal der Prophet: *»Darum haben Wir dich nicht zu ihrem Wächter gemacht, und du bist auch nicht verantwortlich für ihr Verhalten.«* (6/*al-Anam,* 107). Ob ein Mensch überhaupt glauben wird oder nicht, und woran und wie er glauben wird, oder wie jemand leben will, ist jedem einzelnen Menschen überlassen. Anderen Menschen eine bestimmte Religion oder bestimmte Lebensweise aufzudrängen steht in absolutem Gegensatz zum Koran.

Die Macht des Vaters, der Mutter oder des Staates, die die persönlichen Freiheiten der Kinder oder der Bürger einschränkt, motiviert diese zu unehrlichem Verhalten. Das, was sie aus Angst nicht öffentlich tun dürfen, tun sie heimlich. Unfreiheit erzieht die Menschen zu Heuchlern, während der Sinn des Glaubens des Islam der Kampf gegen Heuchelei war. Gott verurteilte scharf die Heuchler und offenbarte eine ganze Sure 63 (*al-Munafikun*/Heuchler), um ihre Eigenschaften zu entlarven. Die Aufrichtigkeit, *ikhlas*, ist die elementarste Bedingung eines wahren Glaubens (98/*al-Bayyina,* 5), während die Heuchelei, *nifaq*, in krassem Widerspruch zum Glauben steht. *Ikhlas* ist nur in einem Raum der Freiheit möglich, während Repression, Mobbing und Gewalt nur Heuchelei hervorbringen. Derjenige, der aufrichtig nicht glaubt, ist Gott lieber als jemand, der scheinheilig glaubt und Gott missbraucht.

Der Staat ist dazu verpflichtet, Meinungsfreiheit, verschiedene Lebensformen und religiöse Überzeugungen zu schützen, sich neutral gegenüber allen Religionen zu verhalten und Diskriminierungen wegen bestimmter Überzeugungen zu unterbinden. Weil Religion die Menschen beeinflussen kann, muss der Staat bestimmte Maßnahmen ergreifen, um jegliche Form des Missbrauchs der Religion durch einzelne Menschen oder Institutionen zu verhindern. Nichts in der Menschheitsgeschichte hatte so viel Einfluss auf den Menschen wie die Religion, im positiven, aber auch im negativen Sinne. Der Glaube, wenn er richtig vermittelt, interpretiert und umgesetzt wird, kann der wichtigste Faktor werden, der dem Menschen innere Ruhe, Glück und Erfolg beschert. Wenn aber Manipulation und Missbrauch der Religion zugelassen werden, kann sie ein Faktor des Unglücks, der Gewalt und des Zerfalls werden. Religion und Glaube werden im Gewissen der Menschen deren Vitalität erhalten, solange sie von politischen Einflussnahmen frei sind und nach freiem Willen ausgeübt werden können.

Eigentlich wären Gesetze nicht erforderlich, wenn sich die Menschen richtig verhalten würden. Weil das nicht immer gelingt, sind Regeln, Gesetze und Einschränkungen zum Schutz der Sicherheit notwendig. Die Freiheit eines Menschen hört dort auf, wo die Rechte des anderen beginnen. Obwohl Gott im Besitz der absoluten Freiheit ist, beschränkt auch Er Seine eigene Freiheit. So verbietet Er sich selbst die Ungerechtigkeit: *Ich habe mir die Ungerechtigkeit verboten.*[16] Der Mensch muss sich, genauso wie Gott, konstruktiv verhalten und in allem, was er tut, die Grenzen der Gerechtigkeit und Achtsamkeit beachten. Dies bietet breiten Raum für die Freiheit, so dass der Mensch seine Gedanken frei ausdrücken, seine religiöse Überzeugung frei ausüben und sein Leben frei gestalten kann.

Auch, um eine starre und dogmatische Textinterpretation zu überwinden, brauchen wir Mut und Freiheit bzw. Vertrauen in den Segen der Vernunft, die Gott von allen Seinen Geschöpfen nur dem Menschen geschenkt hat. Eine Gesellschaft – und hier meine ich konkret die muslimische Gesellschaft –, die vielfältige, traditionelle wie auch *neue* Auslegungsmöglichkeiten des Korans nicht gleichermaßen achtet und fördert, und die der Entfaltung innovativer Interpretationen keinen freien Raum gibt, kann sich nicht positiv entwickeln. Wer meint, dass er die einzig wahre Interpretation für sich gepachtet hat, ist schon in der »theologischen Despotie« gelandet. Wo Meinungen, die sich von bestimmten Doktrinen, Ideologien und etablierten Rechtschulen unterscheiden, als »Häresie« betrachtet und der Denker als Häretiker und Apostat gebrandmarkt wird, dort ist diese Despotie tief verankert. Die Freiheit ermutigt zum Nachdenken, und Nachdenken ermutigt zum kreativen Schaffen. Sowohl freies Nachdenken als auch freies Schaffen erzeugen Pluralismus. Autoritäre Herrschaft, in der Politik wie auch in den Religionsgemeinschaften, zerstört sowohl die Religion wie auch das Säkulare, da es sich dabei um eine Geißel handelt, die sowohl den Glauben als auch die Entwicklung beeinträchtigt. Deshalb muss sich jede Macht, sei sie politisch oder religiös, die Freiheit zur Richtlinie machen, sie ermöglichen und durchsetzen. Die Entwicklung einer Gesellschaft hängt nicht nur von der Tolerierung, sondern auch von der Förderung der religiösen, politischen und wissenschaftlichen Pluralität und Freiheit ab. Der muslimische Soziologe Ibn Chaldun (gest. 1406) sagte: »Vom Menschen wird die Macht der bewussten Freiheit und Verantwortung eingefordert, weil die Zerstörung der Nationen, das Verschwinden von Zivilisationen und die Abschaffung der Kulturen auf den Verfall des freien Denkens, auf die Verherrlichung der Herrschaft und der Tyrannei sowie die Zerstörung der Freiheit zurückzuführen ist.«[17] Freiheit und Frieden sind voneinander untrennbare Werte, ohne den einen kann der andere nicht fruchtbar sein. Freiheit schafft Frieden und beide schaffen Entwicklung.

4. Die dritte Säule: Frieden stiften, Gewalt vermeiden

Sich mit dem Islam zu identifizieren bedeutet, nicht nur eine persönliche Hingabe an Gott, nicht nur Seine Gebote und Verbote »religiös« zu achten, sondern auch, Verantwortung für Frieden in der Welt zu tragen. Die Existenz Gottes anzuerkennen ist nicht nur eine Einstellung der Innerlichkeit, sondern äußert sich auch in der Praxis, in Frieden mit Gott, mit sich selbst und mit allen Menschen zu leben. Gott ist *»as-salam«*, der absolute Friede, und Sein Wunsch ist es, dass Friede auf der Erde herrscht, damit der friedliebende Mensch *(muslim)* seine Wünsche erfüllen und seine Ziele erreichen kann. Der Friede *(salam>islam)* wird im Islam als wichtigster Antrieb der gesamten Weltanschauung eines Muslims verstanden. All sein Handeln und seine Aktivitäten sollen Ausdruck seines Wunsches nach Frieden sein. Die Gebete der Muslime *(salah/namaz)* beabsichtigen, den Menschen dazu zu erziehen, täglich zum Frieden beizutragen (mehr dazu ab S. 161).

Ich verstehe darum das Streben nach Frieden als weitere »Säule« des Korans, denn ohne Frieden wird das erste Gebot, der Wissenserwerb, unmöglich und das zweite Ziel des Korans, die Freiheit, ist ohne Frieden nicht zu sichern. Der Koran wurde gezielt zum Aufbau einer Zivilisation auf der Erde offenbart, damit der Mensch seinem Leben einen Sinn geben kann, damit er in seinem diesseitigen Leben Frieden und Ruhe findet und seine Auferstehung im Jenseits friedlich verwirklicht: »*Gott lädt ein zum Haus des Friedens* (darus-salam).« (10/*Yunus,* 25).

Klassische Korankommentare deuten »*darus-salam*« im Sinne von »Paradies im Jenseits«, doch einige gegenwärtige Korankommentatoren verbinden den Begriff auch mit dem Frieden im Diesseits. »Dies ist die Einladung Gottes an die Menschen, ein Fundament nicht nur für das Leben im Jenseits aufzubauen, sondern auch im Diesseits, wo der Mensch mit sich selbst, mit seiner Umwelt und mit seinem Herrscher in Frieden lebt.«[18]

Gott ist dessen kundig, dass sich der Mensch nicht immer an die Normen und die Gebote halten wird, dass er den Einflüsterungen Satans unterliegt, der Spannungen und Konflikte in den zwischenmenschlichen Beziehungen sät. Deswegen warnt uns Gott und ruft uns auf, gemeinsam in den Frieden einzutreten und sich nicht provozieren zu lassen: *»O ihr, die ihr glaubt! Tretet allesamt ein in den Frieden! Und folgt nicht den Fußstapfen Satans, denn, wahrlich, er ist einer offener Feind!«* (2/*al-Baqara,* 208). Der Satan symbolisiert hier alles, was den Menschen in seinem Inneren zu Hass, Gewalt und Konflikt anstachelt. Der Weg des Friedens ist im Koran alternativlos. Das wird gerade dann deutlich, wenn man sich vor Augen führt, was dieser über den Kampf, den *dschihad* sagt.

Der *dschihad* ist eine permanente Mühe, einerseits gegen das eigene Ego und seine schlechten Gewohnheiten anzukämpfen und sich anderseits für das Konstruktive einzusetzen. Im Sinne dieses geistlichen *dschihad* sind die Muslime verpflichtet, sich täglich Mühe zu geben für ein besseres und gesundes Leben. Das, was sie bei diesem permanenten Kampf in ihren Händen haben müssen, ist nicht etwa eine Waffe, sondern das Buch! Diesen *dschihad* mit dem Buch bezeichnet der Koran als den »äußersten/härtesten *dschihad (dschihad-kabir)*«: *»Strengt euch hart an gegen sie mittels dieser göttlichen Schrift* (Koran) *mit äußerster Anstrengung* (dschihad-kabir).« (25/*al-Furqan,* 52). Das Buch, der Koran, die Schrift, symbolisiert Wissen und Wissenschaft und soll das Mittel sein, mit dem Muslime für ihre Sache argumentieren und andere zu gewinnen versuchen. Der »wahre dschihad« *(haqqa-l dschihad)*, wie der Koran in Sure 22/*al-Hadsch,* 78 sagt, ist, dass die Anhänger des Korans, die Gott »Muslime« genannt hat, von ihm beauftragt sind, Seine Botschaft weiterzutragen. Er ließ sie dabei dem Glaubensbekenntnis des Vorvaters Abraham folgen und legte ihnen keine Härten in der Religion auf, auf dass sie Zeugnis vor aller Menschheit geben sollen. Dabei ist in diesem Vers über den »großen« und »wahren« *dschihad* mit keinem Wort die Rede von Krieg oder Gewalt.

Wie aber steht es um den militärischen *dschihad* bzw. um die sogenannten Gewaltverse im Koran? Der Islam steht nicht erst seit den Anschlägen unserer Zeit unter dem Generalverdacht, eine Religion des Krieges und der Gewalt zu sein. Die Wurzeln dieses Verdachtes und der Angst vor dem Islam liegen schon im christlichen Mittelalter. Wir wissen alle, dass der Koran in der Tat in verschiedenen Suren Verse beinhaltet, in denen Gläubige zu gewalttätigen Auseinandersetzungen mit ihren Feinden aufgerufen werden. Vor allem einige Verse in der Sure 9, *at-Tawba,* die als eine der letzten Suren offenbart wurde, gelten als die härtesten im Koran. Dazu gehört auch der Vers, der häufig von Islamkritikern zitiert wird, um dem Islam *per se* Gewaltaffinität und Grausamkeit zuzuschreiben: *»Und wenn dann die verbotenen Monate* (Monate, in denen Krieg unter keiner Voraussetzung erlaubt ist)[19] *vorüber sind, tötet jene, die etwas anderem neben Gott Göttlichkeit zuschreiben, wo immer ihr auf sie stoßt, und nehmt sie gefangen und belagert sie und lauert ihnen an jedem vorstellbaren Ort auf. Doch wenn sie bereuen und sich an das Gebet machen und die reinigenden Abgaben entrichten, lasst sie ihres Weges ziehen: denn, siehe, Gott ist vielvergebend, ein Gnadenspender.«* (9/*at-Tawba,* 5). Ömer Özsoy, Islamwissenschaftler an der Universität Frankfurt, bemerkt dazu Folgendes: »Dass wir in allen unseren Offenbarungsschriften entsprechende Verse vorliegen haben, ist in solchen und noch schlimmeren historischen Epochen begründet. Eine Deutung von kriegsbezogenen bzw. Gewaltaussagen in den Offenbarungsschriften als absolute Legitimierung der Gewaltanwendung ist daher nur durch ihre anachronistische und gottlose Lektüre möglich und als fundamentalistische Vergewaltigung dieser Schriften zu beurteilen. So ist es auch mit dem Koran und dem Umgang mit ihm. Gerade hier sind wir jedoch in letzten Jahrzehnten mit einer etablierten Allianz konfrontiert zwischen

Terroristen, die auch Muslime sind, und islamfeindlichen Hasspredigern, die gemeinsam darauf beharren, die Gewalt durch den Koran zu legitimieren, sie gar aus ihm abzuleiten. Was an der aktuellen Debatte über den Islam kritisch anzumerken ist, ist die Überislamisierung aller Phänomene, in denen irgendwie muslimische Akteure auftauchen. Diese vorherrschende Tendenz, alle Probleme von Muslimen auf den Islam zu reduzieren und den Grund und somit auch die Lösung im Islam zu suchen, dient nur der eben angesprochenen Allianz und führt zu einer Blindheit gegenüber den eigentlichen Gründen und somit möglichen Lösungen. Auch Muslime sind letztlich – und vor allem – Menschen.«[20] Wir dürfen die kriegerischen Aussagen im Koran nicht ignorieren, denn das wäre eine Missachtung der Geschichte. Aber es gilt, eben genau diese Geschichte ernst zu nehmen. Der Koran hat während der Zeit seiner Offenbarung auf die Drohungen derer, die den Muslimen feindlich gesinnt waren, reagiert und Regelungen festgehalten, wie im Falle militärischer Auseinandersetzung vorzugehen sei. Wenn man diese Verse, die zum Kampf aufrufen, aus dem historischen Kontext reißt, könnte man sie als »Freibrief« und Legitimation für Gewalt gegen Feinde verstehen. Genauso machen es manche Islamkritiker und einige radikale Muslime. Sie berücksichtigen nicht, dass die Verse in einer bestimmen Situation an eine bestimmte Gruppe gerichtet sind, verallgemeinern sie und übertragen sie wortwörtlich in die heutige Zeit.

Die Probleme liegen darum eigentlich nicht im Koran selbst, sondern in manchen von Gelehrten vorgetragenen Auslegungen, die nach dem Tod des Propheten Muhammad gelebt haben. Leider haben einige dieser frühen Koranexegeten den Vers 9/5 als »Schwertvers« *(ayatus-sayf)* bezeichnet[21] und einige zeitgenössische Gelehrte ihn als juristische Begründung für den militärischen *»dschihad«*

herangezogen.[22] Frühere Koranexegeten wie z.B. al-Razi[23] (gest. 925) oder al-Qurtubi[24] (gest. 1223), vertraten sogar die Meinung, dass dieser Vers alle Koranverse, die für Geduld plädieren und zu einem konstruktiven Umgang mit Feinden aufrufen, widerruft bzw. aufhebt.[25] Neuere Exegeten, wie der Ägypter Rashid Rida (gest. 1935) oder der Türke Mustafa Öztürk (geb. 1965), üben berechtigte Kritik an dieser Lesart der früheren Gelehrten und vertreten eine Position, wonach der Grund für den Kampfaufruf im Koran nicht etwa darin bestehe, dass die andere Seite »nicht-muslimisch« oder »andersgläubig/ungläubig« sei, sondern der einzige Grund für den Krieg sei ausschließlich die Aggression der anderen. Verse, die zur Geduld und zu gütigem Umgang mit Nichtmuslimen aufrufen, würden dadurch mitnichten widerrufen bzw. aufgehoben.[26]

Wie kommt es zu diesen unterschiedlichen Interpretationen? Das ist besser zu verstehen, wenn wir die Hintergründe der oben genannten und ähnlicher Verse beleuchten. Es genügt, nur den ersten Vers der Sure 9/ *at-Tawba* zu analysieren, um zu verstehen, worum es hier geht. Der amerikanische Historiker Juan Cole, der sich wissenschaftlich mit der Biografie des Propheten Muhammad beschäftigt hat, sagt in seinem viel beachteten Buch: *Muhammad: Prophet of Peace Amid the Clash of Empires,* dass diese Verse speziell auf Mitglieder des Stammes Hawazin anspiele, der immer wieder seine Anhänger und seine Koalitionspartner mobilisiert habe, um die muslimische Gemeinschaft in Medina und die dort herrschende Harmonie zu zerstören. Im Jahr 630, also kurz vor dem Tod des Propheten Muhammad, hat dieser Stamm noch einmal die Muslime in Medina angegriffen.[27] Als Nachrichten kamen, die Hawazin planten einen Feldzug gegen Medina, obwohl zwischen ihnen und dem Propheten eine im März 627 für die Dauer von 10 Jahren geschlossene Friedensvereinbarung bestand, blieb den Muslimen keine andere Wahl, als sich zu verteidigen. Die Gründe für die Auseinandersetzung werden in der obengenannten Sure erwähnt: 1. Die *muschrikun*, gegen die diese Sure sich wendet, also die Götzendiener der Hawazin (und nicht etwa alle Nichtmuslime!) haben mutwillig die bestehenden Verträge mit den Muslimen gebrochen, (9/*at-Tawba*, 2, 3, 7, 12, 13); 2. sie waren treulos (Vers 12); 3. sie waren diejenigen, die den Propheten und die Muslime aus der Heimat (mit)vertrieben hatten (Vers 13); 4. sie sind diejenigen, die zuerst angegriffen haben: »*Würdet ihr etwa nicht gegen Leute kämpfen, die ihre feierlichen Versprechen gebrochen haben und alles, was sie konnten, getan haben, um den Gesandten (und seiner Anhänger aus Mekka) zu vertreiben, und auch zuerst angegriffen haben?*« (9/*at-Tawba*, 13).

Dieser Aufruf zur Selbstverteidigung war und ist nicht gegen alle Nichtmuslime gerichtet, sondern gegen jene Götzendiener, die friedliche Abkommen mit Muslimen gebrochen und sie attackiert haben. Wichtig ist hier noch zu betonen, dass sowohl muslimische als auch nichtmuslimische Historiker darin übereinstimmen, dass nach der Offenbarung dieser Sure, 9/*at-Tawba*, gar kein Krieg stattgefunden hat. Entweder schreckte die nichtmuslimische Seite (entweder der Stamm Hawazin oder womöglich das Byzantinische Reich, wie einige muslimische Historiker behaupten) davor zurück, in den Kampf zu ziehen, oder der Prophet Muhammad konnte die Auseinandersetzung auf andere Weise schlichten. Der 128. Vers, mit dem diese Sure zu Ende geht, kann ein Indiz dafür sein: »*Zu euch ist ein Gesandter gekommen aus eurer Mitte: hart ist es für ihn, was ihr erduldet. Er sorgt sich um euch, alle. Zu den Gläubigen ist er gütig, barmherzig.*«

Und auch nach der Zeit Muhammads gab es in der Menschheitsgeschichte immer wieder Epochen, in denen keine anderen Mittel zur Bekämpfung von Aggression, sozialem Unrecht, von Verfolgungen oder zur Abwehr blutiger Angriffe auf unschuldige und schwache Gruppen von Menschen zur Verfügung zu stehen schienen als der Rückgriff auf Gewalt. Die Verse im Koran, die den Kampf erlauben, sind darum im historischen Kontext zu verstehen, ebenso wie die Deutungen des Korans, die islamische Gelehrte in der Folgezeit vornahmen. Wer sich militärischen Invasionen von Nichtmuslimen, Kreuzzügen, der kolonialen Besatzung seines Landes gegenübersieht, der wird sich dazu gedrängt fühlen, sich selbst zu verteidigen, und den Koran so deuten. Und Gewalt als letztes Mittel zur Selbstverteidigung ist im Koran durchaus legitimiert. Drei Stellen sind es, in denen diese Erlaubnis zugestanden wird:

> *»Erlaubnis (zu kämpfen) ist jenen gegeben, gegen die unrechtmäßig Krieg geführt wird / insofern als ihnen Unrecht geschah – und wahrlich, Gott hat fürwahr die Macht, ihnen beizustehen –: jenen, die gegen alles Recht aus ihren Heimstätten vertrieben wurden, aus keinem anderen Grund, als dass sie sagen: ›Unser Erhalter ist Gott!‹ Denn wenn Gott die Leute nicht befähigt hätte, sich gegeneinander zu verteidigen, wären (alle) Klöster und Kirchen und Synagogen und Moscheen – in denen (allen) Gottes Name reichlich lobgepriesen wird – sicherlich (bereits) zerstört worden.« (22/al-Hadsch, 39-40).*

> *»Und wie könntet ihr euch weigern, zu kämpfen für die Sache Gottes und der völlig hilflosen Männer und Frauen und Kinder, die rufen: ›O unser Erhalter! Führe uns heraus zur Freiheit aus diesem Land, dessen Bewohner Unterdrücker sind, und erhebe für uns aus Deiner Gnade*

einen Schützer, und erhebe für uns aus deiner Gnade einen, der uns Beistand bringen wird!‹« (4/an-Nisa, 75).

»Doch fürwahr, was jene angeht, die sich verteidigen, nachdem ihnen Unrecht geschah – keinerlei Tadel trifft sie: Tadel trifft nur jene, die (andere) Leute unterdrücken und sich auf Erden ungeheuerlich benehmen, gegen alles Recht verstoßend: ihnen steht schmerzliches Leiden (im Jüngsten Tag) bevor! Aber überdies, wenn einer geduldig in Widrigkeit ist und vergibt – dies, siehe, ist fürwahr etwas, sein Herz daran zu hängen.« (42/asch-Schura, 41-43).

Interessant ist, dass an der Stelle, die die Erlaubnis zum Kampf zum ersten Mal ausspricht, heilige Orte auch der anderen Religionen genannt und als schützenswert dargestellt werden. Impliziert ist, dass die Verteidigung der Religionsfreiheit, egal welcher Religion, der vorrangigste Grund ist, zu den Waffen zu greifen.[28] Darüber hinaus ist Selbstverteidigung, wie im zweiten und dritten Vers zu sehen ist, nicht nur erlaubt, sondern kann moralisch geboten sein, um Schwache und unterdrückte, wie Alte, Frauen, Kinder und Machtlose, die unter Zwang, Grausamkeit und Terror leiden, zu befreien. Dies soll im Folgenden noch etwas näher beleuchtet werden.

Exkurs:
Die vier Elemente der Philosophie des *Dschihad* im Koran

Selbstverteidigung

Wie diesen drei Stellen zu entnehmen ist, ist nach dem Koran der bewaffnete Kampf nur dann erlaubt, wenn die Religionsfreiheit angegriffen oder die Sicherheit der

Gesellschaft bedroht wird, oder wenn Menschen, vor allem die Hilflosen und Wehrlosen, wie Frauen, Kinder und Alte, leiden. Um sie vor Knechtschaft und Gewalt zu schützen bzw. um sie davon zu befreien, kann Krieg der unausweichliche Weg sein. Die beiden Begriffe, die im Koran für »Kampf« stehen, *dschihad* und *qital*, finden sich dabei immer in Versen, die sich an einen Plural von Adressaten richten, das heißt: Selbstverteidigung ist eine Sache des Kollektivs und der ganzen Gemeinschaft bzw. des Staates. Somit ist dem Kampf von Einzelpersonen oder einzelnen, sich selbst organisierenden Gruppierungen die Legitimität entzogen, weil dieser zwangsläufig zu Terror und Kriminalität führt. Das macht den Unterschied aus zwischen dem *muslim* (dem Gott ergebenen Menschen), der die Gebote Gottes befolgt, und dem *mudschrim* (dem sündigen Kriminellen/Missetäter), der Gott missachtet. Der Koran fragt: *»Sollen wir denn die Gottergebenen* (muslim) *genauso behandeln wie die Missetäter* (mudschrim)*? Was ist mit euch? Worauf gründet ihr euer Urteil?«* (68/ *al-Qalam,* 35-36). Genau wie Gott Menschen anhand ihrer Taten differenziert betrachtet, so sollten auch wir differenzieren, nicht nur in unseren Wahrnehmungen, sondern auch in unserem Vokabular, um Muslime und Kriminelle klar zu unterscheiden, und diesen Unterschied auch beim Namen nennen. Aus dieser Perspektive sind all die grausamen Anschläge, die in der jüngeren Vergangenheit in manchen Städten verübt wurden und hinter denen Einzelpersonen oder Organisationen stehen, die »muslimisch« verkleidet sind, aus der Perspektive des Islam schlicht als kriminell und nicht etwa als »islam(ist)isch« zu beurteilen!

Für solch brutale Verbrechen gegen unschuldige Menschen, egal aus welchem Motiv und mit welchem Hintergrund sie verübt werden, sind im Koran selbst die höchsten

Strafen vorgesehen (5/*al-Maida*, 33). Terror bleibt immer die größte Sünde, und nur einen Vers zuvor erinnert uns Gott daran, dass, wer einen unschuldigen Menschen tötet, gleichsam die ganze Menschheit tötet. Wer aber das Leben eines Menschen rettet, rettet gleichsam die ganze Menschheit (5/*al-Maida*, 32).

Die legitimierte und staatlich organisierte Selbstverteidigung, der sog. *»dschihad«*, ist darüber hinaus im Islam mit ethischen Geboten verbunden. Diese Gebote kommen in einem Edikt zur Sprache, das der Prophet Muhammad den im Verteidigungskampf stehenden Soldaten hat zukommen lassen: *»Wenn ihr, um euch zu verteidigen, kämpfen müsst, dann verbiete ich euch, Zivilisten wie ältere und schwache Menschen, Kinder, Frauen, Kranke, Priester und Betende in Klöstern zu töten. Ihr dürft auch nicht plündern, Gebäude zerstören, Tiere nutzlos töten und Bäumen Schaden zufügen. Ihr sollt Zerstörtes wieder aufbauen und konstruktiv handeln. Seid ihr nur gut. Gott, wahrlich, liebt diejenigen, die Gutes tun.«*[29]

Friedfertigkeit statt Aggression

Einem Muslim ist kriegerisches, aggressives Auftreten nicht gestattet. Terror ist *haram*, verboten und eine der schweren Sünden, *kebair*. Muslime dürfen den Krieg nicht beginnen, sondern nur sich gegen Angriffe verteidigen. Die Erlaubnis zur Selbstverteidigung und das Verbot der Aggression hält ein Vers in Sure 2 fest: *»Und kämpft für Gottes Sache gegen jene, die Krieg gegen euch führen, aber begeht keine Aggression – denn, wahrlich, Gott liebt Aggressoren nicht.«* (2/*al-Baqara*, 190). Der defensive Charakter eines Kampfes »für Gottes Sache« – d.h. für die Sache der von Gott gebotenen ethischen Prinzipien – ergibt sich darüber hinaus mit aller Klarheit aus dem Bezug auf *»jene, die Krieg* *gegen euch führen«.*[30] Krieg aus Machtgier, zur Eroberung von Ländern oder um Menschen den Islam aufzuzwingen, findet keine Legitimation im Koran: *»Denkst du denn, dass du die Leute zwingen könntest zu glauben?!«* (10/*Yunus*, 99). Der Prophet Muhammad hat empfohlen, Konflikte mit Feinden nicht zu suchen: *»O Menschen, ihr sollt keinen Konflikt suchen, sondern ihn vermeiden und ihr sollt Gott bitten, euch vor einer gewaltigen Auseinandersetzung zu bewahren, bis euch die Aggression trifft, dann bleibt euch keine andere Wahl, als euch zu wehren.«*[31]

Die grundsätzliche Position, die der Koran befürwortet, ist die Position, die Abel, der Sohn Adams, gegenüber seinem mörderischen Bruder Kain vertritt: *»Selbst wenn du deine Hand an mich legst, mich zu töten, werde ich nicht meine Hand an dich legen, dich zu töten: siehe, ich fürchte Gott, den Erhalter aller Welten.«* (5/*al-Maida*, 28). Der syrisch-tscherkessische islamische Denker Jawdat Said (geb. 1931) verfasste fast vor einem halben Jahrhundert sein Buch *»Madh´hab Ibn Adam Al-Awwal – The Doctrine of the First Son of Adam«*, in dem er sehr klar die These vertritt, dass Gewaltausübung nicht mit dem islamischen Glauben vereinbar sei. Er schuf mit seinen Werken einen Ansatz für einen gewaltlosen Islam.[32]

Verhandeln statt Siegen um jeden Preis

Gott steht immer auf der Seite der Menschen, die unter Unterdrückung, Bedrohung, Ausbeutung und Verfolgung leiden.[33] Die Propheten, die von Ihm als solche ermächtigt wurden, genossen gerade darum die Unterstützung derjenigen, die unterdrückt und entrechtet waren.[34] Die selbstherrlichen, arroganten Angehörigen der herrschenden Klassen waren die Ersten, die sich aus Angst um ihre Privilegien dem Propheten widersetzten.[35] Im Koran gibt es viele Beispiele dafür, wie Gott die unterdrückten Gläubigen ermutigt und Seine konkrete Unterstützung gegen gewalttätige Götzendiener zeigt.[36] Gott unterstützte sie bei ihrem Verteidigungskampf[37] gegen ihre Feinde aber nicht nur,[38] zugleich motivierte Er sie auch dazu, Frieden mit den Feinden zu schließen, falls diese dem Frieden zuneigten. Wenn diejenigen, die mit dem Krieg begonnen haben, doch Frieden schließen wollen, verpflichtet Gott die Muslime, einen Waffenstillstand und ein Friedensabkommen anzustreben. Der Koran wendet sich direkt an den Propheten Muhammad als Oberhaupt der Gemeinschaft der Muslime mit einem persönlichen Befehl: *»Wenn sie dem Frieden zuneigen, neige auch du ihm zu!«* (8/*al-Anfal*, 61). Interessant ist hier die Beobachtung, dass das zuständige Oberhaupt der muslimischen Seite direkt und persönlich angesprochen wird, (im Singular formuliert, hingegen ist die andere Seite im Plural angesprochen), und ihm allein die Befugnis, aber auch der Befehl gegeben wird, Frieden zu schließen. D.h., wenn die Feinde um Frieden bitten und der Sieg vielleicht zum Greifen nahe scheint, so ist es doch die Aufgabe des Oberhauptes der Muslime, den Frieden anzustreben und nicht den Sieg; selbst dann nicht, wenn seine eigenen Leute dies vielleicht ganz anders sehen. Daran ist eindeutig zu erkennen: Gott will den Frieden – und nichts anderes.

Diese drei Paradigmen: Befürwortung der Selbstverteidigung, Befürwortung der Friedfertigkeit und Ablehnung von Aggression, Verhandlungsfrieden statt Siegfrieden stecken den Rahmen ab, in dem alle anderen kriegerische Verse im Koran zu sehen sind und verstanden werden müssen.

Güte und Menschenfreundlichkeit

Der Koran verlangt von Muslimen nicht nur, mit Feinden Frieden zu schließen, sondern auch, sich ihnen gegenüber für die Möglichkeit der »Zuneigung/Nächstenliebe (arab. *mawaddah*)« zu öffnen: *»Es mag wohl sein, dass Gott gegenseitige Zuneigung* (mawaddah) *zwischen euch (o Gläubige,) und einigen von jenen herbeiführt, denen ihr (nun) als Feinde gegenübersteht: denn Gott ist allmächtig – und Gott ist vielvergebend, ein Gnadenspender.«* (60/*al-Mumtahina,* 7). Der Koran wendet sich so gegen Rache und Vergeltung.

Interessant ist dabei, dass hier nicht das Wort *»hubb«* verwendet wird, was auf Arabisch Liebe bedeutet, sondern das Wort *»mawaddah«*, was bedeutet: ein von Hass befreites Herz! Es geht hier also um eine wirkliche Umkehr und Verwandlung des Herzens! Unter den 99 Namen Gottes findet sich der Name/das Attribut *»al-Wadud«*, der bedingungslos Liebende. Ausgerechnet diese Art der Nächstenliebe verlangt Gott in der zwischenmenschlichen Beziehung, auch zu früheren Feinden, wenn auch die andere Seite dazu bereit ist. Das Ziel Gottes ist, die Herzen der Menschen von Hass und Vorurteilen zu befreien, um eine gemeinsame Zukunft in gegenseitigem Vertrauen und Zuneigung aufzubauen.

Und der Koran geht noch weiter. Er verlangt von den Muslimen, sich im Verhältnis zu denen, die in Frieden leben möchten, nach den Maßstäben der Güte *(birr)* und der Gerechtigkeit *(qist)* zu richten: *»Was solche angeht, die nicht wegen (eures) Glaubens gegen euch kämpfen und euch auch nicht aus euren Heimstätten vertreiben, Gott verbietet euch nicht, ihnen Güte* (birr) *zu erweisen und euch ihnen gegenüber völlig gerecht* (qist) *zu verhalten: denn, wahrlich, Gott liebt* *jene, die gerecht handeln.«* (60/*al-Mumtahina,* 8). Der Begriff *birr* in diesem Vers beschreibt das Maß der Beziehungen zwischen Muslimen und Nichtmuslimen und beinhaltet alles, was mit dem Guten zusammenhängt. Das ist der permanente zivile *dschihad,* also sich tagtäglich für das friedliche Zusammenleben, das auf den Prinzipien der »Güte« und »Gerechtigkeit« beruht, einzusetzen. Es ist der gleiche Begriff, den der Koran verwendet, wenn er das Verhalten gegenüber den Eltern, also den Wesen, die nach Gott das höchste Recht auf Achtung haben, kennzeichnet. Auch gegenüber unseren Eltern sollen wir uns mit *birr* verhalten. In der koranischen Erzählung über Jesus lobt Gott ihn für die Güte, die er gegenüber seiner Mutter Maryam/Maria bewies, und verwendet das Wort *»birr«*: *»Und voller liebender Achtung* (birr) *gegenüber seinen Eltern; und niemals war er überheblich oder auflehnerisch.«* (19/*Maryam,* 14).

Damit will Gott (nicht nur) den Muslimen sagen: Das gute Verhalten, dass ihr euren Eltern gegenüber an den Tag legt, müsst ihr auch denen entgegenbringen, die in Frieden mit euch zusammenleben. Das ist möglich, wenn wir den Menschen, die eine andere Religion, Weltanschauung, Ethnie und eine andere Geschlechtsorientierung haben, mit Toleranz und Respekt begegnen. Wenn es an Toleranz zwischen den Mitgliedern einer Gesellschaft mangelt und wenn gegenseitige Vorurteile geschürt werden, dann ist das auch ein Zeichen dafür, dass es dort eigentlich an Werten wie Nächstenliebe *(mawaddah),* gütige Achtung *(birr)* und Gerechtigkeit *(qist)* fehlt.

Wenn und wo diese Werte vorhanden sind, dann und da ist es auch möglich, Frieden zu bewahren. Bevor der Prophet Muhammad von dieser Welt ging, hielt er eine Abschiedsrede, wandte sich an die ganze Weltgemeinschaft und erinnerte sie an diese Werte: *»Hütet euch vor Vorurteilen und verdächtigt euch nicht gegenseitig, denn Vor-*

urteile sind die schlimmste Form der Lüge, sucht nicht nach den Fehlern des anderen, spioniert euch gegenseitig nicht aus, seid nicht missgünstig gegeneinander und beneidet einander nicht. Ihr dürft euch gegenseitig nicht hassen, einander nicht den Rücken kehren, den Kontakt zueinander nicht verweigern. Alle Menschen sind Brüder. Ein friedliebender Mensch ist dem friedliebenden Menschen Bruder oder Schwester. Er darf ihm kein Unrecht antun, ihn nicht im Stich lassen und ihn nicht erniedrigen. Gottesfurcht ist hier, im Herzen. Es ist böse, wenn der friedliebende Mensch seinen Mitmenschen hasst. Das Blut der Menschen sowie ihr Besitz und ihre Würde sind unantastbar, unverletzlich und geheiligt.«[39]

5. Die vierte Säule: Menschen gleich und gerecht behandeln, Diskriminierung bekämpfen

Als wir im Mai 2020 von der brutalen Ermordung des Afroamerikaners George Flyod durch weiße US-Polizisten schockiert wurden, erinnerte uns Muslime das an ein Ereignis aus der Zeit des Propheten Muhammad: Ein aus Äthiopien stammender Schwarzafrikaner namens Bilal Ibn Rabah war ein Sklave in der Hand der Götzendiener. Er entschied sich schon ganz am Anfang der prophetischen Mission Muhammads, den Islam anzunehmen. Dieser Entschluss war für seinen Besitzer in Mekka Grund genug, ihn zu foltern, indem er dem am Boden liegenden Sklaven schwere Steine auf den Hals legen ließ. Der Prophet Muhammad und sein Freund Abu Bakr kauften ihn frei. Der Prophet nahm ihn in Schutz. Als die Muslime von Mekka nach Medina auswanderten und dort die erste Moschee erbauten, beauftragte der Prophet Bilal, in dieser Moschee als Muezzin zu wirken, der die Gläubigen zum Gebet rufen soll. Obwohl es unter den Muslimen viele andere gegeben hätte, die diese

Ehrenposition verdient hätten, entschied sich der Prophet für Bilal und setzte so ein Zeichen, dass die Menschen im Islam gleichgestellt sind. Als der Prophet nach dem Einzug in Mekka im Jahr 630 wieder den ehemaligen Sklaven Bilal damit beauftragte, vom Dach der Kaaba aus zum Gebet zu rufen, war das keine Geste politischer Macht. Er war sich vielmehr bewusst, dass manche einen Schwarzen als unwürdig ansehen würden, diesen historischen und emotionalen Moment zu prägen. Zwei Jahre später, im Jahr 632, als der Prophet Muhammad selbst in seinem letzten Lebensjahr seine einzige Pilgerfahrt machte und dort seine sogenannte Abschiedspredigt hielt, war unter den Anwesenden auch Bilal. In seiner Predigt wandte der Prophet sein Gesicht allen Anwesenden zu und sagte: »*O ihr Menschen, achtet gut auf meine Worte. Euer Herr ist einer. Euer Vater ist auch einer. Ihr seid alle Kinder Adams. Weder steht der Araber über dem Nichtaraber oder der Nichtaraber über dem Araber, noch steht der Hellhäutige über dem Dunkelhäutigen oder der Dunkelhäutige über dem Hellhäutigen. Überlegenheit besteht allein im Gottesbewusstsein.*«[40]

Diese anti-rassistische Weltsicht des Propheten Muhammad ist sozusagen eine praktische Umsetzung des Verses, in dem Gott über die Gleichheit aller Menschen spricht: »*O Menschen! Siehe, Wir haben euch alle aus einem Männlichen und einem Weiblichen erschaffen, und haben euch zu Nationen und Stämmen gemacht, auf dass ihr einander kennenlernen möget. Wahrlich, der Edelste von euch in der Sicht Gottes ist der, der sich Seiner am tiefsten bewusst ist.*« (49/*al-Hudschurat*, 13). Um Diskriminierung in der Gesellschaft zu bekämpfen, verbietet Gott, in den zwei Versen davor, Folgendes: das Verspotten anderer Menschen, anderer Völker und anderer Religionsgruppen, wie auch Verleumdung, Beleidigung, schimpfliche Beinamen, böse Vermutungen,

Spionage und üble Rede hinter dem Rücken von Menschen (49/*al-Hudschurat,* 11 und 12). Die Vielfalt der Ethnien, Hautfarben und Sprachen bezeichnet Gott als *»Sein Wunder«* (30/*ar-Rum,* 22), damit sich die Menschen gegenseitig kennenlernen und achten, sich vorurteilsfrei begegnen, vertrauensvoll austauschen, miteinander kommunizieren, voneinander lernen und so die Welt »wunderbar« machen.

Gott hat die Menschen unterschiedlich und vielfältig geschaffen, damit sie in dieser Vielfalt die Menschlichkeit entdecken und ihre Unterschiedlichkeit als einen Schatz erkennen: *»Und hätte es dein Erhalter so gewollt, Er hätte sicherlich alle Menschheit zu einer einzigen Gemeinschaft machen können: aber (Er wollte es anders, und so) fahren sie fort, unterschiedliche Ansichten zu haben.«* (11, *Hud,* 118). Gott hat den Menschen mit Vernunft ausgestattet und ihm die Wahl und Freiheit, zu glauben oder nicht zu glauben, überlassen: *»Und sag: ›Die Wahrheit (ist nun gekommen) von eurem Erhalter: lasse denn an sie glauben, wer will, und lasse sie verwerfen, wer will.‹«* (18/*al-Kahf,* 29). *»Hätte dein Erhalter es so gewollt, alle jene, die auf Erden leben, hätten sicherlich Glauben erlangt, allesamt: denkst du denn, dass du die Leute zwingen könntest zu glauben?«* (10/*Yunus,* 99-100). Diesen Vers könnten wir als »Vers der Freiheit« bezeichnen. Der Koran betont den Willen Gottes: *»Hätte Er es so gewollt, Er hätte euch alle rechtgeleitet«* (6/*al-Anam,* 149) – wobei die offensichtliche Implikation ist, dass Er es anders gewollt hat: nämlich, dass Er dem Menschen die Freiheit gegeben hat, zwischen Recht und Unrecht zu wählen, und ihn damit in den Rang eines moralischen Wesens erhoben hat.[41]

Wenn der Mensch aus freier Entscheidung und Überzeugung den Weg Gottes, *al-islam,* gefunden hat, soll er wissen, dass Gott verboten hat, andere Menschen wegen ihrer

Glaubensüberzeugungen zu tadeln, zu schmähen und zu verletzen: »*Doch wenn Gott es so gewollt hätte, sie hätten nicht etwas anderem neben Ihm Göttlichkeit zugeschrieben; darum haben Wir dich nicht zu ihrem Wächter gemacht, und du bist auch nicht verantwortlich für ihr Verhalten. Aber schmäht nicht jene (Wesen), die sie anstelle Gottes anrufen, damit sie nicht Gott schmähen aus Gehässigkeit und in Unwissenheit: denn Wir haben jeder Gemeinschaft ihr eigenes Tun fürwahr gefällig erscheinen lassen.*« (67/*al-Mulk*, 108-109). »Dieses Verbot, etwas zu schmähen, was anderen Leuten heilig ist – selbst wenn es im Widerspruch zum Prinzip der Einheit Gottes steht –, ist an alle Gläubigen gerichtet. Während also von den Muslimen erwartet wird, gegen die falschen Glaubensvorstellungen anderer zu argumentieren, ist ihnen nicht erlaubt, die Inhalte dieser Glaubensvorstellungen zu verunglimpfen und dadurch die Gefühle ihrer irrenden Mitmenschen zu verletzten.«[42]

Hierin liegt die Weltoffenheit des Islam anderen gegenüber. Daher sind alle Menschen, Frauen und Männer, Schwarze und Weiße, orientalische und westliche, Muslime wie Nichtmuslime, vor Gott absolut gleich, indem jeder auf einer gerechten Waage beurteilt wird (7:8; 55:7). Gottes Transzendenz erlaubt keine Diskriminierung aufgrund von Geschlecht, religiöser Überzeugung oder anderer Zuschreibungen. Deshalb hat Gott einzelnen Personen oder bestimmten Gruppen keinen besonderen und privilegierten Status verliehen. Von Gottes täglicher Fürsorge profitieren alle, Seine Sonne strahlt über alle, Seine Luft atmen alle, ohne Ausgrenzung. Es ist wahr, dass die Menschen aufgrund ihrer eigenen guten oder bösen Taten beurteilt werden und das Urteil jeweils unterschiedlich ausfällt, weil ihre Bemühungen und Leistungen unterschiedlich sind. Aber Gott wird keinem Menschen eine besonders hervorgehobene Beziehung zu Ihm einräumen, auf die andere kein Recht hätten. Daher erkennt der Koran nicht einmal die Theorie von der Exklusivität der Muslime an. Die Muslime sind keine »von Gott auserwählte Gruppe«, sondern eine Gemeinschaft, die beauftragt wurde, einerseits sich für die sinnvollen, konstruktiven und guten Taten einzusetzen und anderseits sich mit friedlichen Mitteln dem entgegenzusetzen, was schädlich, unrecht und abscheulich ist. Aber dieser konstruktive Einsatz macht sie zur *»besten Gemeinschaft«*. (3/*Al 'Imran*, 110). Also: erst Leistung, dann die Würdigung, und zwar die Würdigung der Leistung. Alle Menschen sind in Bezug auf Gott gleich, d.h. alle werden nach dem gleichen Gesetz vor Gericht gestellt, ohne Diskriminierung und Unrecht: *»Wer das Gewicht eines Atoms an Gutem getan haben wird, der wird es erblicken; und wer das Gewicht eines Atoms an Übel getan haben wird, der wird es erblicken.«* (99/*az-Zalzala*, 7-8). Gott hat allen Menschen gleichermaßen Seine »Hand« entgegengestreckt. Wer sie annimmt und den Bund mit ihm eingeht und gute Werke tut, kann sich glücklich schätzen. Wer das Angebot ablehnt und bewusst Übles tut, trägt selbst die Konsequenzen: *»Wer immer tut, was gerecht und recht ist, tut dies zu seinem eigenen Wohl; und wer immer Übles tut, tut dies zu seinem eigenen Schaden: und niemals tut Gott Seinen Geschöpfen das geringste Unrecht an.«* (41/*Fussilat*, 45).

Gleichwertigkeit der Geschlechter

Gott macht keinen noch so geringen Unterschied zwischen den Geschlechtern, die gute Werke tun, sei es Mann oder Frau; vor Gott sind beide absolut gleichwertig: *»Da erhörte sie ihr Herr: ›Ich lasse kein Werk eines (Gutes) Tuenden von euch verlorengehen, sei es von Mann oder Frau; die einen von euch sind von den anderen.«* (3/*Al 'Imran*, 195). Wiederholt wird diese Sicht auch an anderer Stelle: *»Was einen jeden* *angehet – sei es Mann oder Frau –, der rechtschaffene Taten tut und überdies einer der Gläubigen ist, – ihn werden Wir ganz gewiss ein gutes Leben leben lassen; und ganz gewiss werden Wir solchen wie diesen ihren Lohn in Übereinstimmung mit dem Besten gewähren, das sie je taten.«* (16/*an-Nahl,* 97). Die Diskriminierung der Frauen, in der Vergangenheit wie auch in der Gegenwart, ist kein göttlicher Wille, sondern ein männliches Instrument, um die eigene Macht und Dominanz zu bestätigen. Der Koran kam, um das zu beheben, Schritt für Schritt, und überlässt es dem menschlichen Gewissen, daran permanent weiterzuarbeiten, bis die Gleichberechtigung der Geschlechter umgesetzt und geregelt wird. In meinem Buch »Der Koran und die Frauen«[43] gehe ich ausführlich auf die Frauenthemen im Koran ein, auch auf solche, die uns heikel erscheinen und unter anderen auch von FrauenrechtlerInnen kritisiert werden.

Es gibt keinen Bereich im Alltag des religiösen Lebens der Muslime, in dem ein so großer Verbesserungsbedarf herrscht, wie im Umgang der Männer mit den Frauen. Gern und mit Recht erzählen wir Muslime, dass es in der vorislamischen Zeit in Mekka üblich war, neugeborene Mädchen lebendig zu begraben (81/*at-Takwir,* 8-9), weil sie in der damaligen Gesellschaftsordnung keinen Wert hatten, und wie der Koran diesen barbarischen Brauch scharf verurteilt und abgeschafft hat. Sehr selten allerdings fragen wir uns in der Gegenwart, ob nicht das männliche Islamverständnis und die entsprechende Praxis bei manchen, die eigenen Töchter, Schwestern und Frauen, bewusst oder unbewusst, herabzusetzen, zu benachteiligen, zu diskriminieren, zu bevormunden oder gar Gewalt anzuwenden, nichts anderes darstellt, als sie in ihren eigenen Häusern oder »Frauenhäusern« seelisch zu begraben!

Wie können wir die Diskriminierung und Ausgrenzung von sichtbar muslimischen Frauen im gesellschaftlichen Alltag beklagen, wenn wir dieselben Frauen in unseren Moscheen selbst im Augenblick des Gebets benachteiligen? Die Kaaba symbolisiert das Herz der sakralen Gebäude, und wenn sich die Menschen – Frauen und Männer – dort versammeln, umrunden sie gemeinsam die Kaaba, und anschließend verrichten sie mit der gleichen Perspektive auf die Kaaba ihre Gebete. Die Gleichstellung der Geschlechter wird dort präsentiert, wie an kaum einem anderen Ort.[44] So muss auch überall in allen Gebetshäusern die Gleichstellung der Geschlechter sichtbar gemacht werden – ich meine nicht in der selben Reihe zu beten sondern ich meine die gleiche Behandlung der Frau in Frührungspositionen –, Gott hat sowohl Männer als auch Frauen von derselben Substanz erschaffen und diese Gleichstellung ganz am Anfang der Sure »Frauen« dokumentiert: *»O Menschheit! Seid euch eures Erhalters bewusst, der euch aus einer einzigen lebenden Wesenheit erschaffen hat und aus ihr Partnerwesen erschuf und aus den beiden eine Vielzahl von Männern und Frauen verbreitete.«* (4/*an-Nisa*, 1)

Für uns Menschen, und vor allem für die Muslime, sollte der Prophet Muhammad eine wesentliche Rolle als Modell in unserem Alltag spielen. Es ist jedoch zu beobachten, dass zwischen ihm und uns eine große Diskrepanz herrscht, was den Umgang mit Frauen betrifft. Er war jemand, der sich für die Rechte der Frauen offen und unermüdlich einsetzte. Er duldete keine Diskriminierung der Frauen in seiner Gemeinde. Um Gleichheit zu schaffen und Ausgrenzung abzuschaffen, ist die Mitwirkung der Frauen, die Erkennbarkeit ihrer Gesichter und die Wahrnehmung ihrer Stimmen in der Öffentlichkeit notwendig: ihre Präsenz in allen Aktivitäten der Gemeinden, in der Verwaltung der Religionsgemeinschaften, in der theologisch-wissenschaftlichen Arbeit, im sozialen Engagement und in den staatlichen Einrichtungen.

Menschen mit Behinderung

Auch Diskriminierung und Abwertung von Menschen mit Behinderung ist ein Thema des Korans. Die ersten Verse der Sure 80 wurden herabgesandt, als der Prophet eines Tages in ein Gespräch mit einer Delegation einflussreicher Götzendiener vertieft war, in der Hoffnung, sie von der Wahrheit seiner Botschaft zu überzeugen. Ausgerechnet in dieser konzentrierten Situation kam sein Weggefährte namens Abdullah Ibn Ummu Maktum, der blind war, und bedrängte ihn mit einigen Fragen. Belästigt durch die Unterbrechung runzelte der Prophet die Stirn und wandte sich von dem blinden Mann ab. Unverzüglich wurde der Prophet durch die Offenbarung gerügt (siehe: 80/*´Abasa* 1-10). Der Prophet entschuldigte sich bei dem blinden Mann und grüßte ihn von da an oft mit den folgenden Worten der Demut: »Willkommen ihm, wegen dem mein Erhalter mich gerügt hat!«[45]

Diese Anekdote ist ein deutlicher Hinweis darauf, dass Menschen mit Behinderung bevorzugt werden sollten und einen sensiblen Umgang verdienen. In Zeiten, in denen er von Medina abwesend war, gab der Prophet dem blinden Mann die Befugnis, ihn in der Stadt zu vertreten, die Gebete in seiner Moschee zu leiten. Die Ehefrau des Propheten Aischa berichtet, dass der Prophet in seiner Anwesenheit in Medina selber die Gebete leitete, jedoch bei seiner Abwesenheit das Amt des Imams dem Blinden Ibn Maktum übertrug. Die Muezzine, also diejenigen, die zum Gebet aufrufen, bzw. Vize-Imame des Propheten, waren abwechselnd der Schwarze Bilal und der Blinde Ibn Maktum.[46] Das war die höchste Auszeichnung und Anerkennung eines schwarzen und eines behinderten Menschen. So sandte der Prophet praktische Signale durch Bilal gegen Rassismus und durch Ibn Maktum gegen die Ausgrenzung behinderter Menschen, dass alle Menschen gleiche Würde besitzen.

Soziale Gerechtigkeit

Um die soziale Gleichheit der Menschen zu verwirklichen, begann der Prophet, sobald er nach Medina kam, die Menschen zu verbrüdern. Er riet den Wohlhabenden, ihre Güter mit denjenigen zu teilen, die weniger hatten; er weckte Solidaritätsbewusstsein und gab den Menschen das Gefühl, dass keiner von ihnen privilegiert sei, sondern dass sie alle Brüder sind. Die namhafte deutsche Orientalistin Annemarie Schimmel (gest. 2003) skizziert seine Vision so: »Die Weisheit Muhammads als Staatsmann, seine gesellschaftlichen Verbesserungen in Mekka und Medina, seine berühmte Regulierung der Gemeinschaft in Medina als Modell der modernen demokratischen Gesellschaft, seine kluge Wirtschaftsführung, sind für den modernen Muslim ein Beispiel dafür, wie auch er sein Leben regeln soll.«[47]

In Ländern, in denen sich die Muslime ethnisch vielfältig zusammensetzen, wie z.B. in Deutschland, sollte dieses Modell des Propheten in der Moschee auch dadurch verdeutlicht werden, dass die diversen Aufgaben an Menschen mit unterschiedlichen ethnischen und anderen Hintergründen verteilt werden. So hat die Islamische Gemeinde Penzberg dieses Ideal nicht nur befürwortet, sondern auch umgesetzt: Im Vorstand der Moscheegemeinde sitzen Frauen und Männer, hier in Deutschland geborene wie auch aus Syrien geflüchtete, bosnische wie auch türkischstämmige Mitglieder, solche mit und ohne deutschen Hintergrund.[48]

Das oberste Ziel des Korans ist es, Gerechtigkeit herzustellen, weil nur dort, wo Gerechtigkeit herrscht, auch der Friede herrschen kann, und dort, wo Frieden herrscht, herrscht auch der Wille Gottes, wie der klassische Islamgelehrte Ibn Qaiyim (gest. 1350) festhält: »Dort, wo sich die ersten Zeichen der Gerechtigkeit in irgendeiner Art und Weise zeigen, dort ist auch der Wille Gottes.«[49] Die Schaffung von Gerechtigkeit gehört zu den Pflichten aller Menschen: *»Gott gebietet Gerechtigkeit«* (16/*an-Nahl,* 90). Als beispielhaftes Verhalten riet Er dem Menschen, gerecht zu sein, auch dann, wenn er Hass, Feindschaft und Unrecht erlebt: *»O ihr, die ihr Glauben erlangt habt! Seid immer standhaft in eurer Hingabe an Gott, Zeugnis gebend für die Wahrheit in aller Gerechtigkeit; und lasst niemals Hass auf irgendeinen euch in die Sünde führen, von der Gerechtigkeit abzuweichen. Seid gerecht: wahrlich, Gott ist all dessen gewahr, was ihr tut.«* (5/*al-Maida,* 8).

Die Gerechtigkeit wird im Rechtsstaat durch den Gesetzgeber, die Regierung und die Gerichte verwirklicht. Lebendig bleibt die Gerechtigkeit unter den Mitgliedern einer Gesellschaft aber mithilfe des Gewissens. Der Schutz der Prinzipien der Gerechtigkeit und der Werte im Leben wird durch die Erfüllung von Pflichten und die Übernahme von Verantwortung durch jeden einzelnen Menschen gesichert. Nur dann, wenn der Staat alle Menschen gleichberechtigt behandelt, können Recht, Gerechtigkeit und Geschwisterlichkeit Wurzeln schlagen. Die Tatsache, dass Menschen unterschiedliche Geschlechter, Hautfarben und Weltanschauungen haben, bedeutet nicht, dass sie ungleich behandelt werden sollten oder dürfen. Im Gegenteil, gerade wegen dieser Unterschiede wird die »Gleichheit« eingefordert. Denn das Gleichheitsprinzip ist der Faktor, der unter diesen Unterschieden eine Balance herstellt und den inneren Frieden in einer Gesellschaft sichert. Ungerechtigkeit und

Ungleichheit auf der Erde, die aufgrund der Sprache, Hautfarbe, des Bildungsniveaus, des Vermögens oder Geschlechts entstehen, führen die Welt in Polarisierung und Gewalt, in Diskriminierung und Ausgrenzung, in Hass und Krieg.

Das, was ein Land stark macht, ist ein Rechtssystem, das auf Gerechtigkeit und gerechtem Umgang des Staates mit allen seinen Bürgern beruht. Wenn ein Staat an die Ungleichheit Zugeständnisse macht, führt dies zu seinem Untergang. Die Gerechtigkeit ist das Hauptkriterium der politisch-staatlichen Herrschaft: *»Gott gebietet euch, alles, was euch anvertrauet worden ist, denjenigen auszuhändigen, die darauf Anspruch haben, und immer, wenn ihr zwischen Leuten richtet, mit Gerechtigkeit zu richten.«* (4/*an-Nisa*, 58). Das Gegenteil, die Ungerechtigkeit und Unterdrückung, sind Begriffe, die am häufigsten und am heftigsten im Koran verurteilt werden. Gott mahnt »Ungerechtigkeit« *(dhulm)* 289-mal im Koran an. Der Koran warnt die Menschen davor, hochmutig und gewalttätig zu sein. Ganz am Anfang der Offenbarung des Korans kommt diese Warnung: *»Der Mensch wird äußerst anmaßend, wann immer er sich für selbstgenügend hält.«* (96/*al-Alaq*, 6-7). Und wenn ein solch hochmütiger Mensch die Macht ergreift, missbraucht er seine Position, um Ungerechtigkeit und Unheil auf der Erde zu stiften: *»Wenn er obsiegt, geht er auf der Erde umher und verbreitet Verderbnis und vernichtet Ackerland (weltliche Güte und die Ressourcen der Natur) und die Nachkommenschaft (und somit zerstört er die Natur und verursacht gesellschaftlichen Zerfall).«* (2/*al-Baqara*, 205).

Zivilisierte Menschen müssen sich nicht nur in der Frage der Gleichheit der Menschen einig sein, sondern sie müssen darüber hinaus gegen jegliche Art von Benachteiligung und Ausgrenzung vorgehen und ihre Stimme gegen Ungerechtigkeit erheben. Einer der wichtigsten Aspekte von Benachteiligung in der Welt ist die ungerechte Verteilung der Ressourcen, was zu Armut und somit zu Ungleichheit führt.

6. Die fünfte Säule: Die Ressourcen der Welt gerecht verteilen, Armut bekämpfen

Der Islam ist nicht nur eine Religion reiner Spiritualität, sondern auch ein moralisches System zum Umgang mit Kapital- und Materialressourcen. Er lehrt den Menschen, wie er die Ressourcen, die Gott auf der Erde und im Himmel erschuf, verwalten soll. Dem Menschen gehört das, was er durch seine Mühe und seinen Schweiß erarbeitet. Das ist sein garantiertes Recht. Aber es gilt auch: Der Mensch selbst und seine ganze Macht, sowie alle Ressourcen und Schätze auf der Erde, ob Wasser oder Öl, ob Gold oder Geld, der Boden und der Acker, gehören allein dem Einen Einzigen Herrn: *Lehu-l-mulk* – Sein ist alle Herrschaft (64/*at-Taghabun,* 1). Die erste und wichtigste Botschaft des Islam beruht auf den Fundamenten dieser Herrschaft (*mulk*). Die Schätze der Natur gehören nur dem Schöpfer und sind darum allen Seinen Geschöpfen in gleichem Maße anvertraut. Alles, was Ihm gehört, gehört auch allen Menschen.[50] Er ist der *»Erhalter der Menschen«* (114/*an-Nas,* 1) – so endet der Koran.

Die meisten Probleme der Welt entstehen wegen ungerechter Verteilung von Macht und Ressourcen. Eine der ersten Fragen, deren sich der Koran annahm, war die von Reichtum und Armut. Die Offenbarung des Korans richtete sich gegen übermäßigen Besitz von Kapital und kündigte den Kampf gegen die Armut an, um einen Mittelstand zu schaffen.[51] Als der Prophet mit dem Koran kam, waren seine ersten und entschlossensten Gegner Vertreter der mekkanischen Bourgeoisie und der herrschenden sozialen Klasse, gerade deshalb, weil sich der Prophet gegen ihr Monopol positionierte und sich für die Menschen am Rand der Gesellschaft einsetzte: für die Schwachen, die Kranken, Waisen und Armen. Der Prophet betrachtete Armut als Gefahr für das Glück der Familien und den Fortschritt der Gesellschaft. Dies gilt vor allem dort, wo die Kluft zwischen Arm und Reich besonders groß ist und dort, wo ein sehr fleißiger, aber armer, Arbeiter einem reichen Faulpelz gegenübersteht. Solche offensichtlichen Missstände nähren Zweifel an der Gerechtigkeit. Hier hat der Islam die Aufgabe, sich für die Armen einzusetzen, für sie zu sorgen und sie darin zu unterstützen, ihr Leben glücklich und menschenwürdig zu führen und somit den Grundstein für Solidarität und gesellschaftlichen Zusammenhalt zu legen.

Wenn Gott noch einmal einen Propheten schicken würde, wäre wohl das Erste, wonach er fragen würde: Warum und wegen welcher Sünde hungern heute Millionen von Menschen? So, wie Gott zu Beginn der Offenbarung nach einem ermordeten Mädchen fragte, *»für welche Sünde es getötet wurde«* (81/*at-Takwir,* 9). Wie kann eine kleine Weltelite von 85 superreichen Menschen so viel besitzen wie 3,5 Milliarden armer Weltbürger? Im kapitalistischen System werden die Reichen nicht nur immer reicher, sondern bezahlen auch weniger Steuern von ihrem Reichtum. In den letzten 25 Jahren wurde der Reichtum in den Händen einer immer kleineren Anzahl von Menschen konzentriert, so dass nun 1 Prozent der Familien auf der Erde 46 Prozent des gesamten Reichtums der Welt besitzt. Diese große Konzentration der wirtschaftlichen Ressourcen in den Händen von wenigen Menschen stellt eine Bedrohung für politische und wirtschaftliche Systeme dar und ruft zwangsläufig auch andere Ungleichheiten, Neid und Hass hervor.[52]

Der Koran stellt diese Problematik in den Fokus seiner Botschaft, besonders in den ersten Suren der Offenbarung.[53] Gott droht den Rabbinern und Bischöfen, aber auch den islamischen Würdenträgern und allgemein den Gläubigen aller Religionsgemeinschaften,[54] die eine Vorbildfunktion haben sollten, sowie allen Menschen ganz allgemein, die *»Schätze von Gold Silber anhäufen* (kenz) *und sie nicht ausgeben«* (9/*at-Tawba,* 34-35), mit Strafen am Jüngsten Tag. Das Wort *kenz* meinte hier den Reichtum und Luxus von Menschen, die keine Sensibilität und kein Mitgefühl gegenüber Bedürftigen haben. Der Koran fordert sie auf, ihren Reichtum an *»nahe und ferne Bedürftigen, Waisenkinder, Arme und Geflüchtete zu verteilen«.* (2/*al-Baqara,* 215). *Kenz* bzw. das Horten von viel mehr Geld, als ein Mensch zum Leben braucht, wird im Koran als Sünde betrachtet, weil dieses Anhäufen von Reichtum auf Kosten der sozial Schwachen geht (2/*al-Baqara,* 219). Ali, der vierte Kalif und Schwiegersohn des Propheten, definiert *kenz* wie folgt: »Alles, was normalerweise der Mensch im alltäglichen Leben braucht, gehört ihm, alles, was darüber hinausgeht, ist *kenz*, das Anhäufen von Kapital und Reichtum, der an die Bedürftigen verteilt werden soll.«[55] Die Konsequenz dieser Haltung ist: Wenn jemand mehr verdient, bedeutet dies nicht, dass er anderen gegenüber privilegiert und überlegen ist, sondern dass er mehr Verantwortung hat, der er sich nicht durch Geiz entziehen soll: *»Und einigen von euch hat Gott reichlichere Mittel der Versorgung erteilt als anderen: und doch sind jene, die reichlicher begünstigt werden, (oft) unwillig, ihre Versorgung mit jenen zu teilen, die ihre rechte Hand besitzt, so dass sie in dieser Hinsicht (alle) gleich sein mögen.«* (16/*an-Nahl,* 71).

Der Islam hat dem raffgierigen Eigentumserwerb den Krieg erklärt. Demzufolge verlangt der Islam von der Staatsmacht, gegen Korruption, Bestechlichkeit, unrechtmäßig erworbenen Reichtum und extremen Luxus vorzugehen. Das islamische Recht verlangt, einerseits Eigentum und Besitztümer, die dem Menschen gehören sollen, zu schützen (*hifdhu-l-mal*), andererseits verlangt der Koran konkret, dass aus dem Eigentum Steuern entrichtet werden (*infaq, zakat, sadaqa*). Um Armut unter den Weltbewohnern zu bekämpfen, verpflichtet Gott die Menschen, von ihrem Vermögen nicht etwa nur ein »Trinkgeld« abzugeben, sondern so viel, wie wir übrig haben, bis wir die Armut endgültig besiegen: *»Sie fragen dich, was sie spenden sollen. Sprich: ›Das, was ihr übrig habt!‹ So macht euch Gott die Zeichen klar. Vielleicht denkt ihr ja nach.«* (2/*al-Baqara*, 219).

Solidarität in der Gemeinschaft – zakat, sadaqa, infaq

Eine der häufigsten Aufforderungen im Koran ist demzufolge die, Spenden zu geben und die Abgabe zu entrichten. Dieses Thema bekommt mehr Aufmerksamkeit als selbst das Gebet. Für das Themenfeld verwendet der Koran drei Begriffe: *zakat*, *sadaqa* und *infaq*. Warum aber verwendet Gott unterschiedliche Begriffe für denselben Zweck? Mit *zakat*, was wörtlich so viel wie »reinigende Abgabe« bedeutet, will Gott, dass wir unser Ego von Habgier, von Sucht, von übersteigertem Streben nach materiellem Besitz reinigen. Hier spricht der Koran die Haltung an, die die katholische Kirche als eine der sieben Todsünden bezeichnet, auch wenn Habgier sich nicht ausdrücklich auf der Liste der großen Sünden in der islamischen Theologie findet. Wenn wir aber die Verse, die diese Eigenschaft thematisieren (z.B. *100/Adiyat; 102/Takathur 104/Humaza)*, genau betrachten, sehen wir, welche Gefahr diese Sünde für Menschen darstellt. Die Gier nach Überfluss, nach Reichtum und Macht scheinen wie ein Reich, das nie vergeht (*mulkun la jubla*), und wie ein Baum der Ewigkeit (*schadscharatu-l-khuld*) zu sein, so der Ausdruck des Korans (20/*Ta-Ha,* 120).

Prächtige Gotteshäuser in einem Land zu bauen, in dem es obdachlose Menschen gibt, oder auch das luxuriöse Leben von Menschen, die in der Öffentlichkeit Moral und Bescheidenheit predigen, stehen in krassem Widerspruch zu den Grundwerten der göttlichen Lehre. Es gibt Prediger, die durch das Erzählen emotionaler Geschichten über den armen Propheten selbst reich werden. Erst wenn wir selber von unserem Besitz abgeben, mit Bedürftigen teilen, bescheiden und minimalistisch leben, können wir ein reines Gewissen haben. Ansonsten tragen wir eine moralische Schuld für das Leid von Menschen, die mit Armut und Hunger kämpfen müssen. *»Derjenige, der sich gesättigt schlafen legt, während er weiß, dass sein Nachbar hungert, hat nicht den vollkommenen Glauben!«*[56] Diese Aussage des Propheten Muhammad ist eine ernsthafte Warnung.

In der globalen und gut vernetzten Welt von heute sind Arme, die geografisch weit von uns entfernt leben, mittlerweile unsere »Nachbarn«. Die Migrations- und Fluchtwellen in den letzten Jahren sind ein Zeichen dafür, dass in der Welt große Ungleichheit und Ungerechtigkeit herrschen. Die Gründe, die diese Menschen zur Flucht treiben, mögen vielfältig sein, doch an der Spitze stehen Perspektivlosigkeit, Angst vor Armut und Frustration. Im Hinblick auf die von Menschen verursachte Ungerechtigkeit hat der Mensch demnach eine generelle Verantwortung, untragbare Zustände zu beenden. Die prophetische Überlieferung, dass *»Armut zum Unglauben* (kufr) *führt«*, besagt nichts anders, als dass Menschen durch belastende Lebensumstände in ihrer Beziehung zu Gott überfordert werden können und es Grenzen des Ertragbaren gibt.

Wenn Menschen durch ihr persönliches Verhalten oder durch die Strukturen, die sie schaffen oder unterstützen, diese Gefahr nicht sehen, machen sie sich mitschuldig daran, dass Menschen ihr Vertrauen auf Gott möglicherweise verlieren und sich abwenden.[57]

Daher ist *zakat* eine obligatorische Steuer, um der Armut, der Arbeits- und Perspektivlosigkeit und sogar auch der Gottlosigkeit entgegenzuwirken. Es genügt dabei nicht, wenn Gläubige in ihren Gebeten *(dua´)* Gott bitten: »Lieber Gott, hilf und versorge die Armen«, obwohl Gott ihnen gesagt hat: »Ihr sollt helfen und von euren Vermögen, die ich euch gegeben habe, abgeben«! Die Menschen sollen ihre eigene Verantwortung nicht auf andere schieben, auch nicht auf Gott. Die Einnahmen aus der Zakat-Steuer, die die Wohlwollenden aufwenden müssen, sind hauptsächlich, aber nicht ausschließlich für die Armen zu verwenden. Die Intention der *zakat* ist es nicht, arme Menschen nur satt zu machen. Vielmehr sollen sie mit Hilfe von *zakat* in die Lage kommen, selber *zakat* geben zu können. Es geht also um Hilfe zur Selbsthilfe, das heißt z.B., dass mit der *zakat* Arbeitsplätze geschaffen werden.

Mit der *sadaqa*, was im Deutschen mit »milde Gaben« bzw. »Spende« übersetzt wird, will Gott unsere Hilfsbereitschaft prüfen. Dieser Begriff leitet sich von *»sidq«* ab, was »Ehrlichkeit« bedeutet, denn die Spende ist ein Beweis für die Ehrlichkeit desjenigen, der sie entrichtet. Unsere Ehrlichkeit wird dadurch geprüft, dass wir tatsächlich ausreichend für den Wohlstand anderer Menschen geben. Mit *infaq*, was allgemein als »Ausgabe« verstanden wird, wird der Akzent wieder auf eine andere Dimension gelegt, denn dieser Begriff leitet sich von *»nifaq«* her, was Heuchelei und Doppelmoral bedeutet. Um sich von dieser bösen Eigenschaft zu befreien, soll der Mensch seine Ehrlichkeit, durch seine Bereitschaft abzugeben, beweisen. Ganz am Anfang des Korans stellt Gott das Gebet *(salah)* und die Ausgabe *(infaq)* nebeneinander. Ist der Mensch großzügig und bereit, wohlwollend zu geben, so ist dies ein Beweis für die Ehrlichkeit seines Gebetes: *»Und beständig das Gebet verrichten und für andere von dem ausgeben, was Wir ihnen als Vermögen bereiten.«* (2/*al-Baqara*, 3).

All diese Aufforderungen Gottes bezwecken letzten Endes nur eins: die Diskrepanz zwischen Reichen und Armen zu überwinden. Als Gott seinen Propheten Muhammad beauftragte, die Güter und Ressourcen der Gemeinschaft in Medina an die Bevölkerung zu verteilen, wies Er auf die Gefahr von noch mehr Reichtum der Reichen auf Kosten der Armen hin: *»Damit es nicht (ein Nutzen) sein mag, der unter solchen von euch die Runde macht, die (schon) reich sein mögen.«* (59/*al-Haschr*, 7). Das Endziel des Islams ist die Erschaffung einer Gesellschaft der sozialen Gerechtigkeit, in der die Klassen und großen Unterschiede zwischen Armen und Reichen verschwinden, beziehungsweise in der die von Gott gegebenen Güter nicht nur wenigen Menschen nützen. Gott spricht über die gleichmäßige Verteilung der Naturressourcen wie folgt: *»Er (ist es, der, nachdem Er die Erde erschaffen hatte,) feste Berge auf sie setzte, über ihre Oberfläche (aufragend) und (so viele) Segnungen auf ihr erteilte und ihre Mittel der Versorgung gerechterweise* (sawaen) *allen zuteilte.«* (41/*Fussilat*, 10). In diesem Vers will Gott uns sagen: »Gott hat bestimmt, dass alle Ressourcen und alle Quellen der wirtschaftlichen und politischen Macht, an alle Menschen, die daran teilhaben möchten, gleichermaßen verteilt werden *(sawaen)* sollen, und nicht dass der Reichtum nur in den Händen der Reichen kreist!«[58]

Der Mensch aber erweist sich als ein unverantwortliches Wesen, wenn er Klimawandel, Kriege und Unheil auf der Erde stiftet. Die Umweltverschmutzung ist ein eindrucksvolles Beispiel für das Potenzial des Menschen zur Selbstzerstörung. Soziale Ungerechtigkeit, Klimawandel, Umweltverschmutzung, ungerechter Umgang mit Ressourcen, Ausbeutung der Schwachen und Armen zu Gunsten der Mächtigen und Reichen, Armut und Zerstörung der Weltgüter sind das Ergebnis menschlichen Handelns und verursachen wiederum gesellschaftlichen Verfall und somit Unglück des Menschen: *»Unheil ist auf dem Festland und im Meer erschienen wegen dessen, was die Hände der Menschen erworben haben, damit Er sie einiges von dem kosten lässt, was sie getan haben, auf dass sie umkehren mögen.«* (41/*Fussilat*, 30).

7. Die sechste Säule: Umwelt bewahren, ökologisches Bewusstsein schärfen

Wie wir in den oben erwähnten Versen und Beispielen gesehen haben, ist es das Ziel und die Intention des Korans, alle Menschen gleich und gerecht zu behandeln, die Weltressourcen gerecht zu verteilen sowie Diskriminierung aufgrund des Geschlechts, der sexuellen Orientierung, der Sprache, Ethnie, Religion oder des sozialen Status zu bekämpfen, denn Gott hat alle Menschen die gleiche *»Würde verliehen, und sie über Land und Meer (und über Luft) getragen und für sie Versorgung von den guten Dingen des Lebens bereitet und sie über alle andere Schöpfung begünstigt«* (17/*al-Isra´*, 70). Dass Gott den Menschen begünstigt und für ihn eine wunderbare (Um)Welt erschaffen hat, verpflichtet dies uns Menschen, die Güter der Umwelt zu schützen und zu erhalten. Das Thema der gerechten Verteilung der Weltressourcen ist mit dem Thema der Bewahrung der Umwelt eng verbunden.

Der Mensch, dem die Rolle des »Sachwalters« von Gottes Wille übertragen wurde, ist verpflichtet, in erster Linie gegenüber seinen Mitmenschen fair und korrekt zu handeln. »Barmherzigkeit *(rahma)*« und »Güte *(ihsan)*« sind die Kriterien, die das Verhalten Gottes zu den Menschen bestimmen. Der Mensch ist verpflichtet, dieselben Kriterien in seinem Verhalten gegenüber seinen Mitmenschen und der Natur anzuwenden. So, wie Gott sich gegenüber uns verhält, sind auch wir verpflichtet, uns gegenüber Gottes Geschöpfen zu verhalten: »*Tu Gutes, so wie Gott dir Gutes getan hat* (ihsan). *Und trachte nicht nach Unheil auf der Erde, denn Gott liebt nicht die Unheilstifter.*« (28/*al-Qasas*, 77).

Gott hat alles um der Menschen willen erschaffen: »*Seht ihr nicht, dass Gott euch das, was in den Himmeln und was auf der Erde ist, dienstbar gemacht hat, und euch mit Seinen Gunsterweisen überhäuft hat – äußerlich und innerlich?*« (31/*Luqman*, 20). Gleichzeitig hat er den Menschen verpflichtet, der Umwelt und seinem Umfeld mit *ihsan*, mit Güte, zu begegnen, und ihn ermahnt, die Ordnung nicht zu zerstören. Der Mensch soll kein Unheil stiften: »*Er liebt nicht jene, welche die Grenzen dessen überschreiten, was recht ist: verbreitet darum keine Verderbnis auf Erden, nachdem sie so gut geordnet worden ist. Und ruft zu Ihm mit Furcht und Verlangen: wahrlich, Gottes Gnade ist denen, die Gutes tun, immer nahe!*« (7/*al-Araf*, 56). Aus diesem Grund soll der Mensch die Natur in der Perspektive der göttlichen Lehren erkennen. Auch wenn alles im Himmel und auf der Erde im Dienst des Menschen steht, trägt der Mensch die Verantwortung für die Ordnung der Natur, für die Umwelt und für alles, »*was in den Himmeln und was auf der Erde ist*«. Gott hat uns Menschen dazu verpflichtet, die Welt zu entwickeln und die Umwelt zu erhalten: »*Er hat euch aus der Erde entstehen lassen und sie euch zu besiedeln gegeben.*« (11/*Hud*, 61).

Gott hat uns in ein empfindliches und kompliziertes System eingefügt. Das Fortbestehen dieses Systems fußt auf der Erhaltung eines empfindlichen Gleichgewichts zwischen allen Dingen innerhalb des Systems. Gott sagt: *99 »(Auf Sein Geheiß) ziehen die Sonne und der Mond ihre festgesetzten Bahnen; (vor Ihm) werfen sich Sterne und die Bäume nieder. Und den Himmel hat Er noch erhoben und (für alle Dinge) ein Maß ersonnen, auf dass (auch) ihr (o Menschen,) niemals das Maß (dessen, was recht ist,) überschreiten möget: wiegt daher (eure Taten) mit Gerechtigkeit und kürzt nicht das Maß!«* (55/*ar-Rahman*, 5-9). Das Gleichgewicht, das hier erwähnt wird, bezieht sich auf die Gerechtigkeit und Nachhaltigkeit, die unser alltägliches Handeln und Wirtschaften prägen sollten. Dabei geht es um ein ausgeglichenes Geben und Nehmen. Pflanzen, Tiere, Meere, Winde und die Erde, sie alle nehmen und geben. Wenn der Mensch mehr nimmt, als er gibt, bringt er dieses System aus dem Gleichgewicht. Die Probleme in der Umwelt, die wir heute sehen, sind die Folge des Versagens des Menschen, dieses Gleichgewicht aufrechtzuerhalten.

Gegen Verschwendung und für gute Nahrung

Das Wasser ist ein wertvolles Geschenk Gottes und gilt als das Grundelement, von dem die gesamte Schöpfung abgeleitet und ihr Überleben abhängig ist: *»Wir haben aus dem Wasser alles Lebendige gemacht.«* (21/*al-Anbija*, 30). Der Prophet Muhammad versuchte, bei seinen Anhängern ein Bewusstsein für einen verantwortlichen Umgang mit ökologischen Ressourcen zu schaffen. Das wird am Beispiel des Wassers deutlich: *»Der Gesandte Gottes ging an einem der Gefährten vorbei, während er die rituelle Waschung durchführte. Der Prophet fragte ihn: ›Warum ist diese Verschwendung?‹ Er antwortete mit einer Frage: ›Kann man denn auch* *bei der Gebetswaschung verschwenden?‹, worauf der Prophet folgendermaßen antwortete: ›Ja, auch wenn du dich am Ufer eines Flusses befindest, verschwende nicht.‹«*[59] Diese Überlieferung zeigt, dass der Gläubige mit dem Wasser verantwortlich, nachhaltig und damit letztlich auch gerecht umgehen muss. Die Dankbarkeit für die Ressourcen spiegelt sich in einer rationellen Nutzung und Verteilung wider.

Den verschwenderischen Umgang mit den Ressourcen der Welt, gerade auch, wenn es um Nahrungsmittel geht, betrachtet der Koran als Sünde: *»Gott liebt die Verschwender nicht.«* (7/*al-Araf,* 31). Gott verlangt von den Menschen, in jedem Bereich des Lebens einen Weg der Mitte einzuschlagen (2/*al-Baqara,* 14). Daher ist jede Art der Übertreibung bei Gott verpönt (6/*al-Anam,* 141). Der Koran verurteilt ausdrücklich und in harten Worten die Verschwender: *»Gewiss, die Verschwender sind die Brüder der Satane; und der Satan ist gegenüber seinem Herrn sehr undankbar.«* (17/*al-Isra´,* 27).

Der Koran fordert nicht nur den rationalen Konsum in Bezug auf die Menge, sondern legt auch besonderes Augenmerk auf Qualität und Reinheit: *»O ihr Menschen! Esst von dem, was auf Erden erlaubt* (halal) *und gut ist* (tayyeb) *…«* (2/*al-Baqara,* 168). Die zwei in diesem Vers vorkommenden Begriffe *halal* (erlaubt) und *tayyib* (gut/sauber/fair) bezeichnen zwei Seiten derselben Medaille und markieren den Rahmen für den Konsum von Lebensmitteln. Heutzutage wird von vielen Muslimen dem Begriff *halal* größere Beachtung geschenkt, vor allem im Bereich des Fleischkonsums. Der Begriff *tayyib* sollte jedoch genauso im Fokus stehen. Denn *tayyib* stellt die Frage nach der Qualität in den Fokus. Hier geht es um die gerechte Behandlung von Tieren, ihre artgerechte Haltung, gesunde Versorgung, tiergerechten Transport, um Sauberkeit und Ethik in der Produktion eines Lebensmittels wie auch um die Frage nach dem gerechten Lohn für diejenigen, die die Lebensmittel produzieren.

Die muslimischen Speisevorschriften verlangen mehr als beim Schlachten *bismillah* – »Im Namen Gottes« – zu sagen. Und der Koran schätzt neben dem Fleisch eine Fülle anderer Nahrungsmittel wie Feige (1x), Grünpflanzen (1x), Ziehkürbis (1x), Gurken (1x), Knoblauch (1x), Linsen (1x), Weizen (1x), Zwiebel (1x), Kräuter, Bohnen und Gemüse (1x), Senfkorn, Ingwer (2x), Granatapfel (3x), Sanddorn (4x), Oliven (6x), Getreide im Allgemeinen (7x), Trauben (11x), Früchte (14x), Datteln (22x) – was durchaus auch als Hinweis darauf gelesen werden kann, dass gute Ernährung auch mit weniger Fleisch auskommen kann. Denn der Koran legt Wert auf gesunde Ernährung und betont, dass unsere Nahrung uns mit der Natur verbindet und wir dadurch von der Natur abhängig sind.

Durch die Beschreibungen der kosmischen Vollkommenheit, der Natur, der Tiere, der Nahrungsmittel wird der Mensch angeregt, diese Ordnung zu bewahren. Um den Menschen für diese wichtige Rolle zu sensibilisieren, gibt der Koran ihm zwei Richtlinien an die Hand: *»Stiftet keinen Verderb auf Erden, nachdem dort Ordnung herrscht«* (7/*al-Araf*, 56), und *»Vertauscht nicht das Schöne mit dem Hässlichen.«* (4/*an-Nisa*, 2). Ordnung, Schönheit und Sauberkeit sind die grundlegenden Merkmale der Schöpfung Gottes, die der Mensch bewahren und in keiner Weise vernachlässigen soll.

Martin Luther wird der Satz zugeschrieben: »Auch wenn ich wüsste, dass morgen die Welt untergeht, würde ich heute noch einen Apfelbaum pflanzen.« Zwar lässt sich nicht zweifelsfrei belegen, dass Luther diesen Satz wirklich gesagt hat, doch haben das Land Luthers und seine

Kirche viele gute Schritte in der Umweltpolitik und für das Umweltbewusstsein unternommen. Der Islam kennt eine ähnliche Überlieferung. Unumstritten ist, dass Prophet Muhammad diesen Ratschlag erteilt hat: »*Falls die letzte Stunde des Weltuntergangs angebrochen ist, während jemand einen Palmensamen in der Hand hält, den er einpflanzen könnte, bevor die Stunde schlägt, soll er ihn einpflanzen*«.[60] Der Prophet führte den Menschen die Schönheit der Welt vor Augen: »*Die Welt ist grün und schön, und Gott hat uns zu ihren Wächtern ernannt und schaut, wie wir mit der Umwelt umgehen*«.[61] Und er machte deutlich, dass in der pflegenden Obhut des Menschen die Welt zu einem Paradies werden könne: »*Wenn ein Muslim einen Baum pflanzt, sind alle Früchte, die von diesem Baum gegessen werden, eine Spende für seine Seele. Und wenn seine Früchte gestohlen werden, so sind auch diese eine Spende für seine Seele. Und wenn wilde Tiere und Vögel von seinen Früchten essen, so sind auch sie eine Spende für seine Seele. Nie gibt es einen Verlust. Alle Früchte dieses Baumes sind fortan Spenden für sein Seelenheil.*«[62]

Es ist sehr traurig zu sehen, dass trotz dieser klugen Ratschläge des Propheten Straßen und Grünflächen in manchen muslimisch geprägten Ländern alles andere als sauber und gepflegt sind. Mir ist außerdem bisher nicht bekannt, dass es in einem muslimischen Land eine politische Bewegung gibt, die es sich zur Kernaufgabe gemacht hat, ökologische Themen zu vertreten, um Klima- und Umweltfragen voranzutreiben. Sehr selten ist auch eine Freitagspredigt zu hören, die gläubige Menschen für die Umweltthematik und die Bewahrung der Schöpfung sensibilisiert. Anderseits wächst in Deutschland unter den Muslimen das Umweltbewusstsein vor allem in der jungen Generation, die hierzulande sozialisiert ist. So sind Dutzende muslimische Initiativen entstanden, die sich für eine plastikfreie, nachhaltige und umweltfreundliche Gestaltung der Gemeinschaftsaktivitäten in den Moscheen einsetzen. Für den Erhalt der Schöpfung müssen wir etwas tun, auch in der Moschee, durch kleine, aber wichtige Schritte: Energie sparen, Plastik vermeiden, für die kurze Strecke in die Moschee das Fahrrad benutzen, weniger Lebensmittel wegwerfen, Leitungswasser trinken, Fair-Trade-Produkte kaufen, für die Nahrungsmittel neben *halal*- auch *tayyeb*-Kriterien berücksichtigen, bei der rituellen Waschung *(wudu')* das Wasser sparsam verwenden. So gehen wir verantwortungsvoll mit Gottes Gütern um. Das ist der wahre Weg des Propheten Muhammad. Mit solchen Verhaltensweisen kann jeder von uns zum Klimaschutz beitragen. Vielleicht haben wir keine Fabriken, die die Umwelt verschmutzen. Vielleicht verbrennen und vernichten wir keine Wälder oder spritzen tonnenweise Chemikalien auf die Felder. Aber jeder von uns kann kleine, sinnvolle Dinge tun, indem wir achtsam mit Kunststoffen und Chemikalien umgehen oder Möglichkeiten suchen, weniger Energie zu verbrauchen. Ein solches Verhalten wird wie eine *Sadaqa*/Spende für uns gelten.

Es ist höchste Zeit zu erkennen, dass auch ein verantwortungsbewusster Umgang mit der Umwelt ein Gebot Gottes und das Ziel der Botschaft des Korans ist. Die zukünftigen Generationen zählen auf uns, das zu bewahren, was wir von Gott geerbt haben. Letztendlich ermahnt uns Gott: *»Dann werdet ihr, an jenem Tage, nach dem Wohlstand befragt.«* (102/*Takathur*, 8). Sobald wir uns dessen bewusst werden, können wir Veränderungen einleiten und einen Neubeginn wagen, denn *»Gott wird nie eine Gunst / Wohlstand, die Er einem Volk erwiesen hat, ändern, bis sie das ändern, was in ihnen selbst ist.«* (8/*al-Anfal*, 53). Gott hat den Menschen als Krönung der Schöpfung auserkoren; doch wie es scheint, haben wir Menschen dieses Privileg immer mehr als Überlegenheit verstanden und gemeint, wir könnten tun und lassen, was uns gefällt. Dabei ist es gerade andersherum: Die Natur benötigt den Menschen nicht, um überleben zu können. Aber der Mensch braucht die Natur und all die Vielfalt, die diese zu bieten hat, um seine Existenz fortzuführen. Die Umweltkrise ist auch die Folge einer spirituellen Krise. Der Koran bietet den Menschen Impulse, diese Krise zu überwinden.

8. Die siebte Säule: Das Leben durch die Religion nicht erschweren

Das letzte in der Reihe der Ziele, die der Koran mit seiner Botschaft verfolgt, ist nach meiner Meinung die Intention, Menschen glücklich zu machen: »*Wir haben den Koran nicht auf dich, (oh Mensch) herabgesandt, um dich unglücklich zu machen.*« (20/*Ta-Ha,* 2). Der Prophet Muhammad wurde an alle Menschen gesandt, um frohe Botschaft zu verkünden: »*Und Wir haben dich nur als Bringer froher Botschaft und Warner für alle Menschen entsandt; jedoch die meisten Menschen wissen es nicht.*« (34/*Saba´,* 28). Der Koran erteilt den Menschen nicht nur Gebote und Verbote, sondern gibt ihnen auch Tipps, Weisheitswissen und Denkanstöße, die die verschiedenen Aspekte des Alltagslebens betreffen. Auch die Gebote Gottes im Koran sind grundsätzlich dazu da, Menschen zu entlasten, und nicht, damit sie den Menschen zu einer Last werden. Der Prophet Muhammad ist beauftragt, »*... die Lasten von Menschen zu nehmen und die Fesseln, die (vordem) auf den Menschen waren. Jene daher, die an ihn (Muhammad) glauben und ihn ehren und ihm beistehen und dem Licht folgen werden, das durch ihn von droben erteilt worden ist.*« (7/*al-Araf,* 157). Dieser Vers bezieht sich auf viele strenge Rituale und Verpflichtungen, die im mosaischen Gesetz niedergelegt sind, wie auch auf die aus den Lehren der Evangelien abgeleiteten Tendenzen zur Askese.[63] Je mehr die Menschen in ihren Auslegungen und in ihrer religiösen Praxis zu Askese und Extremen neigen, desto weiter entfernen sie sich vom »mittleren Weg« (2/*al-Baqara,* 143). Und auch diejenigen, die sich zu Muhammads Botschaft bekennen, zugleich aber in seinem Namen mit »Lasten und Fesseln« ihr eigenes oder das Leben von anderen Gläubigen erschweren, entfernen sich unbewusst vom mittleren und moderaten Weg des Propheten, der gesagt hat: *»O ihr Menschen! Hütet euch vor der Übertreibung in der Religion! Denn diejenigen, die vor euch waren, sind wegen der Übertreibung in der Religion zugrunde gegangen.«*[64] Die, die es in der Religion übertreiben, tun dies oft auf so unbegreifliche Art und Weise, dass kein vernünftiger Mensch ihr Religionsverständnis nachvollziehen, geschweige denn rechtfertigen kann. Sie polemisieren gegen einen gemäßigten und weltoffenen Islam, sodass noch die nachfolgenden Generationen in hohem Maße damit beschäftigt sein werden, das Bild, das in der Allgemeinheit über den Islam herrscht, wieder zurechtzurücken. Der Mensch und vor allem der Muslim, soll die gesamte Offenbarung Gottes in der Perspektive der Sanftmut und nicht der Härte lesen.

Für diejenigen, die sich mit dem Islam identifizieren, bzw. der Botschaft des Korans und dem Weg des Propheten Muhammad folgen, ist wichtig zu wissen: *»Gott will euch keinerlei Härte auferlegen, sondern will euch rein machen und euch das volle Maß Seiner Segnungen erteilen, auf dass ihr Grund haben möget, dankbar zu sein.«* (5/*al-Ma'ida,* 6). Gott hat Seinen Weg als »leicht« bezeichnet, weil er Menschen nicht mit Schwierigkeiten bedrängen will, weil die Religion für den Menschen da ist und nicht der Mensch für die Religion. Darin also besteht die Intention der Offenbarung: den Wünschen und Bedürfnissen des Menschen zu entsprechen, seinen Sorgen und Qualen zu begegnen, die menschliche Seele zur Ruhe kommen zu lassen. Diesen Zielen dienen auch die spirituellen und rituellen Handlungen: Die tägliche rituelle Waschung erfrischt und reinigt den äußeren Körper; die täglichen Gebete bescheren den Menschen Entspannung und Ruhe in der hektischen Welt; das Fasten reinigt das Innere des Körpers; der Rezitation des Korans zuzuhören oder ihn selbst zu rezitieren beruhigen das Herz; sich mit der Deutung der Verse auseinanderzusetzen schult das Gehirn.

Religion soll Menschen inspirieren, motivieren, trösten, beruhigen, entlasten und nicht bedrängen und ängstlich machen: *»Er ist es, der euch erwählt hat (Seine Botschaft zu tragen) und euch keine Härte in (irgendetwas bezüglich) der Religion auferlegt und euch dem Glaubensbekenntnis eures Vorvaters Abraham (folgen lies).«* (22/*al-Hadsch,* 78). Und an anderer Stelle: *»Gott will, dass ihr Erleichterung habt, und will nicht, dass ihr Härte erleidet.«* (2/*al-Baqara,* 185). Anderes ausgedrückt: Dort, wo die Religion, der Islam, in einer moderaten und entspannten Art und Weise interpretiert, gepredigt und gelebt wird, dort, wo Hoffnung, Zuversicht und Gnade gespendet werden, dort geschieht auch der Wille Gottes. Daraus geht deutlich hervor, dass Gott durch seine Religion, *al-islam,* und durch eine Reihe von Offenbarungen, die er mit dem Koran zum Abschluss brachte, nichts geboten haben kann, was den Menschen unglücklich machen oder belasten würde: *»Gott fordert von keiner Seele etwas über das hinaus, was sie zu leisten vermag.«* (2/*al-Baqara,* 286). Die Seele dessen, der in seinem Inneren sowohl mit sich selbst als auch mit seinem Schöpfer zufrieden ist, wird im Paradies zu ihrer endgültigen, ihrer letzten Ruhe finden: *»Oh du Mensch, der inneren Frieden erlangt* *hat! Kehre du zurück zu deinem Erhalter, wohlzufrieden (und Ihn) zufriedenstellend: gehe denn ein zusammen mit Meinen (anderen wahren Dienern) – ja, gehe du ein in Mein Paradies!«* (89/*al-Fadschr,* 27-30).

Jede religiöse Doktrin, alle Normen und Weltanschauungen sollten sich auf dieses Ziel fokussieren: den Menschen glücklich zu machen, sein Leben froh und erfüllt zu gestalten und ihn zu diesem Ziel hinzuführen. Ein Religionsverständnis, das die Menschen, die Weltanschauungen und ihre Verschiedenheit miteinander verbindet, ist ein Gebot Gottes. Der Name dieses Gebotes und der oben erwähnten Ziele lautet: Islam.

DER ISLAM: EIN WEG ZU GOTT VERMITTELT DURCH VERSCHIEDENE PROPHETEN

1. Was ist »der Islam« und wer ist »der Muslim«?

Der Koran wurde als letztes Glied der mit Adam beginnenden Kette von Offenbarungen Gottes durch den letzten Gesandten Gottes, Muhammad, geoffenbart, um Gottes Bund mit den Menschen zu festigen und die ethische Orientierung der Menschen zu vervollkommnen. Er beschreibt seine Mission so: »Wahrlich, ich wurde gesandet, um die ethischen Werte (die die früheren Propheten gebracht haben, zu bestätigen und) zu vervollkommnen.«[1] Muhammads Kernaufgabe war es, Menschen zu guten Taten zu motivieren und dabei an die Einheit Gottes zu erinnern. Die Botschaft Gottes, die er vermitteln sollte, lautet: Vielgötterei ist ein Irrweg; der Glaube und das Vertrauen an *einen* Gott *(imân)* müssen (wieder)hergestellt werden. Die Verkündung Muhammads klingt wie ein Protest gegen den Zeitgeist. Sie beginnt mit einer Negation: *La (*Keine) *ilahe (*Gottheit) *illallah (*außer dem einen Gott)!

Es wird überliefert, dass der Prophet Muhammad seinen Gefährten Muadh bin Jabal fragte: »Weißt du, was die Verpflichtung der Menschen Gott gegenüber ist?« Der erwiderte dem Propheten: »Gott und Sein Gesandter wissen es besser.« Darauf sagte der Gesandte: »Die Verpflichtung der Menschen Gott gegenüber ist, dass sie an Ihn als einzigen Herrn glauben und Ihn anbeten.« Sodann fuhr er fort: »Und weißt du, was die Verpflichtung Gottes gegenüber den Menschen ist«? Wieder kam anstelle einer Antwort: »Gott und Sein Gesandter wissen es besser.« Worauf der Gesandte sagte: »Die Verpflichtung Gottes gegenüber den Menschen ist, dass Er sich ihrer erbarmt und ihnen verzeiht.«[2] An *einen* Gott zu glauben, der *allein* Anbetung verdient, ist ein zentrales Dogma im Islam. Auch wenn diese Maxime auf den ersten Blick so verstanden werden mag, als ob Gott die Menschen erst dann belohnen würde, wenn sie an Ihn glauben, so fällt diese Aufforderung eigentlich zu Gunsten der Menschen aus. Durch die monotheistische Lehre und die direkte Verbindung des Menschen zu Gott wird der Mensch vom Menschen emanzipiert. Der Mensch ist damit von allen anderen Mächten befreit, um allein Gott, seinem Schöpfer, zu dienen und bei ihm Zuflucht zu finden. Die uralte Gotteswahrheit lautet: »Es gibt nur *einen* Gott!« – und diese Wahrheit stellt auch das erste Prinzip der »Zehn Gebote« dar. Auch die Bibel fasst die göttliche Einheit in ein Dogma: »Ich bin der Herr, dein Gott. Du sollst neben mir keine anderen Götter haben.«[3] Gott hat die Menschen immer wieder zu diesem Grundprinzip der monotheistischen Lehre gerufen, und alle Gesandten Gottes haben diese Lehre übermittelt. Kein Gesandter Gottes hat anderen Gesandten in diesem Punkt des religiösen Glaubensfundamentes widersprochen.

Weil der Koran das »Letzte Testament« Gottes ist, hat Gott im Koran alle Gläubigen, die dem »Neuen Testament« und dem »Alten Testament« folgen, auf einen gemeinsamen Grundsatz verpflichtet: *«Kommt zu dem Wort, das wir und ihr gemeinsam haben!«* (3/*Al 'Imran*, 64). Dieser Grundsatz beinhaltet zwei Perspektiven:

1. »Dass wir nichts anbeten sollen außer Gott, d.h. dass wir nicht etwas anderem außer Ihm Göttlichkeit zuschreiben sollen, und

2. dass wir nicht Menschen als unsere Herren neben Gott nehmen sollen.« (3/ 64).

Gott will damit Menschen von Ausbeutung und Sklaverei befreien. Jeder Machtanspruch gehört letzten Endes Gott und nicht den Menschen. Die Menschen sind gleichgestellt, und sie sind voneinander unabhängig. Etwas anderem neben Gott göttliche Kräfte zuzuschreiben (arab. *shirk*) ist die größte Sünde Gott gegenüber. Gott lässt uns durch die Worte Luqmans, die dieser im Koran an seinen Sohn richtete, wissen, dass *shirk* ein *»großes und schreckliches Unrecht* (dhulm)« ist (31/*Luqman*, 13). Das arabische Wort *dhulm* leitet sich vom Wortstamm *dhalam* ab, es bedeutet so viel wie Dunkelheit oder Finsternis. In Vers 44 der Sure10/*Yunus* beschreibt Gott *dhulm* als etwas, das von Menschen ausgeht. Nicht etwa von Ihm. Somit steht *dhulm* in einer starken Verbindung zu *shirk*. Gott ist nicht etwa gekränkt, weil etwas an Seiner Stelle angebetet wird. Sondern Gott ist besorgt um den Menschen, da das Anbeten und Verehren von etwas Nichtgöttlichem immer zu Unheil und Ungerechtigkeit unter den Menschen führt.

Der Koran wurde in einer Zeit und an einem Ort offenbart, wo nicht Gottlosigkeit, sondern Polytheismus (Vielgötterei) der verbreitetste »Glaube« war. Es herrschte also durchaus ein Glaube und nicht etwa Religionslosigkeit. Der Historiker Ibn Habib (gest. 860) betonte, dass unter den Arabern der vorislamischen Zeit bereits der Glaube an Gott als Schöpfer des Himmels und der Erde präsent war.[4] Dies bestätigt auch der Koran selbst (31/*Luqman*, 25 und 43/az-*Zukhruf*, 9 und 87). Viele glaubten aber an andere Götter in Form von Idolen, denen sie übermenschliche Kraft und Macht zuschrieben. Manche islamische Rituale, wie die Pilgerfahrt (*hadsch*) oder die Schlachtung von Tieren (*qurban*), hatten als Riten der Araber schon vor dem Islam Bestand, allerdings waren sie noch mit Traditionen des Polytheismus verbunden. Der Islam hat nun diese Rituale von der Vielgötterei, also von allem, was der Einheit Gottes widerspricht, befreit und die Religion (arabisch *ed-din*) in ihre eigentliche, ursprüngliche und natürliche Form *(hanif/ fitra)* zurückgeführt, die zurückgeht auf Abraham (30/*ar-Rum*, 30-32).

Gott betont seine Einzigkeit in einer alternativlosen und nicht relativierbaren Weise, damit kein Mensch sich zum Gott seines Nächsten erhebe. Es mag sein, dass heute die Anbetung von Idolen und Statuen nicht mehr vorkommt. Jedoch das Phänomen des *shirk*, also Gott etwas zuzugesellen, ist keineswegs verschwunden. Es tritt im Denken und Verhalten der Menschen in versteckter Art und Weise weiter auf. Dieser versteckte *shirk* ist wie ein Virus – unsichtbar, aber gefährlich und tödlich. Er kann im kleinen und scheinbar unwichtigen Detail des alltäglichen Miteinanders verborgen sein. Wenn wir Menschen z.B. die Macht zubilligen, über andere zu richten und ihr Verhalten als absolut »richtig« oder »falsch« zu beurteilen, dann bewegen wir uns auf den Abgrund des *shirk* zu. Es passiert oft, dass ein Mensch über einen anderen Menschen urteilt, weil er/sie nicht so aussieht, nicht so glaubt oder praktiziert, wie jener es sich als richtig vorstellt. Es geschieht oft, dass ein Mensch dazu neigt, andere als Frevler zu sehen und zu stigmatisieren. Das angemaßte Recht, andere zu verurteilen, kann den Menschen hochmütig machen und ihn so weit führen, dass er sogar den Tod eines Menschen meint rechtfertigen zu können! Einem Menschen das Leben zu nehmen, welches ihm von Gott gegeben wurde, ist *shirk*. Denn der Mensch sagt dabei im Grunde: »Ich bin mächtig wie Gott: Er ist der, der das Leben gibt, und ich bin der,

der das Leben nimmt!« Nicht umsonst erwähnt Gott diese beiden Sünden: *shirk* und das Töten von Menschen, *qatl,* gleich nebeneinander (25/*al-Furqan,* 68). Auch aus diesem Grund bezeichnet Gott *shirk* als *»schreckliches und großes Unrecht«* und lässt uns wissen, dass er diese Sünde nicht vergeben wird: *»Wahrlich, Gott vergibt nicht das Zuschreiben von Göttlichkeit zu etwas anderem neben Ihm, obwohl Er jede geringere Sünde vergibt, wem immer Er will: denn jene, die etwas anderem neben Gott Göttlichkeit zuschreiben, sind fürwahr weit irregegangen.«* (4/*an-Nisa,* 126).

Dieser versteckte und unbewusste Anspruch von Göttlichkeit ist ein Schritt, mit dem der Mensch sich selbst und andere in die Dunkelheit führen kann. Vor dieser Sünde wird auch derjenige gewarnt, der von sich behauptet, »gläubig« zu sein. Auch gläubige Menschen können dazu neigen, ihre Vorstellungen von richtig und falsch, von Recht und Unrecht, von Tugend und Frevel zum Richtmaß für das Verhalten anderer Menschen zu machen. Andersgläubige oder Andersdenkende als »Irrende« oder »Ungläubige« zu stigmatisieren kann von einigen gar als Freibrief verstanden werden, diese Andersdenkenden zu vernichten. Es sind diese kleinen, vermeintlich unscheinbaren Schritte der Selbstgerechtigkeit und der Geringschätzung des Anderen, mit denen die Menschen selbst vom rechten Pfad abkommen und sich immer weiter in Hass und Verblendung verirren.

Deswegen hat Gott im Koran diejenigen kritisiert, die behaupten, dass nur die Anhänger ihrer eigenen Konfession bzw. Religion der Gnade Gottes im Jenseits teilhaftig werden (2/*al-Baqara,* 111-113). Dem Koran zufolge ist das Heil nicht einer bestimmten »Konfession« vorbehalten, sondern steht jedem offen, der bewusst die Einheit Gottes anerkennt, sich seinem Willen ergibt, an den Jüngsten Tag glaubt, und, indem er rechtschaffen lebt, seiner spirituellen Haltung praktischen Ausdruck verleiht.[5]

Diese göttliche Aufforderung ergeht an die Angehörigen der drei Offenbarungen (Altes Testament, Neues Testament und Koran), damit sie sich um dieses *»gemeinsame Wort«* sammeln. Als Bindeglied nennt der Koran Folgendes: *»Wir (Muslime) glauben an das, was uns von oben erteilt worden ist (Koran), wie auch an das, was euch (Juden und Christen) erteilt (Torah und Evangelium) worden ist: denn unser Gott und euer Gott ist ein und derselbe, und ihm ergeben wir (alle) uns«.* (29/*al-Ankebut,* 46). Die Worte Jahwe/Gott/Allah bezeichnen in den unterschiedlichen Sprachkulturen der Religionsgemeinschaften das eine Licht, arab. *nûr,* das die Welt erhellt, und das für alle Gläubigen scheint. Es kann und darf kein Faktor von Spaltung sein: *»In Sachen des Glaubens hat Er für euch das verordnet, was Er Noah geboten hatte – und worin Wir dir (o Muhammad,) durch Offenbarung Einsicht gaben –, wie auch das, was Wir Abraham und Moses und Jesus geboten hatten: Haltet den (wahren) Glauben standhaft aufrecht und spaltet nicht eure Einheit darin.«* (42/*asch-Schura,* 13).

Die unerlässliche Bedingung, um dieser göttlichen Lehre zuzugehören, ist es, so zu glauben, wie jeder Gesandte Gottes geglaubt hat. Jeder Gesandte Gottes, und mit ihm die Gläubigen, bekennen sich zum »Fundamenten des Glaubens«, welche in den Bereich der Wirklichkeit gehören, die jenseits der Reichweite der menschlichen Wahrnehmung liegt: *ghajb* (2/*al-Baqara,* 2). Der Koran nennt folgende Elemente:

1. der Glaube an Gott,
2. der Glaube an Seine Engel,
3. der Glaube an Seine Offenbarungen (Torah, Psalmen, Evangelium, Koran),

4. der Glaube an Seine Gesandten, ohne einen Wertunterschied zwischen irgendeinem Seiner Gesandten zu machen,
5. der Glaube an den Jüngsten Tag. (2/*al-Baqara,* 285).

Das heißt, der Koran fordert dazu auf, an Moses (arab. Musa) und an Jesus (arab. Isa) und an Abraham (arab. Ibrahim) genauso zu glauben wie an Muhammad. Der Gläubige darf nicht zwischen ihnen unterscheiden, so lehrt der Koran: *»Sprecht: ›Wir glauben an Gott und an das, was uns von droben erteilt worden ist, und das, was Abraham und Ismael und Isaak und Jakob und ihren Nachkommen erteilt worden ist, und das, was Moses und Jesus gewährt worden ist, und das, was allen (anderen) Propheten von ihrem Erhalter gewährt worden ist: Wir machen keinen Unterschied zwischen irgendeinem von ihnen. Und Gott ergeben wir uns. (= Muslim sein)‹«* (2/*al-Baqara,* 136).

Der Koran wurde offenbart, um die Torah und das Evangelium zu bestätigen *(musaddiqan)* und nicht etwa, um sie zurückzuweisen: *»Schritt für Schritt hat Er dir von droben göttliche Schrift erteilt, die Wahrheit darlegend, die bestätigt, was immer (von früheren Offenbarungen) noch erhalten ist: denn Er ist es, der die Torah und das Evangelium von droben erteilt hat vordem, als eine Rechtleitung für die Menschheit, und Er ist es, der (dem Menschen) den Maßstab, mit dem das Wahre vom Falschen zu unterscheiden ist, erteilt hat.«* (3/*Al 'Imran,* 3). Der Koran ist also eine integrative Offenbarungsschrift, die andere nicht ausschließt oder ausgrenzt, sondern einschließt und wertschätzt.

Diese letzte Botschaft Gottes, der Koran, umfasst darum die drei Botschaften der drei Gesandten vor Muhammad: des Urvaters Abraham, von Moses und von Jesus, um dann von einem letzten Gesandten, Muhammad, verkörpert zu werden. Diese drei Botschaften sind:

1. Das monotheistische Gottesverständnis, das Abraham geoffenbart wurde.
2. Das Gerechtigkeitsgesetz, das Moses offenbart wurde.
3. Das Gebot der Nächstenliebe, das Jesus offenbart wurde.

Die gemeinsame Grundlage dieser drei Lehren besteht in einem Urverständnis von dem, was Gott vom Menschen möchte. Sie basieren alle auf monotheistischen und ethischen Prinzipien.[6] Die Beziehung zwischen Gott und Mensch bzw. zwischen Mensch und Mensch beruht auf diesen drei gemeinsamen Prinzipien: Glaube an bzw. Vertrauen auf Gott, Gerechtigkeit und Mitgefühl.

2. Die Bedeutung des Wortes *islam*

Wenn wir die monotheistischen Religionen und ihre ureigenen Grundsätze analysieren, erkennen wir, dass der wichtigste Grundsatz der Lehre von Moses die Gerechtigkeit war, dass in der Lehre von Jesus die Liebe im Mittelpunkt steht, und dass Muhammad diese beiden Prinzipien: Gerechtigkeit und Liebe zu einem einzigen Prinzip *rahma* (Barmherzigkeit) verband: »*Wir haben dich nur als eine Barmherzigkeit* (rahma) *für alle Welten (Menschen) entsandt*« (21/*al-Anbiya*, 107).

Diese göttliche Lehre, die keinen Unterschied zwischen Gesandten und Offenbarungen macht, heißt auf Arabisch: *al-islam*, der Islam. Gott offenbarte in der Geschichte der Menschheit immer wieder, je nach den Bedürfnissen der jeweiligen Zeit, Rechtleitungen und Gebote, vollendete sie dann mit dem Koran und benannte Seine Religion als den Islam. Sprachlich gesehen, beinhaltet das Wort Islam zwei Komponenten: In Bezug auf Gott (vertikal) bedeutet es soviel wie »Hingabe« und in Bezug auf die Menschen (horizontal) bedeutet es »Friede«. Nimmt man das ernst, dann kann Gott keine andere Religion im Sinn haben als diese: *»Siehe, die einzige (wahre) Religion in der Sicht Gottes ist (des Menschen) Hingabe an Ihn: Der Islam.«* (3/*Al 'Imran,* 19).

Die Wurzel des Wortes Islam besteht aus drei Buchstaben, die uns an seine Bedeutung heranführen. Mit den Konsonanten *S-L-M*, wie im Wort *salam*, »Friede«, wird der Begriff des Friedens im Islam als wichtigster Antrieb der gesamten Weltanschauung eines Muslims ausgedrückt. Gerade die Idee der »Religion Gottes«, also des Islam, ist untrennbar verknüpft mit der Maxime, dass es *»keinen Zwang im Glauben«* (2/*al-Baqara,* 256) gibt. »Diese Deklaration im Koran ist nicht nur wegen ihrer historischen Initiative einzigartig, sondern auch wegen der weitsichtigen göttlichen Weisheit für die Menschheit, die jetzt erst begriffen hat, dass gewaltsam erzwungener Gehorsam, nicht nur einer Religion, sondern auch einer Ideologie gegenüber, weder jemals erfolgreich war, noch jemals sein wird. Deswegen hat die Idee des Islam den Gedanken eingeführt, dass erzwungener Gehorsam Gott gegenüber unzulässig ist, da nur freiwilliger Gehorsam die Ergebenheit rechtmäßig macht. Gott ist *as-salam,* der Friede, und akzeptiert deswegen nur die freiwillige Ergebenheit und friedliebende Beziehungen zwischen den Menschen. Wenn *islam* also bedeutet, sich Gott freiwillig zu unterwerfen, dann bedeutet *muslim*, welches die vierte Verbform des aktiven Partizips des Wortes *islam* ist, der ›friedliebende Mensch‹, der Mensch der Frieden auf Erden verbreitet.«[7] Dies bekundet auch der Prophet Muhammad sehr deutlich, indem er den

Muslim folgendermaßen beschreibt: »*Der Muslim, d.h. der friedliebende Mensch, ist verantwortlich dafür, dass die anderen Muslime, d.h. die anderen friedliebenden Menschen, vor seinen Händen und Worten sicher sind.*«[8]

Man kann dem Begriff Islam seinem sprachlichen Gehalt nach auch diese drei Aspekte abgewinnen:

1. in Bezug auf Gott bedeutet er »Hingabe«,
2. in Bezug auf die Menschheit bedeutet er »Frieden« und
3. in Bezug auf das Jenseits bedeutet er »Errettung«.

Der Muslim ist dann der Mensch, der diese drei Elemente in seinem Bewusstsein verinnerlicht hat.

Möchte man den Islam kurz und klar definieren, könnte man also so formulieren: Der Islam ist Hingabe und eine aufrechte Haltung Gott gegenüber, die freiwillige Praxis des Glaubens und friedlicher Umgang mit den Mitmenschen. Diesen Islam gibt es, seit es die Menschheit gibt. Und »Muslime« in diesem Sinn, d.h. Menschen, die sich Gott ergeben und Frieden stiften, gibt es auch in der Zeit vor dem Propheten Muhammad, so der Koran: »*Er ist es, der euch erwählt hat (Seine Botschaft zu tragen) und euch keine Härte in (irgendetwas bezüglich) der Religion auferlegt (und euch) dem Glaubensbekenntnis eures Vorvaters Abraham (folgen ließ). Er ist es, der euch – in vergangenen Zeiten wie auch in dieser (göttlichen Schrift) – ›jene, die sich Gott ergeben haben‹, (Muslime) genannt hat.*« (22/*al-Hadsch*, 78).

Der Islam hat somit nicht mit der Offenbarung des Korans an Muhammad seinen Anfang genommen, sondern wurde mit ihm, als letztem Glied in der langen Kette der Propheten, vollendet. Alle Gesandten Gottes, wie Adam, Noah, Abraham, Moses, Jesus und Muhammad waren Vertreter *einer Religion* mit unterschiedlichen Lebensweisen, die den Bedingungen und Bedürfnissen ihrer jeweiligen Zeit entsprachen. Alle Propheten bekennen diese eine Religion.

Gott sandte also Propheten zu verschiedenen Zeiten, an verschiedenen Orten mit unterschiedlichen Anweisungen: »... *Für jeden von euch haben Wir ein (verschiedenes) Gesetz und eine Lebensweise bestimmt. Und wenn Gott es so gewollt hätte, Er hätte euch alle sicherlich zu einer einzigen Gemeinschaft machen können: aber (Er wollte es anders,) um euch zu prüfen durch das, was Er euch gewährt hat. Wetteifert denn miteinander im Tun guter Werke! Zu Gott müsst ihr alle zurückkehren; und dann wird Er euch all das wahrhaft verstehen lassen, worüber ihr uneins zu sein pflegt.*« (5/*al-Maida*, 48). Darin drückt sich die gemeinsame Grundlage der Religion (42/*asch-Schura*, 13) in unterschiedlichen Gemeinschaften, Traditionen und Richtlinien aus. Der Prophet Muhammad bekräftigt das in einer als authentisch eingestuften Überlieferung: »*Die Propheten sind Brüder im selben Glauben und unterschiedlichen Rechtsnormen. Die Religion aller Propheten ist dieselbe. Was mich mit Jesus verbindet, ist, dass zwischen uns kein (anderer) Prophet auftrat.*«[9]

3. Umgang mit Differenzen

Viele mögen dennoch fragen, wie denn aber mit den Unterschieden umzugehen sei, die ja bestehen bleiben. Für uns Muslime ist Gott Einer und unteilbar, und nicht drei in Einem. Was geht in mir als Muslim vor, wenn ich höre, dass Jesus Christus die Sünde der Welt hinwegnimmt? Nun, der Koran gibt mir auch dafür die Antwort, die für mich zählt. Der Koran sagt nämlich, wie eben schon erwähnt: Wenn Gott gewollt hätte, dass alle Menschen

Glauben erlangen und sich zu Seiner Religion bekennen würden, dann hätte Gott das so eingerichtet: »*Und (also ist es:) hätte dein Erhalter es so gewollt, alle jene, die auf Erden leben, hätten sicherlich Glauben erlangt, allesamt: denkst du denn, dass du die Leute zwingen könntest zu glauben?*« (10/*Yunus*, 99). Gott hat uns aber verschieden geschaffen, in verschiedenen Geschlechtern, mit verschiedenen Hautfarben, vielen verschiedenen Sprachen, unterschiedlich nach Ethnien, Gemeinschaften und Kulturen. Und der Koran gibt uns mit, dass dies nicht etwa ein Problem ist, das beseitigt werden müsste, sondern im Gegenteil: Darin liegt Gottes Zeichen und Auftrag an uns, dass wir uns austauschen, miteinander kommunizieren und voneinander lernen: »*O Menschen! Siehe, wir haben euch alle aus einem Männlichen und einem Weiblichen erschaffen, und haben euch zu Nationen und Stämmen gemacht, auf dass ihr einander kennenlernen möget. Wahrlich, der Edelste von euch in der Sticht Gottes ist der, der sich Seiner am tiefsten bewusst ist.*« (49/*al-Hudschurat*, 13) Dieser Vers steht in meiner Moschee in Penzberg an den großen Eingangstüren.

Gott bestätigt alle Angehörigen der göttlichen Schriften und sagt ihnen Heil zu: »*Wahrlich, jene, die den Glauben (an diese göttliche Schrift) erlangt haben, wie auch jene, die dem jüdischen Glauben folgen, und die Christen und die Sabier*[10] *– alle, die an Gott und den Letzten Tag glauben und rechtschaffene Taten tun – werden ihren Lohn bei ihrem Erhalter haben; und keine Furcht brauchen sie zu haben, noch sollen sie bekümmert sein.*« (2/*al-Baqara*, 62). Dieser Vers (ähnlich wiederholt in 5/*al-Maida*, 69) legt eine grundsätzliche Lehre des Islam dar. Mit einem aufgeschlossenen Weltblick auf andere, wie er sich so in keiner anderen Religion findet, wird hier die Vorstellung von »Rettung und Heil« von lediglich diesen Bedingungen abhängig gemacht: Glauben an Gott, Glauben an den Tag des Gerichts und rechtschaffenes Handeln im

Leben.[11] Der Koran stellt auch dar, dass Gott am Jüngsten Tag zwischen denjenigen, die an die Einheit Gottes glauben, und anderen Gruppierungen, die sie leugnen, entscheiden und richten wird (22/*al-Hadsch,* 17). Die Entscheidungsbefugnis liegt dabei allein in der Hand Gottes: *»Gott wird zwischen euch (allen) am Auferstehungstag richten hinsichtlich all dessen, worüber ihr uneins zu sein pflegtet.«* (22/*al-Hadsch,* 69). Den Menschen kommt nur zu, Unterschiede zu achten, sich im gegenseitigen Respekt zu begegnen und Toleranz füreinander zu fordern und zu fördern.

Natürlich gibt es Unterschiede in den Auslegungen der Offenbarungen und in der Ausübung der Religion zwischen Glaubensgemeinschaften, aber das ist die Basis für die Gläubigen, um in guten Taten zu wetteifern und Unterschiede zu respektieren: *»Denn jede Gemeinschaft wendet sich ihrer eigenen Richtung zu, von der Er (Gott) der Mittelpunkt ist. Wetteifert daher miteinander im Tun guter Werke. Wo immer ihr sein mögt, Gott wird euch alle zu Sich versammeln.«* (2/*al-Baqara,* 146).

Das Wort »Ungläubige« kennt der Koran im arabischen Original gar nicht – wiewohl es leider in vielen Übersetzungen trotzdem verwendet wird. Der Koran kennt Andersgläubige, besser gesagt, Gläubige unterschiedlicher Überzeugungen: Muslime, Juden, Christen, Sabier (2/*al-Baqara,* 62 und 5/*al-Maida,* 69). Der Koran stellt klar, was für Muslime anders gilt als für Christen oder für Juden. Muslime erfreuen sich an Jesus als dem Propheten des Friedens, der Gewaltlosigkeit und der Liebe. Aber sie brauchen weder ihn noch Muhammad als Erlöser, denn Gott selbst ist der Allbarmherzige, der Allerbarmer.

Die Botschaft des Korans bzw. Muhammads begann mit der Akzentsetzung auf die Einheit Gottes, doch sie umfasst natürlich ein breiteres Spektrum an Werten, Normen, Geboten und Orientierung. Um diese Aspekte zu verwirklichen und umzusetzen, verwendet der Koran immer wieder zwei voneinander untrennbare Befehle: »*Amenu wa amilus-salihati*« – »Glaubt und tut Gutes!«

Was aber ist imân bzw. Glaube? Bevor ich dieser Frage nachgehe, möchte ich kurz den *islam* und den *imân* mit einem Bild beschreiben: Der Islam ist wie ein Schild, das an einem öffentlichen Gebäude angebracht ist, um es zu kennzeichnen. Alles, was das Gebäude beinhaltet, ist *imân*. Es bestätigt das, was auf dem Schild stehet. Der *imân* bestätigt oder verleugnet den Islam. Die Religion *(ad-din)* ist ein Ozean, seine Oberfläche ist der Islam und seine Tiefe ist der *imân*.

DER IMÂN: MEHR ALS GLAUBE

Das arabische Wort *imân* wird oft mit »Glaube« übersetzt. Doch der *imân* ist mehr als Glaube. Vor allem ist er Vertrauen und Sicherheit, sowohl in Bezug auf Gott als auch in Bezug auf die Mitmenschen. In dem Satz, der mit »Ich glaube an Gott ...« beginnt, steckt eine gewisse Vermutung und Ungewissheit. Doch mit *imân* ist keine Vermutung gemeint, sondern Gewissheit, die auf Wissen und Vertrauen basieren sollte. Darüber hinaus hat *imân* auch mit Emotionen zu tun. Den *imân* erlangt man somit auf doppelte Weise: durch Vernunft und mit dem Herzen. Seine Vollständigkeit schließlich erlangt der *imân* durch die rechtschaffene Tat. Was ist mit all dem genau gemeint?

1. Der Glaube und die Vernunft

Die Betonung auf das »Lesen« und die »Tinte« am Anfang der Offenbarung ist, wie am Anfang dieses Buches ausführlich dargestellt wurde, ein Indiz dafür, dass der Glaube im Islam auf Wissen basieren soll. Der Vernunft wird das epochale *iqra – Lies!* geboten. Gott ermuntert damit den Menschen zum Denken. Denken ist die erste religiöse Verpflichtung (*fard*). Gott sagt: *Lies, lerne, denke nach,* noch bevor Er sagt: *Glaube!,* weil der Mensch bereits in seiner Natur den Glauben hat. »*So richte dein Gesicht standhaft zu dem (einen immerwahren) Glauben hin und wende dich ab von allem, was falsch ist, in Übereinstimmung mit der natürlichen Veranlagung, die Gott dem Menschen eingegeben hat.*« (30/*ar-Rum*, 30). Der Glaube wurde dem Menschen schon eingepflanzt, er soll ihn nun erforschen, entdecken, mit Wissen begründen und verinnerlichen.

Der Koran verlangt vom Menschen, dass er liest und lernt, um den Glauben, den er in sich trägt, durch sein Wissen zu vervollkommnen: »*Nun sind diejenigen, die mit (angeborenem) Wissen versehen sind, wohl gewahr, dass, was immer dir von droben durch deinen Erhalter erteilt wurde, fürwahr die Wahrheit ist und dass es auf den Weg leitet, der zu dem Allmächtigen, dem Einen führt, dem aller Preis gebührt!*« (34/*Saba´*,6). Indem der Koran zum Wissenserwerb auffordert, macht er gleichzeitig deutlich, dass sich eine Glaubenspraxis, die sich nicht auf Wissen und Vernunft stützt, in eine falsche Richtung entwickeln kann. Das verabscheut der Koran: »*Er ist, der das abscheuliche Übel (des Unglaubens) jenen auferlegt, die ihren Verstand nicht gebrauchen wollen*« (10/*Yunus,* 100).

Imān wird also durch kritisches Denken, durch Fragen und Hinterfragen und nicht durch blindes Bejahen entwickelt. Freiwillige Unterwerfung und Hingabe (*teslim-muslim-islam*) ist eine Folge von Überzeugung, *yaqin*. In der Überzeugung liegt der aufrichtige Glaube, *imân,* der durch Wissen tief in das Herz gesenkt wird. Die Erkenntnis ist der wichtigste Weg und zugleich die Motivation, die zum *imân* führt. Der Glaube ist die feste Überzeugung und die Gewissheit über das, woran man glaubt. Überzeugung und eine klare Vorstellung brauchen eine einleuchtende und rationale Grundlage (Beweis – *burhan*).[1] Zweifelhafte und falsche »Überzeugungen« früherer Generationen, erfundene Geschichten *(asatiru-l-awwalin)*[2] sind Aberglaube, den der Koran verwirft. »Die zweifelsfreie Überzeugung ist das wesentlichste Merkmal des Glaubens.«[3] Der Koran verlangt von den Menschen, frei zu denken, zu forschen und zu hinterfragen. Diese Forderung bezieht sich nicht nur auf die »profanen«, weltlichen, sondern auch auf die »heiligen«, religiösen Themen.

Der Prophet Abraham/Ibrahim, der Gott gegenüber treu war, der sich von allem abwandte, was falsch ist, da er sich Gott ergeben hatte *(muslim)* (3/*Al 'Imran,* 67), wagte es, in einen Dialog mit seinem Herrn zu treten, indem er Ihn nach den Argumenten für die Wiedererweckung der Toten fragte (2/*al-Baqara,* 260). Er suchte mit seinem Verstand nach Gott (6/*al-Anam, 74-79)*, ging eine Diskussion mit seinem Volk ein (21/*al-Anbiya,* 51–71) und diskutierte mit dem Herrscher seiner Zeit (2/*al-Baqara,* 258). *Taslimiya,* die absolute Hingabe an Gott, hinderte den Gründer des Monotheismus, Abraham/Ibrahim, nicht daran, kritisch zu denken, Fragen an seinen Herren zu stellen, die Dinge zu prüfen, um die absolute Wahrheit finden zu können. Nachdem er die Wahrheit erkannt und mit Logik bestätigt fand, war er bereit, alles dafür zu opfern.

Am Beispiel Abrahams/Ibrahims sehen wir den aufrichtigen Glauben, für den sich der Koran einsetzt. Das ist Vertrauen auf Gott *(imân)* auf der Basis von Wissen. Deshalb will der Koran, dass die Gläubigen ihr intellektuelles und reflektiertes Verhältnis zum Glauben entwickeln. In diesem Sinn, zum Zweck der Bildung gesunder Fundamente des Glaubens und der Religiosität bei den Menschen durch die Aktivierung von Vernunft, verwendet der Koran mehrere Begriffe für das rationale Denken: *fikr,*[4] *aql,*[5] *fiqh,*[6] *tadabbr*[7]. All diese Begriffe umkreisen das Themenfeld »Vernunft«. Mit diesen koranischen Geboten will Gott dem Menschen Selbstvertrauen geben, damit er Zuversicht in die eigene Fähigkeit zum Denken erlangt. Er soll sich nicht davor scheuen, seinen eigenen Kopf zu benutzen.

Es gibt unter den Menschen diejenigen, die den anderen blind folgen und über ihren Glauben nur durch »Zuhören« und nicht durch ihre eigene Erfahrung und Überzeugung lernen, weil es so einfacher ist. Leider hat der Mensch oft Schwierigkeiten, an die Kraft seiner eigenen Vernunft zu glauben: »Um auf sein eigenes Gewissen zu hören, sollten wir die Kraft haben, uns selbst zu hören. Dennoch, die meisten Menschen vermeiden es. Wir hören auf alle und jeden, aber am wenigsten auf uns selbst. Damit der Mensch auf sich selbst hört, sollte er die Möglichkeit und die Fähigkeit zum Alleinsein besitzen. Wir haben aber Angst davor, alleine zu sein und in Ruhe nachzudenken ...«[8] Die Einsamkeit zu suchen und nachzudenken entspricht dem Handeln des Propheten Muhammad, der allein und in der Nacht über die Botschaft Gottes nachdachte: (73/*al-Muzzammil,* 1-4). Mit diesen Versen sind auch die Gläubigen verpflichtet, in der Nacht, wenn Ruhe herrscht, den Koran zu lesen und darüber und darüber hinaus nachzudenken. Der Islam will einen passiven Glauben, der Vorgelebtes nur nachahmt, verhindern, und er will eine Religiosität entwickeln, die auf der Grundlage von Lernen, Wissen, Hinterfragen und individuellem Selbstvertrauen steht.

Gott hat den Menschen sichtbare und klare Zeichen gegeben, Er hat ihnen das Buch, das sie lesen, und die Vernunft gegeben, mit der sie die Lehren und Normen des Buches verstehen können: *»Wir werden ihnen Unsere Zeichen am Horizont und in ihnen selbst zeigen, bis es ihnen klar wird, dass es die Wahrheit ist. Genügt es denn nicht, dass dein Herr über alles Zeuge ist?«* (41/*Fussilat,* 53).

Der türkische Theologe Ilhami Güler sagt: »*Imān* – der Glaube, welcher nicht auf sicheren, logischen, weisen und vernünftigen Grundlagen und Beweisen basiert, ist bei Gott wertlos. Auch wenn ehrlich geglaubt wird, ist ein Glaube, der nur aus Emotionen, dem Glauben, der aus Vernunft und dem Nachdenken hervorgeht, nicht gleichwertig. Die Menschen, die sich vom aufrichtigen Glauben entfernt haben, weil sie blind nachmachen, sprach Gott in folgender Weise an: ›*Schlimm ist, was dieser euer (falscher) Glauben euch gebietet – wenn ihr überhaupt gläubig seid!*‹ (2/*al-Baqara*, 93). Gott hat Götzendienern *(muschrik)*, Christen, Juden und alle, die ihre Ahnen blind nachahmten, in mancher Hinsicht, wo es nötig war, kritisiert. Leider waren auch Muslime vor dieser beinahe permanenten Gefahr nicht geschützt, vor der Gefahr der blinden Nachahmung – *taqlid*. Also, die Vernunft ist für den aufrichtigen Glauben unabdingbar, weil durch Vernunft die richtigen Entscheidungen getroffen werden können. Wenn die Vernunft das sehende Auge ist, dann ist die Offenbarung das Licht, das das Auge sehend macht. Denn ohne Licht kann das Auge nichts sehen. Umgekehrt hat das Licht ohne Auge keinen Sinn. Deshalb ist es nicht möglich, dass die Offenbarung den Weg aufzeigt, den der Mensch gehen soll, wenn dieser die Vernunft nicht einsetzt.«[9]

Der Verstand kann uns helfen, das Gesehene besser zu begreifen. Doch der *imân* bezieht sich auf eine unsichtbare, metaphysische und nicht materielle Wirklichkeit, und deswegen wird der Verstand allein uns nicht zwangsläufig von der Existenz dieser Wirklichkeit überzeugen. Wo aber die Vernunft aufgibt, da kann unsere innere Überzeugung in der Tiefe des Herzens zum Tragen kommen.

2. Der Glaube und das Herz

Der Glaube, *imân*, ist meines Erachtens nicht nur eine Sache der Vernunft, sondern auch eine Herzensangelegenheit. Unsere Vernunft wird allein nie die volle Gewissheit des *imân* erreichen. Jederzeit kann eine neue Erkenntnis aufkommen, die unser Verstand in Frage stellt. Und darum ist der Glaube wie die Liebe keine reine Vernunftsache. Die Beziehung des Menschen zum Glauben ist auch eine Sache des Gefühls. Glaube bedeutet meiner Meinung nach darum auch: Ich bin in Einen verliebt, der auch mich liebt. Diese Liebesbeziehung ist das Ergebnis eines Vertrauens, das tief im Herzen eingepflanzt ist. *Imân* ist eine angeborene Überzeugung und eine Erkenntnis, die in der Seele verwurzelt ist, die die Vernunft übersteigt und gerade darum Verstand und Wissen stärkt. *Imân* steht über dem Verstand und ist ein Erbe, das die Menschen von ihren Vorvätern erhalten haben und das zu einem Teil der Seele und des eigenen Selbst geworden ist, ohne dass man sich selbst dafür rational entschieden hat. Es mag sein, dass der *imân* eines ungebildeten Menschen, der keine Schulbildung genießen konnte, nicht auf Wissen gegründet ist, doch seine Gefühle und Emotionen können genauso zutreffen wie diejenigen dessen, der seinen Glauben »vernünftig« erlebt und ausübt. Denn der Glaube spricht eben nicht allein den Verstand des Menschen an, sondern auch sein Herz. Damit das Wechselspiel zwischen beiden, dem Verstand und dem Herzen, als zwei Komponenten von lebendigem Glauben (*imân*) zum Tragen kommen kann, verlangt der Koran, beiden gleichermaßen Aufmerksamkeit zu schenken.

Das Herz (*fu'ad*) wird im Koran ausdrücklich als weitere Quelle der Erkenntnis, neben dem Verstand, erwähnt. Mit dem Herzen liebt man, fühlt und ahnt man. Der menschlichen Erkenntnisquelle *fu'ad*, dem Herzen, ist die Wahrheit über Gott immanent: die Wahrheit über eine erhabene, nicht materielle Wirklichkeit, der Traum von Ewigkeit. In dieser Quelle sind auch die menschlichen Gefühle präsent. *»Sag: ›(Gott ist) Er, der euch (alle) ins Dasein gebracht hat und euch mit Gehör und Augenlicht und Herzen*[10] *versehen* *hat: (doch) wie selten seid ihr dankbar!‹«* (67/*al-Mulk*, 23). Der Mensch, der seinen Verstand benutzt, aber sein Herz vernachlässigt, oder umgekehrt, kann Unheil auf der Erde hervorrufen. Diejenigen, die nur das geistige Licht oder nur Gefühle ohne Wissen und Verstand und ohne Mut zum (selbst)kritischen Denken benutzen, produzieren, ob sie es wollen oder nicht, eine Art von »Frömmigkeit, die für sie selbst und andere Menschen gefährlicher sein könnte als der offensichtliche Atheismus«, sagt der Islamgelehrte Muhammad al-Ghazali.[11] Ein Glaubensverständnis, dem Verstand und der Erkenntnis fernliegen, erzeugt Fanatismus, gerät in Konflikt mit den natürlichen Werten des Lebens und schafft einen Glauben, der keiner ist. Die Anhänger von Da'esh (des sogenannten »Islamischen Staates«, in der Öffentlichkeit auch als IS oder ISIS bekannt), die in den Jahren 2015-2017 grausamste Taten an Unschuldigen verübt haben, waren Menschen, die von sich behaupteten, gläubig und fromm zu sein; doch fehlte ihnen alles: die Vernunft, der Verstand und somit auch Achtsamkeit, Mitgefühl und Herz.

Glaube und Unglaube

Das koranische Erzählen beschäftigt sich nicht nur mit denjenigen, die »nicht glauben«, sondern auch mit denjenigen, die »falsch glauben«. Was ist damit gemeint? Ähnlich wie die Übersetzung »Glaube« für den Begriff *imân* die Wurzel dieses Wortes nicht vollständig wiedergibt, ist *kufr* (oft mit »Unglaube« übersetzt) nicht einfach das Gegenteil von *imân,* wie oft gedacht wird. Mustafa Cerić, ein bosnischer zeitgenössischer Gelehrter, definiert das Wort *imân* und *mu'min* (wird oft als »Gläubiger« übersetzt) in folgender Art: »Drei Buchstaben in der Wortwurzel *imân* weisen auf die Idee ›*emn* hin: Sicherheit, Schutz,

Beharrlichkeit, Zuverlässigkeit und Vertrauen. Deswegen bezeichnet das Wort *imân* nicht nur den Glauben des Gläubigen, sondern auch die Sicherheit des Sicheren, die Zuverlässigkeit des Tapferen und das Vertrauen des Vertrauenden. Das Partizip Aktiv des Wortes als die vierte Verbform lautet *mu'min* und bezeichnet denjenigen, der sich der Wichtigkeit des Schutzes bewusst ist, denjenigen, der sicher ist, denjenigen, der zuverlässig ist, und denjenigen, der vertrauenswürdig ist. Der *mu'min* ist ein zuverlässiger Mensch, weil er selbstbewusst ist, weil seine Zuversicht aus der inneren Sicherheit seiner Seele (*'emn*) kommt. Diese innere Sicherheit der Seele stammt aus dem Gottvertrauen, welches die Frucht seiner Fähigkeit, sich auf seine inneren Gefühle der Sicherheit, ›*emn*, zu verlassen, sowie seiner Fähigkeit, diese innere Sicherheit nach außen zu transportieren, darstellt. Der Gegensatz von *imân* im Kontext einer gläubigen Gemeinschaft ist nicht der Unglaube, *kufr*, sondern die Heuchelei, *nifāq*. *Kufr* steht hier nicht in diesem Kontext, da es auf die Idee von Gottesleugnung hinweist. *Nifāq* deutet aber nicht auf den Unglauben als solcher hin. *Nifāq*, die Heuchelei, ist vielmehr die vorsätzlich irreführende Bekundung des Glaubens als Vertrauen auf Gott und Mensch. Der Zustand des *nifāq* ist ein Zeichen der inneren Unsicherheit des Menschen und des Fehlens der moralischen Verantwortung für den Frieden in der Gesellschaft. Zuverlässig (*mu'min*) zu sein bedeutet genau das Gegenteil von Heuchelei (*munafiq*), denn wenn ein *mu'min* spricht, ist er wahrhaftig, wenn er etwas verspricht und hält sein Wort, wenn ihm etwas anvertraut wird, ist er zuverlässig. Deswegen ist derjenige, der *mu'min* (zuverlässig) ist – das heißt im Zustand des *imân* (der inneren Sicherheit) und des *emānet* (des öffentlichen Vertrauens) –, ein wahrer Muslim, der Frieden liebt, für den Frieden arbeitet und die Solidarität und Zusammenarbeit in der Gesellschaft organisiert. Denn wir wissen, dass diese Erde weder die Schwachen noch die Aggressiven erben werden, sondern diejenigen, die kooperativ und friedlich sind.«[12]

Als Gegenteil von *imân* wird oft das Wort *kufr*, Unglaube, verstanden. Sprachlich präziser aber ist es, das Wort *khawf*, Angst, als Gegenbegriff zu *imân* zu verstehen. *Imân* bezeichnet Sicherheit, und Vertrauen ist das Gegenteil von Angst und Unsicherheit. Gott verwendet diese beiden entgegengesetzten Begriffe, *imân* (Sicherheit) und *khawf* (Angst), in einem Vers (106/*Quraisch*, 4): *»... und sie sicher gemacht hat vor Angst«* (*we āmenehum min khawf*). Der arabische Begriff *imân* ähnelt dem Begriff *emuna* im Hebräischen, dessen Bedeutungsfeld von Begriffen wie Treue, Zärtlichkeit, Verlässlichkeit und Vertrauen gekennzeichnet ist. Auch das »Amen« in der christlich-jüdischen Tradition und *»amin«* in der arabisch-muslimischen Tradition am Ende des Bittgebetes bezieht sich auf das »Vertrauen auf Gott«.[13] Gott bezeichnet sich selbst im Vers 59/*al-Haschr* 23 als *al-mu´min,* als denjenigen, der vor Angst behütet, Sicherheit gewährleistet und den Menschen Schutz gibt. Er ist derjenige, auf den die Menschen vertrauen können, der nicht Unrecht tut und Menschen, die an Ihn glauben, vor Strafe bewahrt.[14] Gott ist derjenige, der Sicherheit schenkt, auf den sich die Menschen verlassen dürfen.

An Gott, der Sicherheit und Vertrauen schenkt, zu glauben begründet die Verpflichtung, anderen Menschen Vertrauen entgegenzubringen und Sicherheit zu geben. Nicht Gott braucht unser Vertrauen und unsere Fürsorge, sondern die Menschen. Der *imân* an Gott ist Vertrauen auf Ihn. Wenn ich also sage: Ich glaube an Gott, sollte das eigentlich bedeuten: Ich glaube Gott, ich vertraue Ihm. Und dieser Glaube sollte sich nicht nur gegenüber Gott, sondern in meinem Verhalten den Menschen gegenüber zeigen.

Der Koran appelliert nicht nur an die Ungläubigen zu glauben, sondern auch an die Gläubigen: *»O ihr, die ihr Glauben erlangt habt! Haltet fest an eurem Glauben ...!«* (4/*an-Nisa,* 136). Damit der Glaube nicht nur ein Lippenbekenntnis bleibt, wird die Demut im Glauben hervorgehoben: *»Ist es nicht Zeit, dass die Herzen aller, die Glauben erlangt haben, Demut fühlen sollten beim Gedenken Gottes?«* (57, *al-Hadid,* 16). In derselben Sure werden diejenigen kritisiert, denen zwar das Buch gegeben wurde, deren »Herzen« sich im Laufe der Zeit aber »verhärteten«. Der Begriff *qasat qulubuhum,* »verhärtete Herzen«, bedeutet, dass der Glaube stirbt und an seine Stelle klischeehafte, blinde Nachahmung tritt sowie das bloße Wiederholen von Ritualen, die zu Gewohnheiten geworden sind. Blinde Nachahmung gewohnter Rituale und scheinheilige Religiosität ist nichts anderes als Formalismus oder das, was der Theologe Ilhami Güler »Glaubensbekenntnis und Frömmigkeit ohne *imân«* nennt.[15] Es geht hier um eine oberflächliche, aus der Tradition übernommene Gestalt der Religiosität, die weder auf Vernunft beruht, noch im Herzen verwurzelt ist, um eine Religiosität ohne wahren Inhalt, ohne Geistigkeit, Sinn und Weisheit. Sie bringt solche »Religiösen« hervor, die auf der Erde Übel anrichten und sogar manchmal im Namen des »Glaubens«!

Zum *imân,* der auf Vernunft und Herz basiert, tritt nun aber noch die Tat hinzu. Glaube und Tat sind voneinander untrennbare Komponenten.

3. Der Glaube und die rechtschaffene Tat (*amel-salih*)

Das Konzept von *iman* (Glaube) und *amel-salih* (konstruktives Handeln, rechtschaffene Tat) im Koran ist mit einem Zirkel aus zwei gleich langen Schenkeln vergleichbar, die an einem Ende im Gelenk miteinander verbunden sind. Ein Schenkel dieses Zirkels ist der Glaube, *imân*, der andere das rechtschaffene Handeln, *amel-salih*. Der eine Schenkel, der Glaube, gibt dem Zirkel die Stabilität, der andere Schenkel, das rechtschaffene Handeln, macht es möglich, einen Kreis zu ziehen, schafft also das sichtbare Ergebnis des Zusammenspiels beider Schenkel. So ist es die Tat, die dem Glauben Gestalt gibt. Deine Tat bestätigt oder leugnet deinen Glauben. Zeig mir deine Tat, und ich erkenne deinen Glauben. Das ist das Konzept des Korans. Den Kern der Botschaft Gottes machen solche Begriffe aus, die häufig im Koran zusammen wiederholt werden: »Glaube *(imân)* und gute Taten *(amel-salih)*«. Der Koran formuliert prägnant mit diesen Begriffen die Verantwortung, die der Mensch trägt: *imân* ist die Sprache des inneren Menschen, seines Verstandes, seiner Seele, seiner Gefühle und Gedanken, während *amel-salih* dieses Innere in der Öffentlichkeit sichtbar macht.[16] So, wie du glaubst, denkst du auch, so, wie du denkst, lebst du, und so, wie du lebst, handelst du auch. Der Koran hat diese zwei wegweisenden Prinzipien zum Heil des Menschen festgelegt. Deshalb verlangt er durch den Aufruf zum Glauben *(imân)* von den Menschen, mit ihrem Verstand und ihrem Herzen die Tugenden des Glaubens zu entdecken. Und durch die Aufforderung zu guten Taten *(amel-salih)* ruft er dazu auf, diese innere Tugend nach außen zu verwirklichen. *Imān,* als Theorie, und *amel-salih,* als ihre Praxis, haben eine wechselseitige, enge Beziehung: Sie spiegeln einander, beziehungsweise das Zweite ist das Resultat des Ersten. Deshalb soll man den Glauben *(imân)* behüten, im alltäglichen Leben praktizieren und durch praktische Bespiele bestätigen. Alle Verpflichtungen des Menschen im Islam, vom Gebet bis zur Bewahrung der Schöpfung/Umwelt, können unter dem Dach von Glauben *(imân)* und guten Taten *(amel-salih)* vereinigt werden.

Imān, der Glaube, ist nicht nur das Bekenntnis dazu, dass es nur einen Gott gibt, der Merkmale/Attribute (*sifat*) hat, durch die wir Seine Eigenschaften kennenlernen können, sondern *imân* umfasst auch eine dynamische, gefühlvolle Liebesbeziehung, die auf die permanente Aktion zur Durchsetzung der Glaubens- und der moralischen Werte gerichtet ist. »*Imān* ist Zuversicht und die Quelle des ewig Guten. *Imān* ist die Selbstverpflichtung zur Moral, Barmherzigkeit und Gerechtigkeit. Von seiner Natur her bedeutet *imân* die »Aufrechterhaltung der lebendigen, permanenten, dynamischen und moralischen Beziehung zu einem Gott.«[17]

Diese Dynamik des *imân* zeigt sich im Wesentlichen in drei Aspekten:

1. in der Verbindung des Menschen zu Gott,
2. in der Verbindung der muslimischen Gemeinschaft *(umma)* mit dem Propheten Muhammad als ihrem Vorbild, dem sie folgt[18], sowie
3. in der Verbindung der Muslime mit der Weltgemeinschaft, die das globale Denken trägt.

Die wahren Muslime verwirklichen permanent diese drei Aspekte. Derjenige, der einen solchen *imân* und diese Ideale in sich trägt, ist *mu'min,* der Gläubige, der sich seiner Taten und seines Denkens bewusst ist. Der wahre Glaube, *imân*, und sein Träger, der *mu'min,* zeigen sich dabei in dreifacher Hinsicht:

1. im moralischen Bewusstsein (*taqwa*),
2. in intellektueller Anstrengung (*idschtihad*) und
3. im beständigen konstruktiven Handeln (dschuhd + dschihad = amel-salih).

Ein Glaube, der diese drei Elemente nicht hervorbringt, verhärtet sich im Dogma, *aqida*, worauf später noch zurückzukommen sein wird. *Aqida* lehrt uns, an »sechs Glaubensfundamente« zu glauben: an *einen* Gott, an Seine Engel, an Seine Offenbarungen, an Seinen Gesandten, an den Jüngsten Tag, an Vorherbestimmung. Doch *imān* lehrt uns, wie man als Gläubiger tatkräftig lebt, rational denkt und verantwortungsvoll handelt: »An Gott zu glauben bedeutet, an die Notwendigkeit der Verantwortungsübernahme durch Menschen auf Erden zu glauben.«[19] *Imān* lehrt uns, Gott zu respektieren, Gott zu fürchten, Gott zu lieben, Gottes Geschöpfe zu achten, Gott gegenüber dankbar zu sein. *Imān* lehrt uns, die Furcht und die Hoffnung hinsichtlich des Jüngsten Tages zu hegen. Das heißt, *imān* lehrt uns, alle positiven Gefühle im Herzen des Menschen zu hegen. *Imān* muss die gute Tat und konstruktive zwischenmenschliche Beziehungen hervorbringen. »Die Grundsätze des *imân* beinhalten in sich die Werte und Ideale des menschlichen Lebens.«[20]

Obwohl *imân* nicht einfach deckungsgleich ist mit Ethik/Moral (*achlaq*), ist er ohne Moral undenkbar. »*Imān* als Verbindung zwischen Gott und Mensch ist nicht nur der Glaube an Gott, den Jüngsten Tag usw.; *imān* ist auch der Glaube an die moralischen/ethischen Werte. *Imān* öffnet die Tür, die zur Verwirklichung der moralischen Tugenden beim Menschen führen. Alle Werte des Glaubens gehen vom Zentrum des *īmān* aus. Diese Werte werden in der Praxis durch Ehrlichkeit im Leben eines Menschen verwirklicht. Keine edle Tat wäre ohne *imân* denkbar«,[21] so wie auch der Glaube ohne gesellschaftliches Engagement undenkbar ist.

Die rechtschaffenen Taten umfassen auch das Profane

Der Koran leitet den Menschen dazu an, nach Harmonie zwischen sich selbst und anderen Menschen zu streben, immer tatkräftig zu sein, zu arbeiten, etwas zu bewirken, zu lernen und zu reisen,[22] um Erfahrungen zu sammeln und so an der eigenen Entwicklung und an der menschlichen Entwicklung zu arbeiten (*amel-salih*). Der Koran fordert eine Haltung, die das Leben, die Dinge und Ereignisse gestalten will. Dennoch haben manche Gelehrte ein passives Verhältnis dem Leben gegenüber propagiert. So haben sich ein Weltverständnis und eine Lebensweise breitgemacht, die mit dem realen Leben des Menschen nicht in Einklang stehen. Diese feindliche Art und Weise des Denkens in Bezug auf das Diesseits (*dunya*) hat den muslimischen Menschen in dem Bemühen, das ewige Leben zu erreichen, von der realen Welt entfremdet. Er verlor seinen Willen, teilzunehmen und zu gestalten, und so verlor er diese Welt. Dabei ist Heil im Jenseits aber auch ungewiss, weil die Seligkeit nur dann erreicht werden kann, wenn der Mensch an der Entwicklung dieser Welt aktiv teilgenommen hat: *»Diese Welt ist der Acker fürs Jenseits«*, wie in einer Überlieferung vorkommt.

Diese Welt, *dunya*, ist in ihrem Wesen nicht schlecht, verdorben oder verachtenswert, wie manche muslimischen Prediger propagieren. Das, was in dieser Welt schlecht ist, sind die schlechten Taten und nicht die Welt an sich. Die Muslime haben anderen seit Langem das Feld der Entwicklung und des Fortschritts überlassen. Heute kann der weltliche Fortschritt durch Wissenschaft und Geld weiterentwickelt werden. Einerseits reden die Muslime darüber, wie schlecht es ist, sich dieser materiellen Welt zu widmen, andererseits kritisieren wir, dass Muslime rückständig bleiben. Es ist nicht unerwünscht, Geld zu verdienen und reich zu werden, aber es ist nicht erwünscht und sogar verboten, geizig zu sein, Geld für schädliche Dinge auszugeben und die zakat (Abgabe) nicht zu entrichten. Arbeit, Verdienst und überhaupt die sinngebende Beschäftigung mit den weltlichen Dingen – das ist genau das, was Gott vom Menschen erwartet (9/*at-Tawba,* 105), weil er nur so seinen sozialen Verpflichtungen nachkommen und die zakat entrichten kann. »Muslime sind nicht rückständig geblieben, weil sie sich dem Diesseits gewidmet haben, wie es sonst die Glaubensrhetorik propagiert, sondern gerade deshalb, weil sie sich mit dieser Welt nicht mehr beschäftigt haben.«[23]

Eine feindselige Grundeinstellung zur Welt hat mit ihrer eifrigen Fokussierung auf das Jenseits jedoch eine lange Liste von Verboten und Tabus im Islam hervorgebracht. Der Grund für das Fehlen einer harmonischen Vermittlung zwischen Diesseits und Jenseits liegt darin, dass das Verhältnis zwischen *imân* (dem geistigen Bereich) und *amel-salih* (dem materiellen Bereich) beziehungsweise das Verhältnis zwischen *dunya* (die materielle Welt) und *akhira* (die geistige Welt) als vertikal betrachtet wird. Ein so vertikal gedachtes Verhältnis postuliert, dass die Schönheiten dieser Welt verachtet werden sollten, um die Seligkeit im Jenseits zu erreichen. So wird bei manchen Muslimen die Sauberkeit des Körpers, der Kleidung und der Umwelt weniger geschätzt als die Reinheit der Seele. Die Folge solcher Überzeugungen ist, dass wir im Orient in zahlreichen Städten z.B. Müll im öffentlichen Raum beobachten müssen.

Indem man Diesseits und Jenseits als »profan« bzw. »heilig« einander gegenüberstellt, entsteht eine Unvereinbarkeit von *imân* als Überzeugung und *amel-salih* als Handeln, zwischen *dunya* als dem Ort des Handelns und *akhira* als seinem Resultat. Die Vorstellung von der Unvereinbarkeit dieser beiden Bereiche brachte eine Frömmigkeit hervor, die die Vermittlung oder die Harmonisierung dieser Aspekte im Leben des Menschen, in der Manifestation des Glaubens, nicht kennt. Das aber hat potenziell dauerhafte Konflikte zur Folge – für das einzelne Individuum, aber auch für das soziale Leben der Gemeinschaft als ganzer.

Im Koran werden jedoch die »Taten für das Wohl der Menschheit« *(amel-salih)* besonders hervorgehoben und der Glaube nicht nur auf die Verrichtung der Rituale reduziert. Die Taten für das Wohl der Menschheit sind für den Menschen als Individuum und für die ganze Gesellschaft wichtig und umfassen alle Lebensbereiche.[24] Durch die ständige Angst vor *akhira* (Jenseits) wird dagegen die Beweglichkeit der Muslime in *dunya* (Diesseits) gelähmt. Das aber kann zum Scheitern sowohl im Diesseits als auch im Jenseits führen. Gott warnt: *»Und wer in diesem (Leben) blind ist, der wird (auch) im Jenseits blind und noch weiter vom Weg abgeirrt sein«* (17/*al-Isra´*, 72).

Mit *amel-salih* (das Tun der gemeinnützigen guten Taten) ist nicht primär das Gebet *(salah)*, das Bittgebet *(du`a)*, das Fasten, die Pilgerfahrt oder das Lesen des Korans gemeint, sondern es sind die rituellen gottesdienlichen Handlungen *(ibada)*, die ein Gläubiger für sich selbst, zur Erlangung seelischer Ruhe und Ausgeglichenheit verrichten soll, angesprochen. Diese Rituale und gottesdienstlichen Handlungen aber geben dem Menschen die Motivation für seine Aktivitäten im Bereich des Profanen, die so *amel-salih* in einer nicht aufzulösenden Verbindung steht. Es geht also um ein individuelles, aber auch um ein Engagement in der und für die Gemeinschaft, um Bemühen und Einsatz für das Wohl der Gesellschaft und für eine fortschrittliche Veränderung im sozialen Leben. Es geht um ein persönliches Bemühen, um Anstrengung zur Verwirklichung der eigenen Zufriedenheit und Harmonie in sich selbst, der eigenen Entwicklung, der Bewahrung der eigenen Gesundheit, aber auch der gesunden Umwelt. Es geht auch um das Engagement des Menschen in folgenden Bereichen: Politik, Wirtschaft, Kultur, Kunst, Wissenschaft, Technologie, Medizin usw. bis hin zum Engagement für die Menschenrechte, für Gleichberechtigung und Gleichbehandlung aller Menschen, wie auch die Bekämpfung von Diskriminierung, Ausgrenzung und Feindseligkeit. Die Erfindung eines technischen Gerätes ist darum genauso wertvoll wie die Verrichtung der fünf täglichen Gebete. Einem Schüler Hausausgabenhilfe zu leisten ist genauso eine gute Tat wie das Lesen des Korans. Materielle Unterstützung oder Mitarbeit beim Aufbau einer Schule, eines Krankenhauses oder sozialen Zentrums verspricht einem Muslim genauso die Seligkeit im Jenseits. Das ist ebenso verdienstvoll wie die Unterstützung oder Mitarbeit eines Gläubigen beim Aufbau einer Moschee. Sich gegen alle Formen der Unterdrückung, gegen Geschlechter- und Rassendiskriminierung und gegen jedes Übel öffentlich auszusprechen ist nicht weniger nützlich und moralisch, als die Stimme beim Gebetsruf zu erheben.

Der Koran lädt die Gläubigen ein, das Leben im Diesseits ernst zu nehmen und den Kampf gegen soziale Ungerechtigkeit und die Förderung des Guten als Glaubensgebot zu verstehen. Der Gläubige ist derjenige, der die Balance zwischen Diesseits und Jenseits halten kann: *»Suche stattdessen durch das, was Gott dir gewährt hat, das (Gute des)* *kommende(n) Leben(s), ohne dabei deinen eigenen (rechtmäßigen) Anteil in dieser Welt zu vergessen; und tue (anderen) Gutes, wie Gott dir Gutes getan hat; und suche nicht Verderbnis auf Erden zu verbreiten« (28/al-Qasas, 77).* Aus diesem aufeinander bezogenen Verhältnis der beiden Aspekte der Wirklichkeit geht hervor, dass Gottes Gnade im Jenseits ohne gute Taten im Diesseits nicht zu erwarten ist. Ein Vers, der dem betenden Gläubigen täglich über die Zunge kommt, müsste ihn ständig an diese Balance erinnern: »*O unser Erhalter! Gewähre uns Gutes in dieser Welt und Gutes im kommenden Leben!«* (*2/al-Baqara,* 201).

Ein Gläubiger soll sich also ständig um die Verbindung des Glaubens *(imân)* mit der guten Tat *(amel-salih)* sowie um die Vereinigung des Diesseits *(dunya)* mit dem Jenseits *(akhira)* bemühen. Diese Vereinigung kann ein Muslim durch horizontale Verbindung der zwei Welten – des Diesseits und des Jenseits – beziehungsweise durch die Verbindung ihrer Werte und Ansprüche verwirklichen. Diese beiden Welten sollten sich im Bewusstsein und im Alltag, in allen Aktivitäten eines Gläubigen in einem ständigen Prozess der gegenseitigen Ergänzung, eigentlich in einer einander durchdringenden Einheit verwirklichen. Der Weg zu Gott und dem Jüngsten Tag führt über die Verwirklichung des menschlichen Wesens in seinem diesseitigen Leben in dieser Welt und Gesellschaft.[25]

4. Imân statt *aqida*

Die Beziehung zu Gott, die auf wahrem Glauben, *imân*, beruht, beinhaltet Respekt, Dankbarkeit, Liebe, Vertrauen, Vergebung, Hoffnung, Mitgefühl, rationales Denken und alle positiven Eigenschaften wie Hilfsbereitschaft und Einsatz für das Gute. Wenn all das im Glauben nicht mehr vorhanden ist, gibt es auch keinen *imân* mehr in solchem »Glauben«. Seinen Platz übernimmt *aqida,* die tote Version des Glaubens, die spekulative Theologie. *Aqida* beschäftigt sich eher mit der Welt des Denkens und der Vorstellungskraft als mit dem praktischen Teil der Religion und dem moralischen Leben des Menschen.[26] Der *imân* hat in sich eine ethische Verantwortung, in der *aqida* dagegen ist der Inhalt des Glaubens auf die Glaubengrundsätze reduziert. Es fehlen die moralischen Dimensionen des Glaubens. Der Glaube, der nur aus Bekundung von »sechs Glaubensgrundsätzen« und »fünf Säulen des Islam« als praktischem Teil des Glaubens besteht, dem kritisches Denken, ethische Werte, Emotionen und konstruktives Handeln fehlen und der den Menschen nicht im Mittelpunkt hat, transformiert sich in trockene Theologie. »Wenn der lebendige *imân* verschwindet, verwandelt er sich in einen rhetorischen *imân* und in die spekulative Theologie (*aqida/kalam*).

An den islamisch-theologischen Schulen und Fakultäten wird ein Fach über Glaubensgrundsätze mit *aqida/kalam* bezeichnet, das die systematische Theologie bzw. die Kontroverstheologie umfasst. In der Geschichte sind unterschiedliche Glaubensschulen bzw. Auslegungen und Interpretationen der Glaubensgrundätze innerhalb des Islam entstanden. Sie wurden sogar von manchen Staaten und ideologischen Einrichtungen beeinflusst. Dieses komplexe Thema hier näher darzustellen ist nicht meine Intention. Es ist jedoch wichtig, zu betonen, dass das Streitgespräch der Glaubensschulen z.T. so weit ging, dass man sich gegenseitig ablehnte, die Lehre der anderen als »Irrlehre« verdammte und ihre Vertreter als »Ungläubige« brandmarkte. Wer im Glauben ist und wer nicht, und ob jemand richtig oder falsch glaubt, hat aber nicht die eine oder andere Glaubensschule zu entscheiden, sondern die göttliche Instanz: der Koran. Und der Koran spricht über *imân,* der auf dem Gewissen des Individuums fußt und nicht auf ideologisierten Glaubensschulen und ihren Gelehrten. Der Koran spricht mit keinem Wort über *aqida,* doch das Thema *imân* ist in ihm ein zentrales. Der *imân* ist eine Angelegenheit unmittelbar zwischen Gott und Mensch, frei von jeglicher Manipulation von dritter Seite. Aus dem individuellen *imân*, von dem der Koran spricht, wurde durch Menschen eine Institution namens *aqida* gemacht. *Aqida* definiert eine institutionelle, doktrinäre und auch ideologische Glaubensstruktur. Im Gegensatz dazu bleibt der *imân* immer eine individuelle Erfahrung.

Eine Theologie, ein Dogma, *aqida*, das die Spiritualität, die Moral sowie die menschlichen Verpflichtungen nicht im Fokus ihrer Forschung hat, behandelt vorrangig Argumente und Gegenargumente und führt im günstigen Fall zu trockenen philosophischen und im schlechtesten zu populistischen Auseinandersetzungen.[27] *Aqida* ist die mumifizierte Version des *imân*.[28] Der pakistanisch-amerikanische Philosoph und Islamgelehrte Fazlur Rahman (gest. 1988) schlussfolgert: »Islam, der auf der traditionellen *aqida*-Rhetorik beruht, ist für den modernen Menschen nicht klar genug. Er hat keine besondere Bedeutung in unserer Zeit.«[29] Die jahrhundertelang um *aqida* geführten Streitereien konnten sich nicht positiv auf die Persönlichkeit des Menschen, auf sein Denken und seinen Charakter auswirken. Deshalb treten, wo diese Kultur vorherrscht, Rituale und rein formale Inhalte, die im Namen der Religion verrichtet werden und nicht den Kern der menschlichen Religiosität des Korans abbilden, in den Vordergrund. Durch diese Reduzierung des wahren Glaubens auf einen leeren Formalismus treten sowohl der Glaube als auch die Moral in den Hintergrund.[30]

Mehr Aufmerksamkeit als in *aqida* wird dem Menschen in *tasavvuf* gewidmet, der als eine mystische Bewegung in der Geschichte des islamischen Denkens entstanden ist, um eine spirituelle Reinigung des Egos zu erreichen.[31] Man kann durchaus sagen, dass Sufis, die Begründer des Mystizismus im Islam, erfolgreicher als die dogmatischen Theologen sind, weil die menschlichen Gefühle bei ihnen im Vordergrund stehen. Abdulqadir Ata, der Kommentator des Buchs *»Arriaya li huquqillah«* des klassischen Theologen Al-Muhasibi (gest. 857), fasst dessen Schlussfolgerungen zusammen: »Es ist sinnlos, sich mit der islamischen Theologie zu beschäftigen, wenn diese nicht auf dem spirituellem Gefühl beruht, das zu Selbsterkenntnis führt und den Gläubigen mit Gott verbindet.«[32] Der an Gott Glaubende soll sich bewusst sein, dass seine Beziehung zu Gott auf der Erde Fuß fassen soll, dass er mit dem Glauben an Ihm ein Auftrag bekommen hat, eine harmonische und intakte Beziehung zu Ihm, aber auch zu sich selbst, zu seiner Familie, zur Gesellschaft, zur Natur und zu seiner Umwelt aufzubauen.

Diese Berührung mit Gott bzw. die Beziehung zwischen Gott und Mensch, ist ein Thema der Theologen in allen Religionen.[33] Beruhen die Beziehungen zwischen Gott und den Menschen auf den Prinzipien des Dialogs, der Liebe, des Mitgefühls und der Freiheit? Oder basieren sie auf einem Monolog, dessen Form Befehl, Gehorsam, Angst und Strafe ist?

DAS VERHÄLTNIS ZWISCHEN GOTT UND MENSCH

1. Gott ist dem Menschen näher als seine Halsschlagader

Das Konzept des *imân* basiert, wie dargestellt, auf dem Vertrauen auf Gott, auf Zuversicht und den Glauben an ihn. Es ist die positive Antwort des Menschen auf die Einladung Gottes zum Heil: *»Und wisse, dass Gott den Menschen einlädt zur Bleibe des Friedens und den, der rechtgeleitet werden will, rechtleitet zu einem geraden Weg.«* (10/*Yunus,* 25). Der Gläubige nimmt diese Einladung freiwillig an. Muslime drücken dies mit einem Bittgebet aus, das der Koran den Jüngern Jesu in den Mund legt: *»Unser Herr, wir glauben an das, was Du herabgesandt hast, und folgen dem Gesandten. Darum führe uns unter den Bezeugenden auf.«* (3/*Al 'Imran,* 53). Doch nach dieser Einladung zum Glauben folgt dann der Anspruch Gottes auf »Gehorsam«: *atiuu!*, »Gehorcht mir!« Bedeutet das, dass der Mensch ein Objekt Gottes ist, verpflichtet, nur zu gehorchen und Gottes Befehle umzusetzen? Hier müssen wir die Frage stellen, welche Rolle dem Menschen durch Gott zukommt? Wie ist die Beziehung Gott – Mensch im Koran dargelegt? Ist der Mensch ein denkendes, erkennendes und handelndes Wesen, ein Subjekt – oder nur ein Objekt der göttlichen Bestimmung?

Bevor wir uns mit dieser Frage auseinandersetzen, möchte ich den Begriff bzw. Befehl *atiuu!* kurz erläutern: Muhammad Asad (gest. 1992), einer der ersten europäisch-muslimischen Koranübersetzer und -kommentatoren, übersetzt *atiuu* nicht mit: »Gehorcht Gott!«, sondern »Gebt acht auf

Gott!«. Vierzehn andere Verse[1] sind ähnlich formuliert: *»Gebt acht auf Gott und den Gesandten, auf dass ihr mit Barmherzigkeit begnadet werden möget.«* (3/*Al 'Imran,* 132). Anders als Asad übersetzen viele andere *atiuu* mit »Gehorcht!«[2], doch zwischen »Gehorsam« und »Achtsamkeit« besteht ein essenzieller Unterscheid. Ist ein Mensch nur gehorsam, dann wird er sozusagen »deaktiviert«, versklavt und degradiert. Das ist aber nicht die Absicht Gottes. Gott will den achtsamen Menschen, der ihm und den ethischen, moralischen, gesellschaftlichen und spirituellen Werten Aufmerksamkeit schenkt. Mit Recht verlangt Gott vom Menschen, Ihm Achtung und Respekt entgegenzubringen; denn Achtsamkeit gegenüber Gott ist wie eine Verkehrsregel: Wer darauf achtet, dem gelingt es, ans Ziel zu gelangen, und wer Gott die gebührende Achtung schenkt, gelangt in Seine Barmherzigkeit. Und die Achtsamkeit ist gegenseitig. Mit seiner Achtsamkeit gegenüber dem Menschen sendet Gott Seinerseits diesem ein Signal: Du bist derjenige, der unter anderen Geschöpfen besondere Achtung, besondere Aufmerksamkeit verdient.

Doch Gott ist allmächtig. Im Blick auf seinen semantischen Gehalt ist das Wort *Gott* der wertvollste und der zentralste Begriff des Korans. Er bezeichnet die absolute Wahrheit und die Majestät, und alles, was lebendig und tot ist, ist von Ihm abhängig. Gott zu erkennen und an Seine Einheit zu glauben ist der wichtigste Grundsatz der islamischen Lehre. Ohne Gott zu erkennen, können weder Mensch, Natur und Universum noch alles, was darin existiert, erkannt werden. Gott sendet dem Menschen immer wieder Hinweise durch Sein Wort und durch Ereignisse im Leben und im Universum, um den Menschen dazu anzuleiten, den Sinn des Lebens zu verstehen. Gott der Schöpfer, der Herr der Welt, der Versorger aller Wesen, der über das Leben und den Tod bestimmt, unterwies den Menschen, sich dazu zu bekennen, dass es keine Gottheit gibt außer Einem: *»Sprich: ›Er ist Gott, der Eine, Gott der Beständige (Ewige, Unabhängige, von Dem alles abhängt)! Er zeugt nicht und wurde nicht gezeugt, und keiner ist ihm ebenburtig!‹«* (112/*al-Ikhlas,* 1-4).

Mit diesem zentralen Dogma des Islam beginnt der Muslim, seine Beziehung zu Gott vertikal, sozusagen zum »Himmel« hin, aufzubauen, ohne dass er dafür einen Vermittler benötigt. Die Beziehung zwischen Gott und Mensch verläuft aber in zwei Richtungen: von Gott zum Menschen – durch die Rechtleitung/Orientierung (*hidaye*),[3] Barmherzigkeit (*rahmah*),[4] Hilfe (*nasr*),[5] Beistand (*difa'*)[6] und Versorgung *(rizq).*[7] Und von Mensch zu Gott durch Vertrauen *(imân),*[8] Dankbarkeit *(schukr),*[9] tiefen Respekt *(khaschya),*[10] Gottesbewusstsein *(taqwa),*[11] durch konsequentes Befolgen des rechten Weges *(istiqama),* ohne dabei in Exzess *(tugyan)* zu verfallen: *»Verfolge denn den rechten Kurs, wie dir (von Gott) geboten worden ist, zusammen mit allen, die sich mit dir zu Ihm gewendet haben; und keiner von euch soll sich auf anmaßende/übertreibende Weise* (tugyan) *benehmen!«* (11/*Hud,* 76).

Durch diese wechselseitige Verbindung zwischen Gott und Mensch wird ein enges und freundschaftliches Verhältnis hergestellt: *»Gott ist Freund derer, die Gott vertrauen/glauben«* (2/*al-Baqara,* 257). Weil Gott dem Menschen etwas von Seinem Geist eingehaucht hat (15/*al-Higr,* 29), ist es der Mensch, der Gott am nächsten steht. Trotz Seiner absoluten Macht ist Gott nicht nur der Herrscher, der von der höchsten Stelle auf den Menschen schaut, sondern auch ein Freund, der neben dem Menschen, in ihm und mit ihm zusammen steht: *»Und wenn Meine Diener dich nach Mir fragen – siehe, Ich bin nahe; ich erhöre den Ruf dessen, der ruft, wann immer er zu Mir ruft.«* (2/*al-Baqara,* 186).

Gott steht dem Menschen nicht weniger nahe, als es eine andere Person sein kann, als wäre er »als Dritter« zwischen zweien: »*Niemals kann es eine geheime Unterredung zwischen drei Personen geben, ohne dass Er der vierte von ihnen ist, noch zwischen fünf, ohne dass Er der sechste von ihnen ist, und auch nicht zwischen weniger oder mehr als diesen, ohne dass Er bei ihnen ist, wo immer sie sein mögen.*« (58/al-*Mudschadila,* 7). Er ist sogar dem Menschen »*näher als seine Halsschlagader*« (50/*Qaf,* 16). Die Halsschlagader steht hier als ein Bild für besondere Nähe, die durch keine andere Nähe übertroffen werden kann.

Gott bezeichnet sich selbst als »nahe« *(qarib)* (2/*al-Baqara,* 186) und »liebevoll« *(wadud)* (11/*Hud,* 90 und 85/*al-Burudsch,* 14). Leider werden diese Eigenschaften Gottes der mit Worten kaum zu beschreibenden Nähe zum Menschen oft vernachlässigt. Stattdessen werden meist Eigenschaften wie »größer« *(akbar)* und »erhaben« *(adhim)* betont, was bei einigen die Vorstellung befördert, dass Gott unnahbar und dem Menschen fern wäre. Das mag dazu geführt haben, dass dieser Raum, der zwischen Gott und Mensch gedacht wird, mit Klerikalismus gefüllt wurde, mit unterschiedlichen Glaubensrichtungen, mit Menschen, die sich selbst als Vermittler zwischen Gott und Mensch darstellten. So beanspruchen einige »Religionsgelehrte« Deutungshoheit für sich und stellen sich selbst über andere Menschen. Das Bild eines solchen, dem Menschen entfremdeten oder nur für Kleriker und Gelehrte reservierten Gottes rief bei den Gläubigen Angst und Zurückhaltung und bei den Atheisten Ablehnung hervor. Der Koran aber lässt keinen Raum, kein Vakuum zwischen Gott und Mensch. Der Weg zu Ihm ist direkt, es braucht keine Fürsprecher und Vermittler. Wer nach Ihm sucht, findet Ihn immer und überall. Der Islam plädiert für Verständnis des Verhältnisses zwischen Gott und Mensch, das dieses vereinfacht und das Gott in der Welt und die Welt in Gott erkennt.

Das Ergebnis dieser engen und unmittelbaren Beziehung ist gegenseitige Liebe *(hubb): »Diejenigen, die Gott vertrauen/glauben, lieben Gott noch mehr!«* (2/*al-Baqara,* 165) und Zufriedenheit *(rida).* Diese zwei Folgen der Beziehung, also Liebe und Zufriedenheit, sind im Koran sowohl für Gott als auch für Menschen bezeugt: »*... die Er liebt und die Ihn lieben ...*« (5/*al-Maida,* 54), »*... Gott ist wohlzufrieden mit ihnen, und wohlzufrieden sind sie mit Ihm ...*« (9/*at-Tawba,* 100). Weiter sehen wir in folgendem Vers, wie diese gegenseitige wohlwollende und aufrichtige Beziehung zur Glückseligkeit im Paradies führt: *»Und am Gerichtstag wird Gott sagen: ›Heute wird ihre Wahrhaftigkeit allen nutzen, die ihrem Wort treu gewesen sind: ihrer werden Gärten sein, durch die Wasserläufe fließen, darin zu verbleiben jenseits der Zählung der Zeit.‹ Wohlzufrieden ist Gott mit ihnen, und wohlzufrieden sind sie mit Ihm: dies ist der höchste Triumpf«* (5/*al-Maida,* 119).

Aus der engen Beziehung zwischen Gott und Mensch ist ein gemeinsames Attribut entstanden, das Gott und Mensch zugesprochen wird: vertrauenswürdig. Gott bezeichnet sich selbst als *al-mu'min*, als der absolut Vertrauenswürdige und derjenige, der das Vertrauen gewährt, und der an Ihn Glaubende heißt ebenfalls *mu'min*, ein Mensch, der Gott vertraut und bei seinen Mitmenschen Vertrauen erweckt.

2. Der Mensch im Fokus der Wertschätzung Gottes

Der Koran würdigt den Menschen als ein Wesen, das *»in bester Gestaltung«* von Gott erschaffen wurde (95/*at-Tin,* 4), ausgerüstet mit allen positiven Eigenschaften, physischen wie mentalen, befähigt zu denken, zu forschen, zu arbeiten und die Welt durch Wissen und Erfahrung zu gestalten, weil Gott ihn alle Namen, Begriffe und Lebenskonzepte gelehrt hat (2/*al-Baqara,* 31). Der Mensch ist dasjenige Wesen, das den privilegierten Status *Khalifa,* »Statthalter/Sachwalter«, erhalten hat. Die Engel konfrontierten Gott dazu mit einer Frage, die wie ein Protest klingt: *»Willst Du auf der Erde etwa jemanden als Statthalter/Sachwalter einsetzen, der auf ihr Unheil stiftet und Blut vergießt, wo wir Dich doch lobpreisen und Deiner Heiligkeit lobsingen?«* Gott antwortete: *»Ich weiß, was ihr nicht wisst!«* (2/*al-Baqara,* 30). Somit setzte Gott sein Vertrauen auf den Menschen und erkannte ihm das Potenzial zu, die Rolle als »Macher« auf der Erde zu übernehmen. Dass der Mensch als *»Sachwalter«* Gottes auf der Erde eingesetzt wird, bedeutet, dass er die Kompetenz besitzt, Ordnung und Recht auf der Erde umzusetzen[12]: *»Wahrlich, Wir boten das Treuhänderamt*[13] *(*Verantwortung, Freiheit*)*[14] *den Himmeln und der Erde und den Bergen an; doch sie weigerten sich, es zu tragen, und schreckten davor zurück. Aber der Mensch nahm es auf sich.«* (33/*al-Ahzab,* 72). Ihm wurde somit gewaltige Macht gegeben. Der Missbrauch dieser Macht ist zugleich ein Vertrauensbruch und somit eine schwere Sünde.

Aus der Vorstellung, dass Gott den Menschen als Seinen Sachwalter auf der Erde erwählt hat und ihm die schwere Aufgabe des Treuhänderamtes (*amana*) für diese Welt angeboten hat, und der Mensch dies auf sich nahm, entwickeln wir die These, dass Gott ein enges, freundschaftliches, dialogisches und kooperatives Verhältnis zum Menschen unterhält. Dieses Verhältnis wird im Koran mit den Begriffen *kalima* (gegebenes Wort), *ahd* (Vertrag), *mithaq* (Gelöbnis/feierlichen Versprechens) ausgedrückt.[15] Sie bezeichnen die unterschiedlichen Aspekte der Beziehung, die Gott zum Menschen unterhält. Deutlich ist dabei, das diese Aspekte der Beziehung den Charakter eines Kooperationsvertrages geben.[16] Der Mensch gestaltet durch eigene Anstrengung diese Welt, mit allen Gaben und Fähigkeiten, die ihm Gott gegeben hat. Gott ist daher für den Menschen nicht nur ein Schöpfer, sondern ein »Freund«, nach dem der Mensch mit Freude und Sehnsucht sucht. Für Gott ist der Mensch Sein Geschöpf, mit dem er die Welt und Umwelt gestaltet.

Das Verhältnis zwischen Gott und Mensch ist ein dauerhaft offenes, praktisches und dynamisches: Gott ist keine Theorie, sondern ständige und aktuelle Präsenz. Der ägyptische Denker Hasan Hanafi sagt über Gott und Seine Eigenschaften Folgendes: »Wenn wir den Koran überdenken, werden wir sehen, dass Gott sich selbst nicht in die Position der Theorie, sondern in die Position der Praxis stellt. Gott ist kein *Logos,* sondern Er ist ständig in Aktion – *Praxis*. Er ist kein Objekt, keine Meinung oder Kategorie, die mit Vernunft begriffen werden könnte, sondern Er ist der lebendige Motor.«[17] Der Mensch ist das wunderbare Projekt Gottes. »Der Mensch ist kein Widersacher Gottes, sondern Sein Meisterwerk, er ist nicht Sein Feind, sondern Sein Lieblingsfreund. Nur der Mensch kann einem anderen Menschen Konkurrent sein, während Gott dem Menschen der innigste und aufrichtigste Freund ist. Diese ›Freundschaft‹ kann nur durch eine zweibahnige Gewissensreise erreicht werden, welche den Menschen zu Gott führt. Der Mensch betet zu Gott, Er erhört seine Bitte. Dem Menschen ist die Offenbarung anvertraut. Gott kam ins Gespräch mit dem Menschen, und dadurch wird die Geschichte der Menschheit durch den Dialog Gott – Mensch gestaltet.«[18]

Gott ist mitfühlend gegenüber den Menschen

Dieses enge Verhältnis hat nicht nur ontologischen, sondern zugleich auch »moralisch-ethischen« Charakter, behauptet der japanischer Islamwissenschaftler Toshihiko Izutsu (gest. 1993).[19] In seinen Studien zur Semantik des Korans stellt er fest, dass in allen semitischen Religionen Gott als »moralisch« bezeichnet wurde.[20] Die Quelle der göttlichen Moral liegt im gegenseitigen moralischen Verhältnis zwischen Gott und Mensch, durch dessen Verwirklichung Glück und Zufriedenheit gesichert werden. An vielen Beispielen im Koran sehen wir, dass Gott eine Kooperation mit dem Menschen eingeht und ein dialogisches Verhältnis mit ihm pflegt. Nicht nur der Mensch hat Verantwortung gegenüber Gott, auch Gott fühlt sich dem Menschen gegenüber verpflichtet: *»Wer immer tut, was gerecht und recht ist, tut dies zu seinem eigenen Wohl; und wer immer Übles tut, tut dies zu seinem eigenen Schaden: und niemals tut Gott Seinen Geschöpfen das geringste Unrecht an!«* (41/*Fussilat,* 46). Gott wiederholt siebenmal im Koran,[21] dass Er dem Menschen gegenüber niemals Unrecht tun würde. Sein ethisches Verhalten dem Menschen gegenüber wird betont, damit die Menschen auf Seine Gerechtigkeit und Mildtätigkeit vertrauen. Gott geht noch einen Schritt weiter und sagt dem Menschen Sein Mitgefühl zu: *»Siehe, Gott ist höchst mitfühlend gegen den Menschen, ein Gnadenspender«* (2/*al-Baqara,* 143).

GNADE IST DIE GRUNDLAGE ALLER LEHRE

1. Gnade als das Paradigma für das Verständnis des Islam

Islamische Schriften, die die Glaubens- und Dogmenlehre *(aqida)* beschreiben, sind oft sehr auf Gottes Eigenschaften im Sinne Seines »organischen« Wesens und seines Charakters fokussiert: Was bedeutet z.B.: *»Die Hand Gottes ist über ihren Händen«* (48/*al-Fath,* 10)? Kann man »Gottes Hand« metaphorisch als ein Bild Seiner Macht oder wörtlich als »organische« Hand verstehen, oder bezeichnet Seine Hand ein Attribut ohne Merkmale? Sehr lange wurden auch Diskussionen über Gottes »Thron« *(kursi)* geführt: *»Der Allergnädigste, der auf dem Thron Seiner Allmächtigkeit sitzt – (istewa)«* (20/*Ta-Ha,* 5). Um welche Art der Erhebung Gottes handelt es sich? Hat Er sich tatsächlich wie ein König auf den Thron gesetzt und herrscht von oben? Oder soll das als eine Metapher verstanden werden? Ist der Thron das Symbol Seiner Macht? Hat Gott den Thron wie ein Herrscher bestiegen? Wo war Er, bevor Er die Erde und den Himmel erschaffen hat?[1] Solche Fragen boten nicht nur den Gelehrten über Jahrhunderte hinweg viel spekulativen Diskussionsstoff.

Aber diese Themen erzählen den Menschen wenig über den barmherzigen, lieben und liebenden Gott. Statt sich in Diskussionen über das göttliche Wesen zu verlieren, ist für den Menschen wichtig, eine emotionale Beziehung zu Gott aufzubauen. Das hat Gott dem Menschen ermöglicht durch die Hervorhebung Seiner ursprünglichen und eigentlichen Attribute: der Allergnädigste – *Rahmân* und der Gnadenspender – *Rahîm*. Die Worte *Rahmân* und *Rahîm* leiten sich vom Wortstamm *rahim* ab, was auf Arabisch »Gebärmutter« bedeutet. Wie das Kind im Schoße der Mutter behütet ist, so sind die Menschen in der Barmherzigkeit und Gnade Gottes behütet.

Dass im Koran Barmherzigkeit/Mitgefühl das am häufigsten genannte Attribut Gottes – es wird 315-mal erwähnt – ist, darauf wird immer wieder hingewiesen.[2] Es fehlen in der theologischen Literatur aber Untersuchungen, die explizit das Thema der Barmherzigkeit Gottes behandeln. In der klassischen Literatur wird das Thema Barmherzigkeit bzw. Mitgefühl als moralisch-ethisches Thema behandelt, also als eines, das das Verhalten des Menschen seinen Mitmenschen gegenüber betrifft. Es ist jedoch, meines Erachtens, in erster Linie auch ein Glaubensthema, eine dogmatische Lehre *(imân-aqida)*. Auch das islamische Recht und die Normenlehre (sog. *fikh* oder *scharia*), die das Alltagsleben der Muslime bis ins Detail regeln, müssten vom Kriterium der Barmherzigkeit her untermauert werden, weil gerade diese Eigenschaft die zentralste Eigenschaft Gottes und somit auch Seines Willens darstellt. Nicht Härte, sondern Erleichterung ist der Wille Gottes. Unter den Attributen der Vollkommenheit Gottes (7/*al-Araf*, 180) ist sicherlich das charakteristischste und das prägnanteste Seine Barmherzigkeit. Sie bekam als einzige von allen Namen und Attributen einen Sonderstatus. Gott hat sich die absolute und ewige Barmherzigkeit nämlich selbst sozusagen verordnet: »*Wenn jene, die unsere Botschaften glauben, zu dir kommen, sag: ›Friede sei auf euch. Euer Erhalter hat für Sich Selbst das Gesetz der Gnade und Barmherzigkeit gewollt – so dass, wenn einer von euch eine schlechte Tat aus Unwissenheit begeht und danach bereut und rechtschaffen lebt, Er vielvergebend (gefunden) sein wird, ein Gnadenspender.‹«* (6/*al-Anam,* 54).

In der darauffolgenden Sure beschreibt Er diese Eigenschaft: *»Meine Gnade und Barmherzigkeit übergreift alles«* (7/*al-Araf,* 156). Dies bedeutet, dass Seine Liebe, Zärtlichkeit und Gnade alles umfassen, alle Menschen, Tiere, Pflanzen, die ganze Natur und für alle Zeiten. Müssten nicht dementsprechend die Lehren, die Regeln, die Normen, die Urteile im Namen des Islam dem Barmherzigkeits-Kriterium folgen? Was diesem Kriterium widerspricht, entspricht nicht dem Willen Gottes.

Das wird auch an einem weiteren Sachverhalt deutlich: *Bismilla hir-rahman ir-rahim / Im Namen Gottes, des Allergnädigsten, des Gnadenspenders.* 114-mal wiederholt der Koran diesen Vers. Jede Sure mit Ausnahme der Sure 10/*at-Tawba* beginnt mit *bismillah …*; in der 27. Sure, *an-Naml,* steht dieser Vers dafür zweimal. Damit will Gott, wie ich es verstehe, sagen: Wenn ihr die Verse in einer Sure lest, sollt ihr sie immer aus dem Blickwinkel und durch die Brille der Gnade Gottes lesen. Gottes Gnade/Barmherzigkeit ist ein unendlicher Raum, zu hoch, um erklommen werden zu können, zu tief, um den Boden erahnen zu können. Er ist Derjenige, der alle Dinge mit Seiner Barmherzigkeit/Gnade und Seinem Wissen umfasst. In der 40. Sure, Vergebung *(Gafir),* kommt das in einem Bittgebet der Engel für die Menschen zum Ausdruck, die Gottesbewusstsein haben: *»O unser Erhalter! Du umfasst alle Dinge in Deiner Gnade und Deinem Wissen: vergib denn jenen ihre Sünden, die bereuen und Deinem Pfad folgen …«* (40/*Gafir,* 7).

»Die allgemeine Barmherzigkeit/Gnade bedeutet das Geben des Guten all denen, die es nötig haben, während die vollkommene Gnade/Barmherzigkeit sowohl diejenigen, die das verdienen, als auch diejenigen, die das nicht verdient haben, umfasst. Gottes Gnade/Barmherzigkeit ist vollkommen und universell.«[3] Es mag sein, dass einige Menschen sich mit dem Namen und Begriff »Gott/Allah« nicht identifizieren und damit nichts anfangen können, aber dennoch, und vor allem in schwierigen Zeiten, auf Gottes Barmherzigkeit angewiesen sind. Sie können und wollen aber das Wort »Allah/Gott« nicht in ihren Mund nehmen. Deshalb, sagt Gott, wenn sie der Name Allah/ Gott an etwas Erhabenes erinnert – und Er ist erhaben –, sie aber zögern, Ihn wegen Seiner Erhabenheit anzubeten, wenden sie sich an Ihn mit Seinem Namen »Der Barmherzige« (*ar-Rahman*). Besonders dann, wenn sie fühlen, dass Er ihnen näher ist. Gott ruft Menschen, Ihn anzubeten, wann immer sie wollen, und zwar mit dem Namen Gottes, mit dem sie sich vertraut fühlen: *»Sag: Ruft Gott an, oder ruft den Allergnädigsten an: mit welchem Namen ihr Ihn anruft, Er ist immer der Eine – denn Sein sind alle Attribute der Vollkommenheit«* (17/*al-Isra´*, 110).

Steht der Zorn Gottes im Widerspruch zu seiner Gnade?

Unter Seinen Namen sind auch solche, die auf den ersten Blick widersprüchlich erscheinen: Der vergebende und strafende Gott, der gnädige und zornige Gott. Mit Seiner Strafe sendet Gott Warnungen an bösartige Menschen, die Unheil und Unfrieden auf der Erde stiften. Sein Ziel ist es, Unheil zu verhindern oder zu minimieren. Gott spricht an mehreren Stellen davon, dass Er die Strafe für diejenigen vorbereitet hat, die Menschen gegenüber Unrecht tun, ihnen ihr Recht auf Leben nehmen und Leid verursachen. Die absolute Gerechtigkeit am Jüngsten Tag wird dadurch hergestellt, dass den Übeltätern ihre Strafe und den Opfern ihre Belohnung zuteilwird. Gott gegenüber begangene Sünden sind in Seiner Hand, Er wird dafür bestrafen oder vergeben, und Er verspricht Vergebung. Hingegen liegen die Übeltaten, die ein Mensch gegenüber seinen Mitmenschen begangen hat, in der Hand der Opfer. Deswegen wird gesagt: »Komm zu Gott nicht mit Sünden, die du gegenüber Menschen begangen hast«, weil Gott die Bestimmung der Folgen und Konsequenzen der Übeltat den Opfern überlassen hat, und das Opfer wird im absoluten Gericht Gottes vielleicht nicht vergeben. Gott hingegen vergibt mehr, als Er bestraft, und Er ist weit eher gnädig als zornig: *»Als Gott die Welt erschaffen hat, machte Er einen Vermerk über Seinen Thron: ›Meine Gnade übersteigt meinen Zorn‹*, – so steht es in einer Überlieferung.[4]

Auf den ersten Blick scheint es, dass der Zorn (*gadab*) im Gegensatz zur Barmherzigkeit (*rahma*) steht. Eigentlich sind diese zwei Attribute aber komplementär wie Leben und Tod. Gott ist derjenige, der das Leben gibt und derjenige, der den Tod gibt. »Jede Geburt ist gleichzeitig der Todesmoment, der Moment des langsamen Schwindens. Wenn ein Kind auf die Welt kommt, und schon zuvor in der Gebärmutter, trägt es in sich selbst Zeichen, dass es eines Tages von der Erde verschwinden wird. Und wenn eine Person stirbt und von dieser Welt geht, wird sie im Jenseits wieder lebendig. Also, das Leben geben und das Leben nehmen sind keine gegensätzlichen Dinge. Man kann sogar sagen, dass sie zwei Teile eines Ganzen sind, die sich gegenseitig ergänzen. Diesem Verständnis kann man durch die Erkenntnis näher kommen, wonach in der Vielfalt von Gottes Eigenschaften die Einheit (*tawhid*) Gottes steckt.«[5] Auch Seine Strafe oder Sein Zorn sind von Seiner Barmherzigkeit beeinflusst, weil sie ein Teil von »allem« ist: *»Seine Barmherzigkeit umfasst alles!«* (7/*al-Araf*, 176), und so verstehe ich Gott als die absolute Barmherzigkeit, die absolute Liebe und den absoluten Frieden. Doch stellt diese umfassende Barmherzigkeit Gottes keinen Freibrief für Übeltäter dar. Sie hält nur den Raum offen, der ihnen Abkehr und Umkehr ermöglicht.

Der Mensch wird ständig von Gottes Barmherzigkeit begleitet. Sie ist für den Menschen der Grund und die Motivation, seine Freiheit zu nutzen. Weil er in Gottes Barmherzigkeit lebt, kann der Mensch frei von Angst und ständigem Druck sein Dasein führen. Barmherzigkeit und Freiheit ermöglichen es dem Menschen, ohne Verstellung und frei von Heuchelei zu leben. Der Barmherzigkeit Gottes begegnet ein Gläubiger mit Dankbarkeit. Dankbarkeit wird durch Hingabe, Demut und Frömmigkeit praktiziert. Sich auf die Barmherzigkeit Gottes zu verlassen und die persönliche Freiheit ohne Angst vor Normen, Befehlen oder Geboten zu verwirklichen, bedeuten keine Gesetzlosigkeit, sondern die Erlaubnis nach eigenem Maß und Bedürfnissen zu leben, aber gleichzeitig die Aufforderungen Gottes zu erfüllen. Ein Missbrauch der Barmherzigkeit Gottes entsteht dann, wenn ein Mensch die »rote Linie« Gottes überschreitet bzw. Gott missbraucht.

Wenn ein Mensch von seinen Sünden gerettet werden will, kann er das nur aufgrund der Barmherzigkeit Gottes erreichen. Gott kann jedem verzeihen, der Vertrauen in Seine Barmherzigkeit hat und gute Werke tut. Eine Sünde des Menschen kann sogar in eine Belohnung umgewandelt werden. Sobald der Mensch in Reue *(tawba)* zu brennen und seinen Weg zum wahren Glauben zu gehen beginnt, werden die Worte des Erhabenen auf ihn angewendet: *»Die bereuen und Glauben erlangen und rechtschaffene Taten tun: (denn) es sind sie, deren (einstige) schlechte Taten Gott in* *gute umwandeln wird – angesichts dessen, dass Gott fürwahr vielvergebend, ein Gnadenspender ist!«* (25/*al-Furqan*, 70). Der ägyptisch-amerikanische Theologe Ahmed Behdžet der in seinem Buch »Allah« über die Eigenschaften Gottes in ausgezeichneter Art und Weise geschrieben hat, bezeichnet diesen Vers als den mit der »größten Hoffnung« unter allen Versen des Korans, die über die Barmherzigkeit Gottes sprechen. Die Umwandlung ihrer schlechten Taten verspricht Gott denjenigen, die bereuen, bzw. sich von schädlichen Taten distanzieren und sich bessern. Er wird dann ihre schlechten Taten gegen gute eintauschen. Es gibt keine höhere Stufe der Barmherzigkeit als diese.[6]

Das ganze Projekt Gottes mit der Menschheit ist getragen durch Seine Barmherzigkeit. Deshalb sollen auch die Menschen in allen Ritualen, in der Gerichtsbarkeit und den Normen, in ihrer gesamten Lebenspraxis, Liebe und Barmherzigkeit zur Geltung kommen lassen und nicht Grobheit, weil die Beziehung Gottes zu den Menschen auf Barmherzigkeit und Liebe beruht: »*Darum bittet euren Erhalter, euch eure Sünden zu vergeben, und wendet euch dann zu Ihm in Reue – denn, wahrlich, mein Erhalter ist ein Gnadenspender, eine Quelle der Liebe!*« (11/*Hud*, 90). Und in einem anderen Vers: »*Er wird Menschen hervorbringen, die Er liebt und die Ihn lieben.*« (5/*al-Maida*, 54). Gott hat uns auch durch Seine Barmherzigkeit befähigt, einander gegenüber barmherzig zu sein, und verlangt von uns, diesem Prinzip zu folgen. Dort, wo dieses Prinzip der gegenseitigen Barmherzigkeit und der Liebe vernachlässigt wird, stirbt der Glaube.

Die Themen Barmherzigkeit und Mitgefühl nehmen im Koran und auch im Leben des Propheten Muhammad weiten Raum ein. Dennoch können wir nicht behaupten, dass die Themen Barmherzigkeit und Mitgefühl in der islamischen Theologie/Dogmenlehre *(aqida)* und Jurisprudenz *(fikh)* eine zentrale Rolle gespielt haben. Mustafa Cerić sagt: »Wenn es um die Gerechtigkeit geht, möchte ich sagen, dass es nötig ist, in die muslimische theologische und juristische Theorie und Praxis mehr Liebe und mehr Gefühl für menschliche Bedürfnisse einzubringen. Das beste Beispiel dafür ist der berühmte islamische Gelehrte al-Ghazali, der weder in der Dogmenlehre *(aqida)* noch im Recht *(fikh)* diese Liebe und dieses Gefühl finden konnte, und deshalb den Muslimen als Vermächtnis hinterließ, die Erfahrung der Sufis, in der eine besondere Liebe zu Gott und zum Nachbarn steckt, nicht zu vernachlässigen.«[7]

2. Die Barmherzigkeitsvergessenheit des Islam – Ursache für Fanatismus und Gewalt

Angesichts der radikalen Strömungen unter den Muslimen im 20. und 21. Jahrhundert, die Gewalt und Hass gegen Andersdenkende befürworten – seien sie Muslime oder Nichtmuslime – und dies als »islamisch« darstellen, ist es notwendig, das Thema Barmherzigkeit im Islam nicht nur im Hinblick auf einzelne moralische, ethische oder spirituelle Sachverhalte im Islam anzusprechen, sondern Liebe und Barmherzigkeit als die Grundlage eines Verständnisses des Islams im Ganzen zu aktualisieren.[8] Der Sinn der Erforschung und Hervorhebung der Barmherzigkeit Gottes liegt ja darin, dass Seine Barmherzigkeit den Menschen zur Nachahmung auffordert. Ein gerechtes, menschliches und frommes Leben zu führen bedeutet nichts anderes als die Nachahmung der Barmherzigkeit Gottes. Die Barmherzigkeit soll so im Alltag implementiert werden, was eigentlich bedeutet, dass Gott im Leben des Menschen sich selbst erzeugen, sich selbst nachahmen will.

Die Barmherzigkeit Gottes, die das größte Geschenk an den Menschen ist, belehrt ihn, dass es in seinem Leben keinen Platz für Stolz, Arroganz und Hass gibt, weil alle Geschöpfe von der Gnade Gottes abhängig und alle Menschen ein Ergebnis der Barmherzigkeit Gottes sind. Die Barmherzigkeit Gottes gibt dem Menschen die Freiheit und motiviert ihn, Liebe zu allen Geschöpfen zu empfinden. Wer die Kraft der Barmherzigkeit Gottes fühlt, der wird von der Verachtung für andere, von Angst, Phobien und dem Wunsch nach Rache befreit. Die bedingungslose Barmherzigkeit Gottes gibt Hoffnung in die Zukunft und hilft dem Menschen, Vertrauen zu Gott und Seiner dauerhaften Unterstützung und Versorgung im alltäglichen Leben zu haben. Die täglichen Sorgen, der Stress, die Frustrationen, Kriege und alle Belastungen, die die Welt dem Menschen auferlegt, sollen mit der Erwartung der Barmherzigkeit Gottes, Seiner Barmherzigkeit zu den Menschen und des Menschen zu anderen Menschen ertragen werden.

Je mehr sich das Islamverständnis und die Praxis eines Muslims von der Barmherzigkeit entfernen, desto mehr entfernt dieser sich von Gott. Dort, wo Gnade, Barmherzigkeit und Vergebung sind, finden wir den Islam. Wo Grausamkeit und Gewalt verübt werden, kann auch nicht der Anspruch erhoben werden, sich mit dem Islam zu identifizieren. Ein Glaubensverständnis, das nicht auf tragenden Elementen wie Wissen und Gewissen, Mitgefühl und Achtung vor Anderen aufgebaut ist, wird Fanatismus und Gewalt erzeugen und mit den natürlichen Werten des Lebens und der Barmherzigkeit Gottes in Konflikt geraten. Das ist gerade heute der Fall, wo es so scheint, dass manche Muslime im Gegensatz zu dem elementaren islamischen Prinzip der Barmherzigkeit stehen.

Deshalb ist wichtig zu betonen, dass *Rahmân* und *Rahîm*, »der Allerbarmer und der Gnadenspender«, nicht nur die meisterwähnten Eigenschaften Gottes im Koran sind, sondern auch die vom Menschen am häufigsten verlangten Verhaltensweisen. Barmherzigkeit und Vergebung bestimmen im Wesentlichen das Verhältnis von Gott zu den Menschen (vertikal): *»Dein Erhalter ist der wahrhaft Vergebende, grenzenlos in Seiner Gnade«* (58/*al-Kahf*, 18). Das Gleiche gilt aber auch für das Verhalten des Menschen zu anderen Menschen und zur Natur (horizontal): *»Den Barmherzigen ist Gott barmherzig. Seid barmherzig gegenüber denen, die auf Erden sind, dann sind auch die im Himmel (Gott und die Engel) euch gegenüber barmherzig«!*[9] Das ist die Orientierung für die Menschen vom Propheten Muhammad, *»der nicht anders für die Weltbewohner entsendet ist außer als Barmherzigkeit«* (21/*al-Anbiya*, 107), damit sie wissen, wie sie sich den anderen Geschöpfen gegenüber verhalten sollen. Der barmherzige Umgang mit Menschen ist die Voraussetzung, um Gottes Barmherzigkeit zu erlangen: *»Wer nicht barmherzig ist, der findet auch kein Erbarmen.«*[10] All das heißt, dass Liebe und Vergebung, Achtung und Barmherzigkeit die tragenden Inhalte des Islam werden müssen!

DIE TÄGLICHEN GEBETE ALS TRAINING FÜR MITMENSCHLICHKEIT

Gott will nicht nur die vertikale Beziehung zwischen Ihm und den Menschen regeln, in dem Er immer wieder Menschen an Seine Existenz erinnert und sie mit Seiner Barmherzigkeit tröstet, sondern Er will darüber hinaus die horizontale Dimension der zwischenmenschlichen Beziehung stärken, indem er die sozialen Werte in den Mittelpunkt des Glaubens stellt. Der Glaube wird nicht vollkommen, solange das, was vertikal ist (vom Menschen zu Gott), auf das, was horizontal ist (vom Menschen zum Menschen), keinen Einfluss hat. Diese Behauptung werden wir jetzt am Beispiel des Gebetes erläutern. Das Gebet stellt das tägliche Hauptritual dar, das viele Muslime praktizieren und das als Dogma und als eine Säule des Glaubens gilt. So lehrt der Prophet Muhammad: *»Die Grundlage der Religion ist das Gebet.«* Doch das tägliche Gebet, wie der Koran es darstellt, hat mehr eine »menschliche« als eine »göttliche« Dimension. Erstaunlich!

1. Das Gebet soll Menschen einander annähern

Das tägliche Gebet hat im Islam eine zentrale Bedeutung. Die Religiosität und Frömmigkeit eines Menschen werden daran gemessen. Wenn das Gebet eines Menschen richtig ist, sind auch seine anderen Taten richtig und umgekehrt: *»Das Erste, wonach der Mensch am Jüngsten Tag gefragt wird, ist das Gebet, und ist sein Gebet in Ordnung, so werden seine anderen Taten in Ordnung und angenommen, und wenn sein Gebet nicht in Ordnung ist, so sind es die anderen*

Taten auch nicht«,[1] – *so* soll der Prophet Muhammad gesagt haben. Nach dieser Überlieferung ist das Gebet das Maß aller Taten des Menschen. Sind die Taten betender Muslime heute in hohem Maße oder auch nur zum Teil nicht beispielhaft, ist das ein Zeichen dafür, dass in ihrem Verhältnis zum Gebet etwas nicht in Ordnung ist. Das Gebet wurde nämlich von Muslimen so verstanden: Gott befiehlt dem Menschen, das Gebet zu verrichten, und der Mensch erfüllt diese Pflicht gegenüber Gott. Der Befehl kommt *von oben,* und seine Erfüllung *von unten.* Das Wort für Gebet, arabisch *salah,* hat die Bedeutung von Verbindung, Kommunikation und Beziehung. Das Wort *salah* benennt eine transzendente, metaphysische Beziehung zwischen dem Menschen und Gott. Diese Verbindung zwischen Gott und dem Menschen wird im Sitzen, Stehen, Knien, mindestens fünf Mal täglich zu verschiedenen Zeiten des Tages und der Nacht aktualisiert: *»Und wenn ihr euer Gebet beendet habt, gedenkt Gottes – stehend und sitzend und liegend; und wenn ihr wieder sicher seid, verrichtet eure Gebete (vollständig). Wahrlich, für alle Gläubigen ist das Gebet fürwahr eine heilige Pflicht, verbunden mit bestimmten Zeiten des Tages«* (4/*an-Nisa,* 103). Das ist richtig so.

Dennoch ist das Gebet nicht nur eine individuelle, persönliche Verpflichtung des Gläubigen seinem Herrn gegenüber. Es hat nicht nur eine vertikale Dimension, deren Dynamik vom Menschen zu Gott geht. Das Gebet bestimmt gleichzeitig das Dreiecksverhältnis »Gott – Mensch – Mitmensch«, also die Verbindung des Einzelnen zu Gott und der Menschheit in ihrer einheitlichen Wechselbeziehung. Das Gebet wurde ja nicht deshalb befohlen, weil Gott einen Nutzen aus seiner Verrichtung hätte, sondern damit es dem Menschen selbst, seiner Familie, der Gesellschaft und der Menschheit im Allgemeinen nutzt.

Wenn wir die Verse analysieren, in denen Gott über das Gebet spricht, sehen wir, dass das Gebet ständig mit den gesellschaftlichen und sozio-moralischen Verpflichtungen in Verbindung gebracht wird, wie die folgenden Beispiele zeigen.

Das Gebet und die Unterstützung der Schwachen

Das Wort Zakat für Almosen als materielle Pflichtabgabe der Muslime, wird im Koran achtundzwanzig Mal erwähnt,[2] meistens in Verbindung mit dem Gebet. »*Verrichtet das Gebet und entrichtet die Zakat!*«, so betont der Koran den Zusammenhang zwischen Gebet und der Zakat mehrfach. Durch die Verbindung der Zakat mit dem Gebet wird deutlich: Das Gebet ist ein Bestandteil der materiell-gesellschaftlichen Verpflichtung den anderen gegenüber. Das Gebet erreicht erst dann seinen Zweck, wenn sich ein Betender um die Schwachen und Kranken kümmert, wenn er den Armen und sozial Benachteiligten, den Arbeitslosen, Witwen, Waisen und allen Bedürftigen Hilfe leistet. Das Gebet und die Zakat sollen dazu dienen, die Solidarität, die zwischenmenschlichen Beziehungen, die soziale Gerechtigkeit und den materiellen Wohlstand der Geringverdiener zu stärken. Das ist der Sinn des Gebetsrituals. Ein Betender, der seine materielle Verpflichtung seinem hungernden, arbeitslosen oder benachteiligten Nachbarn gegenüber vernachlässigt und sich um diesen nicht in gleicher Weise wie um sein Gebet kümmert, der verfehlt den Sinn seines Gebetes. Daher hat das Gebet (*salah* – Verbindung zu Gott) das Ziel, die Verbindung mit dem Menschen zu stärken. Deutlich wird: Das Gebet hat (auch) eine horizontale bzw. zwischenmenschliche Dimension.

Das Gebet und die Überwindung von Schwierigkeiten durch Geduld

Der zweite moralische Wert des Gebetes liegt darin, dass es zum Ziel hat, den Menschen zu Ausdauer und Geduld in Schwierigkeiten und Herausforderungen zu erziehen. Deshalb empfiehlt der Koran dem Menschen die Geduld und erwähnt das Gebet und die Geduld im selben Kontext.[3] Geduld ist das beste Mittel gegen Aggressivität, Grobheit, Kontrollverlust, Emotionalität und Gewalt.[4] Geduld bedeutet, besonnen zu bleiben, sich mit friedlichen Methoden zu widersetzen. Geduld ist die Quelle für langfristigen Erfolg. Geduld siegt über alles. Deshalb wird Geduld im Koran als *schön* bezeichnet,[5] da sie Menschen zum angestrebten Ziel und zu höchstem Rang führt.[6] Geduld ist die Kunst, im Leben fröhlich zu bleiben. Mit Geduld, die durch Verrichtung des Gebetes erworben wird, wird auch ein schönes Verhältnis zu anderen Menschen verwirklicht. Das Gebet erfordert Geduld, und Geduld wird auch durch das Gebet erworben. Das Verrichten des Gebets und Geduld waren auch Charaktermerkmale aller Propheten.[7] Der Mensch braucht Geduld, sie ist ein wichtiger Aspekt in zwischenmenschlichen Beziehungen. Geduld, Besonnenheit, Weisheit und Rationalität sind wichtige Eigenschaften zur Beschwichtigung von Spannungen. Geduld bedeutet nicht Faulheit und Passivität, sondern sie ist ein Mittel, um Widerstand gegen Passivität zu leisten. Wie das Gebet körperliche und mentale Aktivität erfordert, so soll auch die Geduld zu aktiver Handlung hinführen. Wenn der betende Mensch Ungeduld, Aggressivität und gewalttätige Reaktion zeigt, deutet das darauf hin, dass sein Gebet nichtig sein kann und das Gebet sein Ziel nicht erreicht hat. Wir können schlussfolgern, dass das Gebet (geistig) und die Geduld (moralisch) eine horizontale Verbindung haben, die zum Ziel hat, ein konstruktives und friedliches Verhältnis zwischen den Menschen herzustellen. *»O die ihr glaubt, sucht Hilfe in der Geduld und im Gebet!«* (2/*al-Baqara*, 153).

Das Gebet und das schöne Wort – Art und Weise des Umgangs mit den Menschen

»Und sagt Gutes zu den Menschen und verrichtet das Gebet« (2/al-Baqara, 83*)*. In diesem Vers werden das Gebet (geistig) und das schöne Wort (moralisch) verbunden. Das Ziel des Gebetes ist es, den Menschen zu Kontakt und zum Dialog zu befähigen*: »Rufe du (alle Menschheit) zum Pfad deines Erhalters mit Weisheit und gefälliger Ermahnung und streite mit ihnen (Menschen, die eine andere Überzeugung haben) auf die gütigste Weise!«* (16/*an-Nahl,* 125). Und jedes Gespräch, jeder Dialog und jede Diskussion mit den Menschen beginnen mit einer schönen Begrüßung: *»Wenn ihr mit einem Gruß (des Friedens) gegrüßt werdet, anwortet mit einem noch besseren Gruß oder (wenigstens) mit dergleichen.«* (4/*an-Nisa,* 86). Das schöne Wort hat die größte Macht. Es kann das Eis zwischen Menschen zum Schmelzen bringen. Mit einem schönen Wort, mit einem Freudens- und Friedensgruß, können Hass und Konflikte gestoppt werden. Deswegen hat Gott befohlen: *»Sage meinen Dienern, dass sie auf die gütigste Weise (zu jenen, die ihre Glaubensvorstellungen nicht teilen,) sprechen sollen: wahrlich, Satan ist immer bereit, Zwietracht zwischen den Menschen zu stiften – denn, wahrlich, Satan ist des Menschen offener Feind!«* (17/*al-Isra´*, 53). Der Satan, der im Koran oft als »offener Feind« bezeichnet wird, ist die innere Kraft, die die Menschen zu bösen Worten und bösen Taten treibt. Das offen gesagte böse Wort, das zu einer bösen Tat führt, ist der »offene Feind«. Der Mensch, der Hass schürt und Feindschaft sät, ist ein Satan in Menschengestalt. Um diesen offenen Feind zu bekämp-

fen, verpflichtet Gott den Menschen dazu, nur Gutes zu sagen, und zwar zu allen Menschen (2/*al-Baqara*, 83). Das Gebet als Andacht und Meditation erzieht den Menschen dazu, zu schweigen, still zu bleiben, nachzudenken und zu rezitieren bzw. etwas Gutes zu sagen. Auch hier können wir schlussfolgern, dass das Gebet (geistig) und das schöne Wort (moralisch) eine horizontale Dynamik hat, die zum Ziel hat, ein konstruktives Verhältnis zwischen den Menschen herbeizuführen.

Das Gebet und die Erziehung zum Frieden: Warum das Gebet mit dem »as-salamu alaikum« und nicht mit dem »Allahu Akbar« beendet wird

Wir lernen aus einem weiteren wichtigen Aspekt des Gebetes außerdem, dass es nicht nur dem Einzelnen, sondern auch der Gesellschaft nützlich sein soll. Warum nämlich wird das Gebet nicht mit den Worten: »*Allahu Akbar*/Gott ist größer«, das mit den Inhalten und Bewegungen beim Gebet – Stehen *(qiyam)*, Beugen (*ruku*), Niederwerfung *(sudschud)*) – verbunden ist, beendet, sondern mit den Worten »*as-selamu alaikum wa rahmetullah* – der Friede und Gottes Gnade sei auf euch«? Ich glaube, weil folgende Botschaft vermittelt werden soll: Während des Gebets warst du im Frieden mit Gott und mit den Mitmenschen; du hast niemandem etwas Schlechtes gesagt oder etwas Böses angetan. Vor deiner Zunge, vor deiner Hand, vor deinen Gedanken waren Menschen sicher und geschützt. Du sollst nach dem Gebet zu allen Menschen in der Welt, die sich vor dir, auf deiner rechten und auf deiner linken Seite befinden, sicher und friedlich bleiben. Du hast mit dem *salam* allen Menschen »Frieden« versprochen und sollst deinem Versprechen bis zum nächsten Gebet treu bleiben. Du darfst niemanden angreifen, niemandem etwas Schlechtes sagen, niemanden töten, sollst mit jedem Frieden halten und allen Gnade schenken, dich mit Verfeindeten versöhnen. Dein nächstes Gebet beginne im Frieden. Bleibe immer so friedlich, auch zwischen zwei Gebeten, genau wie du während des Gebetes warst. Der prächtige Schöpfer will Sein geehrtes Geschöpf – den Menschen – lehren, zu den anderen Geschöpfen friedlich zu sein. Dies ist die erste Intention des Gebets und es wird deshalb mit den Worten: »*as-salamu alaikum* – der Friede auf euch«, und nicht mit: »*Allahu Akbar* – Gott ist größer«, beendet.

Mit diesen vier Komponenten:
1. Hilfsbereitschaft/finanzielle Unterstützung,
2. Geduld/Besonnenheit,
3. Schönes Wort/Übel mit Gutem abwehren,
4. Friede/Gewaltverzicht,

kann uns das Gebet Erfolg und Errettung bringen. Alle diese Komponenten finden wir in folgendem Vers mit dem Gebet in Beziehung gebracht: »*Die geduldig sind im Bestreben, ihrem Herrn zu gefallen, und beständig das Gebet verrichten und für andere ausgeben, insgeheim und offen, von dem, was Wir ihnen als Versorgung bereitet haben, und Böses mit Gutem (Gewalt mit Liebe, Krieg mit Frieden) abwehren. Es sind diese, welche ihre Erfüllung im Jenseits finden werden.*« (13, *ar-Ra´d,* 22). Der Koran betont die Wichtigkeit des Gebetes, weil es »das Böse« verhindert: »*... und verrichte das Gebet. Gewiss, das Gebet hält davon ab, das Schändliche und das Verwerfliche (zu tun).*« (29/*al-Ankebut,* 45).

Allerdings gibt es Menschen, die durch ihr Gebet nicht daran gehindert werden, anderen Böses anzutun; aus dem Gebet schöpfen sie keine Solidarität und Geduld, kein schönes Wort und keinen Frieden.

2. *»Allahu Akbar«* ist keine Kampfparole, sondern Gottesdienst in Demut

»*Allahu Akbar* – Gott ist größer« ist ein Gottesdient, mit dem ein Muslim die absolute Macht Gottes anerkennt und somit statt Arroganz Demut demonstriert. *Allahu Akbar* ist keine Parole, keine Kampfansage, kein Schlag-Wort, sondern eine gottesdienstliche Handlung, die der Mensch ausspricht, um sich eine innere Haltung zu vergegenwärtigen. »Gott ist größer« bedeutet: Er ist größer als unser Ego und größer als alles, was wir uns vorstellen können. Manche Menschen verstehen das Gebet offensichtlich falsch, wenn sie sehr darauf achten, das Gebet bis ins Detail der Form nach korrekt zu verrichten, aber vergessen, dass sie mit dem *salam* am Ende des Gebetes ein Versprechen an Gott, den Größten, gegeben haben, friedlich zu bleiben. Es gibt betende Menschen, die dazu neigen, andere Menschen zu beleidigen oder gar zu vernichten und dabei *»Allahu Akbar«* ausrufen. Das ist der größte Missbrauch und die größte Missachtung Allahs und somit auch die größte Sünde! Bombenanschläge auf Moscheen, die oft während des Freitagsgebets ausgeführt werden,[8] sind ein sicheres Zeichen für einen toten Glauben und ein bedeutungsloses Gebetsritual, das sinnlos und von ethischen Werten weit entfernt ist.

Der Grund dafür liegt darin, dass diese Menschen ihr Gebet nur vertikal in Bezug auf Gott und nicht auch horizontal in Bezug auf ihre Mitmenschen verstehen. Der so Betende zieht »nur Allah« in Betracht und vergisst den Mitbetenden und den Mitmenschen, mit dem er die Welt teilt. Diejenigen, die das Gebot Gottes nur vertikal verstehen, glauben, dass das Gebet etwas ist, das nach *oben*, zu dem Erhabenen Gott, hinaufgeht, und nicht etwas, das auf der Erde, auf den Menschen in der Moschee und außerhalb der

Moschee wirken soll. Einigen Betenden ist das Gebet nur eine Pflicht Gott gegenüber, ein Ritual, das vom Himmel geboten wurde. Für sie hat das Gebet mit der alltäglichen Lebensrealität wenig zu tun. Deshalb ist ein solches Gebet auf der Erde und in dem Menschen, dem Betenden, unwirksam. Durch das Gebet wollte doch Gott den Frieden zwischen den Erdenbewohnern und nicht seinen eigenen Frieden sichern. Denn das hat Er nicht nötig, weil Er ohnehin »*as-Salam*«, der absolute Friede ist.

Trotz des gemeinsamen Wunsches Gottes und des Menschen, durch das Gebet Frieden, Seelenruhe und Harmonie im Menschen und in der Welt zu erreichen, kann das Gebet nicht alle Menschen daran hindern, Böses zu tun. Der Sinn des Gebetes aber liegt gerade darin, durch Verhinderung der Entstehung eines Vakuums im menschlichen Bewusstsein das Böse zu verhindern. Den Leerraum und die Distanz, die zwischen Gott und dem menschlichen Bewusstsein entstanden sind, versuchen Pseudogelehrte in falscher Art und Weise auszufüllen. Wegen solcher Propagandisten sind einige Jugendliche in Kriegsgebieten gelandet und verübten Terrorakte. Wären sie, anstatt auf diese »Lehrer« zu hören, dem eigenen Verstand und ihrem Gewissen gefolgt, die sie vom barmherzigen Gott bekommen und von der barmherzigen Mutter geerbt haben, hätten sie das Böse nie getan. Ein Mensch, der sein Gebet bewusst verrichtet, soll eine ständige Quelle des Friedens und einer nie versiegenden Barmherzigkeit sein: sich selbst, seinem Nachsten, aber auch den anderen Menschen gegenüber. Nur denjenigen, der sein Gebet (oder irgendeine andere Tat) mit einem horizontalen Bewusstsein verrichtet, mit der Überzeugung, dass Gott ihm sehr nah ist, kann sein Gebet vom Trieb zum Bösen fern halten.

3. Nicht jeder Betende ist Gott gefällig

Der Glaube und das Gebet werden nach guter und gemeinnütziger Arbeit des Menschen bemessen: Wie sehr ein Mensch anderen nützlich ist, ebenso wertvoll ist auch sein Gebet. Deshalb hat Gott im Koran das Gebet immer in Zusammenhang mit gesellschaftlich-moralischen Verpflichtungen des Menschen den anderen gegenüber thematisiert. Gerade darin liegt auch der wesentliche Unterschied zwischen zwei Typen von Betenden, die im Koran erwähnt werden:

1. *Musalli:* Ein achtlos Betender, der in seinem Gebet nachlässig ist, es unbewusst verrichtet und seine gesellschaftlichen Verpflichtungen den anderen gegenüber vernachlässigt. Solche »Betende« sind von Gott selbst gewarnt: »*Wehe nun den Betenden, denjenigen, die auf ihre Gebete nicht achten, denjenigen, die dabei (nur) gesehen werden wollen; und die Hilfeleistung verweigern!*« (107/*al-Ma´un*, 4-7).
2. *Muqimis-salah:* Ein achtsam Betender, der durch das Gebet seine Persönlichkeit ausformt und aufbaut (*iqame*) und dadurch auch das Entwicklungsniveau der Gesellschaft steigert. Eine achtsam betende Person ist jemand, der offensichtlich nicht nur das bloße Ritual des Gebets ausführt, sondern – wie die Verse 19-35 der Sure 70 *(al-Ma´aridsch)* darlegen – sich seiner Aufgaben der Gesellschaft und den Mitmenschen gegenüber bewusst ist.

Diese beiden Beispiele aus dem Koran zeigen, dass nicht jedermanns Gebet aufrichtig ist, weil es nicht um die formale Verrichtung des Gebetes, sondern um den Zweck desselben geht. Es geht um den Sinn des Gebetes: wohin uns das Gebet führt und was es in uns erzeugt. Damit das Gebet transformiert, verändert, einen *musalli* in einen *muqimis-salah* verwandelt, muss die Gebetshandlung und -form um die Taten und Aktivitäten im alltäglichen Leben ergänzt werden. »Das Gebet duldet keine Demagogie, keine bloße, trockene und leblose Form ohne inneren Inhalt. Das Gebet, das ehrlich verrichtet wird, veredelt den Menschen in seinem privaten, öffentlichen und gesellschaftlichen Leben.«[9] Ein Gebet besteht nicht aus Bewegungen und Formen: wie hoch du deine Hände auf der Brust hältst, oder wo du sie verbindest, oder aber wie du die Niederwerfung machst, etc. Ein Gebet besteht aus einer Reihe von Aktivitäten, die *innerhalb* des Gebets beginnen und *außerhalb* des Gebets abgeschlossen und erkennbar werden.

In einem in diesem Zusammenhang überlieferten »Heiligen Wort« (sog. *hadith-qud*si) sagt Gott Folgendes: *Nicht jeder Betender betet. Ich werde das Gebet desjenigen annehmen, der zu Mir demütig ist, (der) Meine Diener nicht tyrannisiert, (der) nicht gewalttätig und rigoros zu anderen ist, (der) zu Geschädigten barmherzig ist, der den Hungrigen mit Essen und den Entkleideten mit Kleidung versorgt, Fremde und Schwache beschützt.*[10]

Mechanisches Verrichten unserer gottesdienstlichen Handlungen oder ihre nur schwache Auswirkung in unserem Leben sind Folge eines unreflektierten Glaubensverständnisses. Wenn wir die Frömmigkeit in uns entwickeln und bewahren wollen, müssen wir zuerst unseren Glauben transformieren – den nachahmenden, förmlich-rituellen in einen aufrichtigen, inneren, bewussten und ethischen *imân* verwandeln.[11]

Alle Religionen haben dekadente Phasen gerade wegen der Vernachlässigung des Wesens des Glaubens im Denken erlebt. Der Islam wird mit der gleichen Gefahr konfrontiert. Die Lösung dieser Krise bei den Muslimen liegt in der

Wiederbelebung der moralischen Werte und der kritischen Befragung mancher Lehre, an die wir uns gewöhnt haben, ohne darüber zu reflektieren. Diese moralische Revolution soll mit der kritischen Befragung von uns selbst und von anderen beginnen. Und wenn wir schon bei einem Thema sind, das so zentral ist wie das Gebet, dann fahren wir fort zu hinterfragen: Sind wir, weil wir behaupten, Muslime zu sein, die Einzigen, die auf dem *»Geraden Weg«* sind?

4. Wer sind die, die den »geraden Weg« beschreiten?

Wir schließen dieses Kapitel über die Gott-Mensch-Beziehung mit einem Blick auf die bekannteste Sure im Koran, *»Al-Fatiha«*/(Die Eröffnende), die zugleich die erste und meist gelesene ist. Sie ist im Hinblick auf die Bedeutung, die sie für Muslime hat, durchaus vergleichbar mit dem Vater-Unser der Christen. Diese Sure kommt in allen rituellen Gebeten vor. Der Muslim sucht in allen seinen Handlungen nach der »göttlichen Orientierung (*wadschhul-lah*)« (2/*al-Baqara*, 115) und versucht sein Leben lang, auf dem »geraden Weg (*sirat-al-mustaqim*)«[12] zu bleiben. Dazu wird von Muhammad überliefert, dass Gott gesagt habe: *»Das Bittgebet (al-Fatiha) ist in zwei Teile geteilt, die eine Hälfte für Mich, die andere für Meinen Diener …«*, was darauf hindeutet, dass durch dieses Bittgebet die Beziehung Gott – Mensch täglich und permanent aktualisiert wird. Zuerst schauen wir auf die Bedeutung der Sure mit Versen 1-7:

> *Im Namen Gottes, des Erbarmers, des Barmherzigen,*
> *Lobpreis sei Gott, dem Herrn der Weltbewohner,*
> *dem Erbarmer, dem Barmherzigen,*
> *dem Herrscher des Gerichtstags!*
> *Dir dienen wir, dich rufen wir um Hilfe an.*

Leite uns den rechten Weg,
den Weg derer, denen du gnädig bist,
nicht derer, über die gezürnt wird,
noch derer, welche irregehen! (1/al-Fatiha, 1-7)

Dieses Bittgebet wird von Muslimen nicht nur in allen Gebeten rezitiert, sondern auch zu unterschiedlichen Anlässen: bei der Geburt eines Kindes, bei der Eheschließung, beim Totengebet, beim Besuch des Grabes, bei Eröffnungszeremonien und in jüngster Zeit auch bei interreligiösen Friedensgebeten. Drei Punkte kennzeichnen die Sure: 1. die Universalität und die grenzenlose Barmherzigkeit Gottes, 2. der einzige Gerade Weg, 3. diejenigen, die von diesem Weg abgewichen sind und somit Gottes Zorn auf sich gezogen haben, und diejenigen, die in die Irre gegangen sind.

Woran erkenne ich den »Geraden Weg«? Wer sind diejenigen, die »den Zorn Gottes erregt haben«, und wer sind die »Irregehenden«? Damit nicht die eine oder andere Person den Anspruch erhebt, den »geraden Weg« für sich selbst gepachtet zu haben, oder in Versuchung kommt, Menschen, die bestimmte religiöse Überzeugungen haben, als dem »Zorn Gottes« verfallen zu bezeichnen oder als »Irregehende« abzustempeln, hat der Koran den »richtigen Weg« gedeutet, um mögliche Missverständnisse zu vermeiden. Gott weist uns darauf hin, dass derjenige, der sich auf dem geradem Weg befindet, an Seiner Botschaft festhält: *»So halte fest an allem, was dir offenbart worden ist: denn, siehe, du bist auf einem geraden Weg; und, wahrlich, diese (Offenbarung) wird fürwahr (eine Quelle) von Bedeutsamkeit für dich und dein Volk werden: aber beizeiten werdet ihr alle zur Rechenschaft gezogen werden (für das, was ihr damit gemacht habt)«* (43/*az-Zukhruf*, 43-44). In Seiner Botschaft hat Gott die Inhalte dieses »geraden Weges« erklärt. Um Menschen vor Manipulationen der unterschiedlichen Strömungen zu schützen, hat Gott sie davor gewarnt, anderen Wegen, die vom »geraden Weg« ablenken können, zu folgen. Diesen geraden Weg beschreibt Gott z.B. in folgenden Versen (in der Klammer erkläre ich, wie ich die jeweilige Aussage heute verstehe):

»Sag: ›Kommt, lasst mich euch übermitteln, was Gott euch wirklich verboten (bzw. für heilig und wichtig) erklärt hat:

1. *Schreibt nicht auf irgendeine Weise etwas anderem neben Ihm Göttlichkeit zu;*
   (Gott ist *einer*, lass dich von anderen Mächten nicht manipulieren.)
2. *Und vergeht euch nicht gegen eure Eltern, sondern tut ihnen vielmehr Gutes;*
   (Kümmert euch um eure Eltern. Ältere Menschen haben ein Anrecht auf Pflege und gute Versorgung in ihrem Alter.)
3. *Und tötet nicht eure Kinder aus Furcht vor Armut – denn Wir sind es, die euch wie ihnen Versorgung bereiten werden;*
   (Kinder haben das Recht auf Leben, Fürsorge und Betreuung, sie sind – nicht etwa nur nicht zu töten, sondern – vor Missbrauch jeder Art zu schützen. Die Ressourcen der Welt, die Gott erschaffen hat, reichen für alle Menschen, sie sollen gerecht verteilt werden.)
4. *Und begeht keine schmachvollen Taten, seien sie offen oder geheim;*
   (Betrug, Amoralität und schändliche Taten dürfen nicht salonfähig gemacht werden, weder geheim noch offen.)
5. *Und nehmt nicht irgendeines Menschen Leben – das Leben, das Gott für heilig erklärt hat – es sei denn in der Ausübung von Gerechtigkeit;*[13] *dies hat Er auch aufgetragen, auf dass ihr euren Verstand gebrauchen möget;*
   (Tötet unschuldige Menschen nicht, das Leben ist heilig und unantastbar. Die Tötung von Menschen ist ein Zeichen für den Verlust von Verstand.)

6. *Und rührt nicht das Vermögen eines Waisenkindes an – außer um es zu verbessern –, bevor es mündig wird.* (Vermögen auf Kosten von Schwachen zu erwerben, sowie die Übervorteilung anderer sind zu bekämpfen.)
7. *Und in all eurem Handeln gebt volles Maß und Gewicht in Gerechtigkeit:* (Gerechte und faire Märkte, Vermögenserwerb und Gerechtigkeit in allen Bereichen des Lebens herzustellen, soll ein natürliches Gesetz sein.)
8. *Wir belasten keinen Menschen mit mehr, als er gut zu tragen vermag,* (Das Leben von Menschen darf nicht erschwert und belastet werden.)
9. *Und wenn ihr eine Meinung äußert, seid gerecht, selbst wenn es (in der Zeugenaussage in strittigen Fällen) gegen einen nahen Verwandten wäre,* (Die Meinung offen und vor jedermann zu sagen ist wichtig, Falschaussagen vor Gericht führen zu Ungerechtigkeit.)
10. *Und beachtet immer eure Verbundenheit mit Gott: dies hat Er euch geboten, auf dass ihr es bedenken möget.* (Das gegebene Wort und Verträge zu halten sowie die Gebote Gottes zu achten, sind die Werte, die Gott vorgeschrieben hat zu respektieren.)
    Und wisst, dass dies der Weg ist, der gerade zu Mir führt: folgt ihm also, und folgt nicht anderen Wegen, damit sie euch nicht von Seinem Weg abweichen lassen. All das hat Er euch aufgetragen, auf dass ihr euch Seiner bewusst bleiben möget.« (6, *al-An´am*, 151-153).

Je mehr die Menschen diese Gebote und Verbote achten, desto sicherer folgen sie dem »geraden Weg«; je mehr sie sich von diesen Grundwerten entfernen, desto mehr weichen sie von dem Weg ab, der zu Gott führt. Deswegen wiederholt der betende Muslim bei jedem Gebetsabschnitt dieses Bittgebet: *»Führe uns den geraden Weg …«*, um nach dem Gebet diesen Werten gemäß zu leben. Um vom »geraden Weg« nicht abzuweichen, fügt der Betende weitere Teile des Bittgebets hinzu: *»den Weg derer, denen Du gnädig bist, nicht derer, über die gezürnt wird, noch derer, welche irregehen!«* Alle, die die oben genannten Werte des »geraden Wegs« nicht bejahen, die die Gebote und Verbote Gottes nicht beachten, können Gottes Zorn erregen, können irregehen und somit vom geraden Weg abweichen, und zwar unabhängig von ihrer religiösen Zugehörigkeit. Welche sind nun die Gebote und Verbote Gottes im Einzelnen?

GEBOTE UND VERBOTE – ZWISCHEN GOTT UND MENSCHEN UNTEREINANDER

1. Nur Gott hat die Kompetenz, Dinge für »*haram*« zu erklären

Der Koran bietet, ähnlich wie die Torah, der Gesellschaft nicht nur spirituelle Impulse, sondern auch konkrete Normen und Verhaltensregeln. Alle Offenbarungen haben solche Normen, die wir in zwei Kategorien einteilen können: Gebote und Verbote. Gott hat den verschiedenen Gemeinschaften, aus denen die Menschheit besteht, verschiedene Gesetze *(schir'ah)* und Lebensweisen *(manhadsch)* (5/*al-Maida,* 48), bzw. Verhaltenscodizes bestimmt. Sie umfassen Gebote zu dem, was den Menschen Gutes bringt, sowie die Verbote zu dem, was den Individuen und Gesellschaften schaden könnte. Das wird als »*haram*« bezeichnet. Dieses arabische Adjektiv bezeichnet etwas, das dem Islam gemäß unantastbar, unverletzlich und heilig bzw. verflucht und verboten ist. Das Leben von Menschen ist heilig und unverletzlich »*haram*«, und aus diesem Grund, ist es ebenso »*haram*«, verboten, sich das Leben zu nehmen. Kurzum: *haram* steht für alles, womit man sich selbst und dem anderen einen Schaden zufügt.

Für manche Verstöße krimineller Art, wie Angriff auf fremdes Eigentum, auf die Würde eines anderen Menschen, oder für Untaten, die die Rechte anderer verletzen, sowie für die Gefährdung der Gesundheit und Sicherheit der Gesellschaft bestimmt Gott auch die Strafe für die Täter. Die Verhängung der Strafen steht aber in der Zuständigkeit der Gerichtsorgane des Staates und nicht von Einzelpersonen. »Alle Vorschriften und Pflichten dienen vor allem der Entwicklung der Persönlichkeit als Individuum, aber auch der kollektiven Gesellschaft. Der Koran hat zu diesem Zweck verschiedene notwendige Maßnahmen vorgesehen, um die von Gott gegebene Ordnung zu gewährleisten. Unter diesen Maßnahmen befinden sich auch die Strafen, jedoch nicht als erste Wahl, sondern als letztes Mittel.«[1] Ist der Schaden materieller bzw. körperlicher Art, soll die Vergeltung *(qisas)* als Konsequenz entsprechend ausfallen: *»Und wer dennoch willentlich die Grenzen dessen überschreitet, was recht ist, dem steht schmerzliches Leid bevor: denn in (dem Gesetz von) der gerechten Vergeltung, o ihr, die ihr mit Einsicht versehen seid, ist Leben für euch, auf dass ihr euch Gottes bewusst bleiben möget!«* (2/*al-Baqara,* 179). D.h. »es gibt einen Schutz für euch, als eine Gemeinschaft, so dass ihr fähig sein möget, in Sicherheit und Freiheit zu leben, so wie Gott will, dass ihr lebt.« Also ist das Ziel von *qisas* der Schutz der Gesellschaft und nicht etwa »Rache«.[2]

Deswegen bezeichnet Gott die Strafen, die er für diese Welt in der Zeit der Offenbarung vorgeschlagen hat, als *»Leben für euch«* (2/*al-Baqara,* 179), denn sie bieten einen Schutz für die Menschen, damit sie in Sicherheit leben. Wie geurteilt und wie die Strafen umgesetzt werden, überlässt Er Gesetzen, die den Menschen entsprechen, und ermahnt sie dabei, ihre Vernunft anzuwenden und ihre Erfahrung zu entwickeln. Dabei soll das Ziel Gottes die Perspektive bestimmen: Er will Diebstahl, Mord, Vandalismus, Unsicherheit, Ungerechtigkeit, Verleumdung, die Verbreitung von Krankheiten sowie gesellschaftlichen und moralischen Verfall verhindern. Die Menschen sollen sich nicht frei fühlen, Böses zu tun. Die Intention Gottes ist es, Recht, Ordnung und das Glück des Menschen zu sichern.

Wenn Menschen diesem Willen Gottes in den Gesetzen folgen, sollen sie aber nichtsdestotrotz die Gnade nicht aus den Augen verlieren: »*Darum (selbst wenn ihnen durch Verleumdung Unrecht geschehen ist) sollen jene von euch, die mit (Gottes) Gunst und Mühelosigkeit des Lebens begnadet wurden, nicht nachlässig werden, (den Irrenden unter) ihnen nahen Verwandten zu helfen und den Bedürftigen und jenen, die den Bereich des Übels um Gottes willen verlassen haben, sondern sie sollen verzeihen und nachsichtig sein. (Denn) wünscht ihr euch nicht, dass Gott euch eure Sünden vergeben sollte, angesichts dessen, dass Gott vielvergebend, ein Gnadenspender ist?*« (24/*an-Nur,* 22).

Schon auf der Gesetzesstele des Königs Hammurabi von Babylon etwa aus dem Jahr 1750 v. Chr. (*Codex Hammurabi*), werden z.B. die Hinrichtung oder das Handabhacken als Strafen für Vergehen vorgesehen.[3] Strafen, etwa für Diebstahl und für Mord, die von Menschen erlassen wurden und vor und noch während der Offenbarung des Korans üblich waren, werden im Koran nicht ignoriert, sondern aufgegriffen und diese Rechtstraditionen dann weiterentwickelt. Alle Gesetze, sowohl die himmlischen als auch die irdischen, hatten in der Geschichte der Menschheit Strafen für Diebstahl vorgeschrieben, weil Diebstahl ein Angriff auf das Recht der anderen darstellt. Nach dem Koran ist die Bestrafung von Raub und schwerer Kriminalität notwendig – allerdings ist die Methode der Bestrafung den kompetenten und befugten Staatsorganen zu überlassen. Die Intention Gottes ist nicht die Strafe an sich, sondern den Menschen den Raum zu schaffen, sich in Freiheit und Sicherheit zu bewegen.

Die Bestimmungen, die Gott im Verlauf der Offenbarung den unterschiedlichen Gemeinschaften hat zukommen lassen (vgl. 5/*al-Maida,* 48), tragen das Kolorit ihrer jeweiligen Zeit. So entstanden die »Gesetze« in der Torah, im Evangelium und im Koran. Niemand kann verlangen, dass der Wortlaut der Torah verändert werden soll, und so ist es auch mit dem Koran. Dennoch, so meine ich, kann das, was den Israeliten damals von Gott nahegelegt wurde, auf keinen Fall eins zu eins in unsere Zeit übertragen werden. Mit dem Bund, den Gott mit dem Propheten Muhammad geschlossen hat, ist es nicht anders.

Ich werde unten fünfzig Mahnungen, Warnungen und Verbote aus dem Koran auflisten. Diese Liste erscheint vielleicht lang. Gott sagt aber eindeutig, dass Er die Gebote und Verbote »ausführlich dargelegt hat« und Ihm allein die Kompetenz dafür zukommt: *»Eine Göttliche Schrift (ist dies) mit Botschaften, die in und durch sich selbst klargemacht worden sind und auch im einzelnen dargelegt worden sind«* (11/*Hud,* 1); *»Dies ist eine Offenbarung des Allerbarmers, des Barmherzigen, ein Buch, dessen Zeichen/Verse ausführlich dargelegt sind.«* (41/*Fussilat,* 3).

Daher steht es Gläubigen und auch Gelehrten nicht zu, etwas zu verbieten, was Gott nicht als »verboten« erklärt hat. Es gehört ausdrücklich zu den Verboten Gottes, in Seinem Namen etwas als »Verbot« zu erklären, was Gott im Grunde genommen erlaubt hat: *»O ihr, die ihr glaubt! Verbietet nicht die guten Dinge, die euch Gott erlaubt hat!«* (5/*al-Maida,* 87). Leider werden in muslimischen Werken einige Dinge als »verboten/*haram*« bezeichnet, über die Gott nicht gesprochen hat. So kursieren immer noch im Internet Texte und Aussagen mancher Prediger, denen es offenbar sehr leicht fällt, Dinge als *»haram«* abzustempeln, ohne dafür einen Nachweis aus dem Koran zu erbringen. Im Islam gilt das Prinzip, wonach im Grunde alles erlaubt ist,[4] solange es nicht verboten wird. So ist der Bereich dessen, was erlaubt ist, viel größer als der Bereich dessen, was verboten ist. Mit anderen Worten: Die Freiheit ist die Regel und das Verbot die Ausnahme. Niemand außer Gott hat die Autorität, Dinge für »*haram*/verboten« oder als »*halal*/erlaubt« zu erklären: »*Darum äußert keine Falschheiten, indem ihr eure Zungen (nach eigenem Gutdünken) bestimmen lasst: ›Dies ist erlaubt, und das ist verboten‹, und also eure eignen lügnerischen Erfindungen Gott zuschreibt: denn, siehe, diejenigen, die ihre eignen lügnerischen Erfindungen Gott zuschreiben, werden niemals einen glückseligen Zustand erlangen!*« (16/*an-Nahl*, 116).

Hier nun die Gebote und Verbote im Koran in der Reihenfolge der Suren, mit Ausnahme des ersten Gebots. Diese fünfzig Gebote und Verbote im Koran sind nachvollziehbar und charakterisieren ein ethisches Verhalten, wie es auch bei Nichtmuslimen Akzeptanz finden könnte.

2. Sünden, Fehlverhalten und Verbote im Koran

1. *Betet Gott allein an und schreibt auf keine Weise etwas anderem neben Ihm Göttlichkeit zu!* (z.B.: Sure 4: Vers 36).
2. *Lasst euch Meine Gebote und Verbote nicht für einen kleinen Preis abhandeln!* (2:41).
3. *Ihr sollt nicht euer Blut vergießen und euch nicht gegenseitig aus euren Häusern vertreiben!* (2:84).
4. *Zehrt nicht den Zins auf, doppelt und dreifach!* (2:130).
5. *Verkehrt nicht mit eurem Ehepartner während der Fastenzeit!* (2:187).
6. *Verzehrt nicht euer Vermögen untereinander auf unrechtmäßige Weise und bietet es nicht dem Richter (Mandatsträger) an!* (2:188).
7. *Begeht keine Aggression!* (2:190).
8. *Stürzt euch nicht mit eigenen Händen ins Verderben!* (2:195).

9. *Schließt keine Ehe mit Frauen bzw. mit Männern, die Gott etwas beigesellen, bis sie an einen Gott glauben!* (2:221).
10. *Haltet euch fern von Frauen während ihrer monatlichen Perioden, meidet Geschlechtsverkehr mit ihnen, bis sie gereinigt sind!* (2:222).
11. *Kein Zwang ist in der Religion!* (2:256).
12. *Heiratet nicht die Frauen, die euch nicht erlaubt sind* (wie Mutter, Tochter, Schwester, Tante ...)! (Siehe ausführlich: 4:22-25).
13. *Tötet euch nicht selbst!* (4:29).
14. *Sei nicht geizig!* (4:37).
15. *Sagt nicht zu jemandem, der euch den Friedensgruß entbietet: »Du bist kein Gläubiger«!* (4:94).
16. *Sei kein Anwalt für Verräter! Streite nicht zugunsten derer, die sich selbst betrügen!* (4:105 und 107).
17. *Helft einander nicht bei der Förderung von Übel und Feindschaft!* (5:2).
18. *Verboten ist euch Aas und Blut und das Fleisch vom Schwein und das, worüber irgendein anderer Name als der Gottes angerufen worden ist, und das Tier, das erstickt worden ist oder zu Tode geschlagen oder getötet durch einen Sturz oder durch Hörnerstoß oder von einem Raubtier gerissen, außer dem, was ihr selbst geschlachtet habt, während es noch lebte.* (5:3).
19. *Nehmt nicht solche als eure Freunde, die mit ihrer Religion nur Spott und Scherz treiben!* (5:57).
20. *Berauschende Getränke/Konsum und Glücksspiele sind abscheuliches Übel. Meidet das!* (5:90).
21. *Schmäht nicht jene (was anderen Leuten heilig ist), die sie anstelle Gottes anrufen, damit sie nicht Gott schmähen aus Gehässigkeit und in Unwissenheit!* (6:108).
22. *Naht euch nicht dem Schändlichen, weder dem, was davon offen zutage liegt, noch dem, was verborgen ist!* (6:151).

23. *Haltet Maß und Waage ein, und betrügt die Menschen nicht um ihre Sachen!* (7:85).
24. *Handelt nicht ruchlos auf Erden durch Verbreitung von Verderbnis!* (11:85).
25. *Keiner von euch soll sich auf anmaßende Weise benehmen!* (11:112).
26. *Lehnt euch nicht an die Frevler, die Unrecht tun, an!* (11:113).
27. *Begeht keine Gewalttat!* (16:90).
28. *Gebraucht nicht eure Eide als ein Mittel, einander zu betrügen!* (16:94).
29. *Behaupte lügnerisch im Namen Gottes nicht!* (16:116).
30. *Tue deinen Eltern Gutes und sag niemals zu ihnen verachtende Worte!* (17:23).
31. *Verschwende dein Vermögen nicht sinnlos!* (17:26).
32. *Tötet nicht eure Kinder aus Furcht vor Armut!* (17:31).
33. *Begeht nicht Unzucht/Ehebruch!* (17:32).
34. *Nehmt keinem Menschen das Leben – (das Leben) das Gott heilig zu sein gewollt hat!* (17:33).
35. *Rührt nicht das Vermögen eines Waisenkindes an!* (17:34).
36. *Behaupte/Befasse dich nie mit etwas, wovon du kein Wissen hast: Dein Gehör und Augenlicht und Herz werden dafür am Gerichtstag zur Rechenschaft gezogen werden!* (17:36).
37. *Meidet jedes Wort, das unwahr ist!* (22:30).
38. *Beschuldige ehrbare Frauen nicht!* (24:23).
39. *Betretet nicht andere Häuser außer eure eigenen, es sei denn, ihr habt Erlaubnis erhalten und ihre Bewohner gegrüßt!* (24:27).
40. *Nötigt eure Mägde nicht zur Prostitution!* (24:33).
41. *Lege kein falsches Zeugnis ab!* (25:72).
42. *Stifte kein Verderben auf dem Land und im Meer!* (30:41).
43. *Schaue nicht verächtlich auf die Menschen! Und wandle nicht auf Erden voller Übermut!* (31:18).

44. *Verbreite über andere keine unsicheren Nachrichten ohne Beweise!* (49:6).
45. *Keine Person soll andere Personen verspotten! Ihr sollt einander nicht verleumden, noch einander beleidigen durch schimpfliche Beinamen!* (49:11).
46. *Vermeidet Argwohn, Vermutungen und Nachrede übereinander! Spioniert nicht!* (49:12).
47. *Wenn ihr geheime Unterredungen führt, verschwört euch nicht miteinander zu sündhaftem Tun und feindseligem Verhalten!* (58:9).
48. *Meide Unreinheit!* (74:5).
49. *Die Waise bedrücke nicht, und den, der deine Hilfe sucht, schelte nicht!* (93:9-10).
50. *Wehe jedem Verleumder, der versucht, Fehler anderer aufzudecken!* (104:1).

Dies ist eine »Liste der an den Menschen gerichteten Gebote/Verbote Gottes, bei denen unumstritten ist, dass sie von grundlegender Natur und moralischem Inhalt sind«.[5] Diese fünfzig Grundsätze dienen ebenso wie andere Vorschriften und Rituale, wie täglich beten, einen Monat (Ramadan) im Jahr fasten, regelmäßig spenden, einmal im Leben pilgern, und unzählige ethische Verhaltensregeln, zusammen mit der ganzen Lehre des Islam, im Grunde dazu, vor allem eine gesunde, konstruktive und humane Persönlichkeit zu bilden und die Bedingungen zur Verwirklichung des Glücks und des Wohls in diesem vergänglichen Leben zu sichern. Als Belohnung für ein solches konstruktives irdisches Leben gibt es ewige Glückseligkeit im Jenseits.

2. Zwei Arten von Sünden: die Gott und die den Menschen gegenüber

Die Übertretung von Verboten, die Sünden, werden in zwei Kategorien unterteilt: Vergehen gegen Gott und Vergehen gegen Menschen. Dazu kommt eine weitere Kategorisierung: die Unterscheidung zwischen großen *(kebair)* und kleinen *(sagair)* Sünden, wobei die Meinungen der muslimischen Gelehrten über diese Klassifizierung auseinandergehen. Mich hat die Definition von Imam Sufyan ath-Thawri (gest. 778) begeistert, der sagte: »Große Sünden sind Missetaten, die du gegenüber Menschen begehst, kleine Sünden sind das, was zwischen dir und Gott ist.«[6] Die Sünden Gott gegenüber sind im Vergleich zu den Sünden Menschen gegenüber geringer, denn derjenige, der gegenüber anderen verbales und nonverbales Unrecht tut, muss das mit ihm und nicht mit Gott schon im Diesseits bereinigen.

Bei Gott gegenüber begangenen Sünden, wie bewusste Missachtung der Vorschriften und Gebote Gottes, bleiben die Konsequenzen in der Hand Gottes. Er kann vergeben oder doch bestrafen: *»Nun, welches Unheil auch immer euch (am Gerichtstag) treffen mag, es wird ein Ergebnis dessen sein, was eure eigenen Hände gewirkt haben, obwohl Er viel verzeiht.«* (42/*asch-Schura,* 30). Die Verzeihung und Vergebung Gottes wiegen immer schwerer als Sein Zorn und Seine Strafe. Und doch ist der Gläubige gut beraten, diesen Satz des Propheten zu beherzigen: *»Klug ist, wer seine Seele kontrolliert und für das Leben nach dem Tod arbeitet. Naiv ist, wer seine Seele seinen Gelüsten überlässt und trotzdem von Gott Erlösung erhofft.«*[7]

Verbote, Sünden und Versuchungen sind Prüfungen für die Menschen. Sünden können einen Menschen, der bereut, umkehrt und sich bessert, zu einer stärkeren, konstruktiveren und engagierteren Persönlichkeit wachsen lassen. Deswegen legt Gott in Zusammenhang mit Sünden in mehreren Versen den Akzent auf zwei Dinge: »Umkehr/*tawba*«, die eine spirituelle Dimension hat und ausschließlich zwischen den Menschen und Gott, direkt und ohne Vermittler, stattfindet, und »Besserung/*islah*«, die eine gesellschaftliche Dimension hat, und bei der es darum geht, dass der Sünder einen konstruktiven Beitrag für die Gesellschaft bzw. den von seiner Tat betroffenen Menschen gegenüber leistet: *»... es sei denn denen, die danach umkehren und sich bessern. Siehe, dann ist Gott bereit zu vergeben, barmherzig.«* (3/*Al 'Imran,* 89). Gegen jemanden zu sündigen und nicht zu versuchen, die Tat wiedergutzumachen, bedeutet, auf seinem Fehler zu beharren. Der Übeltäter, der versucht, seine Übeltat mit Gutem wiedergutzumachen, wird zweifach belohnt: *»Diese sind es, die eine zweifache Belohnung dafür erhalten werden, dass sie geduldig in Widrigkeit waren und Übel mit Gutem abgewehrt haben.«* (28/*al-Qasas,* 54).

Der Sünder soll seine Sünden sowohl Gott als auch den Menschen bekennen. Diese zwei Voraussetzungen: »Umkehr/*tawba*« und »Besserung/*islah*« muss sowohl Gott gegenüber als auch den Menschen gegenüber geschehen, um das Gewissen zu reinigen. Wenn jemand einen anderen beleidigt oder verletzt, dann soll er versuchen, eine ehrliche Entschuldigung und ein Bekenntnis abzugeben und um Vergebung zu bitten. Sich zu entschuldigen und um Vergebung zu bitten und danach etwas Besseres zu erreichen ist nicht ein Zeichen der Schwäche, sondern ein Zeichen der Stärke. Der Betroffene, der Opfer des Vergehens geworden ist, soll dieses Zeichen der Stärke des Täters noch bekräftigen, indem er die Entschuldigung annimmt: *»Darum (selbst wenn ihnen durch Verleumdung Unrecht geschehen ist,) sollen jene von euch, die mit Gottes Gunst und Mühelosigkeit des Lebens begnadet wurden, nicht nachlässig sein …, sondern sie sollen verzeihen und nachsichtig sein. Denn wünscht ihr euch nicht, dass Gott eure Sünden vergeben sollte, angesichts dessen, dass Gott vielvergebend, ein Gnadenspender ist?«* (24/*an-Nur,* 22).

Umkehr ist ein wichtiges Instrument für ein hoffnungsvolles und konstruktives Weiterleben. Ein guter Gläubiger zu sein heißt nicht, dass man einen fehlerfreien Status der Perfektion erreicht. Das ist keinem Menschen möglich und wird auch nicht erwartet. Ein sündiger Mensch aber, der umkehrt und sich bessert, ist besser als der hochmütige Mensch, der von sich behauptet und meint, besser als der Sünder zu sein. Ein guter Gläubiger zu sein bedeutet, mit all seinen Mängeln, Fehlern und Unterlassungen aufrichtig zu seinem Herrn zurückzukehren und davon überzeugt zu sein, dass die Vergebung, Barmherzigkeit und Gnade Gottes größer und stärker sind als seine eigenen Schwächen und Sünden.

ISLAMISCH BEGRÜNDETER ANTISEMITISMUS? – EINE NOTWENDIGE REFLEXION ÜBER DIE KORANVERSE ZU DEN JUDEN

1. Alles begann mit dem Wunsch nach einem dauerhaften Bündnis

Der Koran ist ein Buch, das die heiligen Schriften des Christentums und des Judentums in seine Botschaft eingebunden hat. Die Torah und das Evangelium werden in Sure 5/*al-Maida*, 48 als »bestätigend« und als »feststellend« für die Mission des Propheten Muhammad genannt. In derselben Sure würdigt der Koran die beiden Schriften als: »*Rechtleitung und Licht*«. (Für die Torah Vers 44 und für das Evangelium Vers 46). Diese beiden Attribute werden auch für den Koran selbst verwendet (5/*al-Maida*, 15-16) und das heißt: Die Torah, das Evangelium und der Koran stellen für die Menschen, die nach Rechtleitung und Orientierung suchen, »Licht« dar. In Vers 50 der Sure 3/*Al 'Imran* wird die Mission des Propheten Muhammad als Bestätigung der Torah bezeichnet: »*Ich bin gekommen, die Wahrheit dessen zu bestätigen, was immer von der Torah noch erhalten ist, und euch einige von den Dingen zu erlauben, die euch (vordem) verboten waren. Und ich bin zu euch gekommen mit meiner Botschaft von eurem Erhalter; bleibt euch denn Gottes bewusst und gebt acht auf mich.*« Dieser explizite Bezug auf die Torah ist vor dem Hintergrund der großen Zahl der Juden, die im Umfeld des Propheten Muhammad vor allem in Medina lebten, zu verstehen. Historisch ist nicht belegt, dass in Mekka, wo der Prophet Muhammad geboren wurde, aufwuchs und das Prophetentum erhielt, Juden gelebt haben.

Dass aber Juden dieses wichtigste Zentrum des Handels in Nordarabien wenigstens zeitweise aufsuchten, ist nicht zu bezweifeln. Muhammad hatte also Gelegenheit, sowohl in Mekka als auch auf seinen Handelsreisen nach Norden Juden zu begegnen.[1]

Der Koran lässt keinen Zweifel daran, dass die Mekkaner zum Judentum, bzw. zu jüdischen Gelehrten Beziehungen unterhielten. Als der Prophet Muhammad seine Prophetie dort verkündigte, erlebte er heftigen Widerspruch vonseiten des größten mekkanischen Stammes, Quraisch, mit der Begründung, dass als Prophet nicht ein Mensch, sondern ein Engel auftreten sollte. Der Prophet erwiderte, dass alle Propheten Gottes in der Menschheitsgeschichte Menschen waren und nicht Engel. Um die Götzendiener zu überzeugen, brauchte er dafür einen Beweis, eine Instanz, die seine Position bestätigte. In dieser Situation des Dilemmas wurde der folgende Vers offenbart: *»Und selbst vor deiner Zeit (o Muhammad,) sandten Wir niemals (Unsere Gesandten) irgendwelche außer Männer (Menschen), denen Wir eingaben: und wenn ihr dies (noch) nicht erkannt habt, fragt die Anhänger der (früheren) Offenbarung* (ahludh-dhikr).« (16/*an-Nahl,* 43). Dieser Vers wird in 21/*al-Anbiya,* 7 wiederholt. Die Koranexegeten *(mufassirun)* verweisen darauf, dass mit dem Begriff *»ahludh-dhikr«* in diesen beiden Versen die Juden und Christen gemeint sind. Einige unter ihnen sind der Ansicht, dass damit sogar explizit die »Anhänger der Torah« gemeint seien.[2] Wir sehen hier also, wie der Koran auf jüdische Gelehrte als Referenz verweist.

Der Koran nimmt Christen und Juden zu Zeugen gegen diejenigen Götzendiener, die bezweifeln, dass die Offenbarung des Korans an Muhammad ergangen ist, und betrachtet sie als diejenigen, die sie wissen bzw. verstehen müssten, dass der Koran wahrhaft ein Wort Gottes ist (6/*al-Anam,* 114). Und nicht im Gegenüber zu Götzendienern werden Juden und Christen als Zeugen für die Echtheit des Korans genannt. Gott wendet sich an alle Menschen, die an der Offenbarung des Korans und an Muhammad zweifeln, und empfiehlt ihnen, sich an Christen und Juden zu wenden, *»welche die vor deiner Zeit (offenbarte) göttliche Schrift lesen«* (10/*Yunus,* 94). Die Koranexegeten Ath-Tha´labi (gest. 1035) und Al-Baghawi (gest. 1122) vertraten die Meinung, dass auch hier explizit die Anhänger der Torah gemeint seien.[3] Vers 197 der Sure 26/*asch-Schuara* weist auf *»die Gelehrten der Israeliten« (´ulamu bani Israil)* hin, als eine Instanz, an die sich die Menschen wenden sollten, wenn sie nach dem Koran fragen, denn die Essenz der Offenbarung an Muhammad ist tatsächlich auch in den alten Büchern göttlicher Weisheit zu finden. Gott wendet sich an die arabischen Götzendiener: *»Habt ihr darüber nachgedacht (wie es euch ergehen wird), wenn dies wahrhaft (eine Offenbarung) von Gott ist und ihr dennoch ihre Wahrheit leugnet? – auch wenn ein Zeuge von den Kindern Israels schon Zeugnis gegeben hat von (der Ankunft von) einem wie er selbst und (an ihn) geglaubt hat, indessen ihr in eurem Hochmut schwelgt (und eine Botschaft verwerft)?«* (46/*al-Ahqaf,* 10). Die Kinder Israels werden hier wieder als Zeugen und Instanz für die Wahrheit der Prophetie Muhammads wahrgenommen. Dies ist ein weiterer Hinweis auf die Würdigung der jüdischen Quellen und die Anerkennung der Torah und Moses durch den Koran.

Der Koran berichtet, dass es in der Zeit seiner Offenbarung Christen, Juden und Anhänger anderer Glaubensbekenntnisse gab, die sich über die Verse des Korans freuten, und solche, die seine Gültigkeit teilweise leugneten (13/*ar-R´ad,* 36). So wie damals ist es auch heute der Fall, dass unter Christen und Juden Menschen sind, die an Inhalte des Korans glauben und sich von seiner universellen Botschaft eingeschlossen und angesprochen fühlen (28/*al-Qasas,* 52). Um mit Christen und Juden, die eine freundliche Gesinnung zu Muslimen haben, ein Bündnis zu begründen, verlangt der Koran von Muslimen, sich mit den Anhängern der Torah und des Evangeliums auf die »gütigste Weise« zu auszutauschen: »*Und streitet nicht mit den Anhängern früherer Offenbarung anders als auf die gütige Weise – außer es seien solche von ihnen, die auf Übeltun aus sind – und sagt: ›Wir glauben an das, was uns von droben erteilt worden ist, wie auch an das, was euch erteilt worden ist: denn unser Gott und euer Gott ist ein und derselbe, und Ihm ergeben wir (alle) uns.‹*« (29/*al-Ankabut,* 46). Dieser Vers steht in einer der letzten in Mekka offenbarten Suren, wurde also kurz vor der Auswanderung der Muslime nach Mekka herabgesandt. Es erscheint mir dies als ein von Gott mitgegebenes Prinzip, das die Muslime nach Medina (und darüber hinaus) mitnehmen sollen, ein Verhaltenskodex im Umgang mit ihren christlichen und jüdischen Mitbürgern, wo immer sie auch mit diesen zusammenleben mögen.

Nach dem bisher Gesagten können wir festhalten, dass der Koran eine moderate und einladende Rhetorik gegenüber den Anhängern der früheren Schriften und insbesondere gegenüber Israeliten verwendet. Der Prophet erkennt in Christen und Juden Bündnispartner gegenüber leugnenden Götzendienern in Mekka an und nimmt sie als Zeugen für seine Botschaft.[4] Die Juden und ihre Gelehrten waren für den Propheten Muhammad in Mekka, wie der türkische Theologe Mustafa Öztürk es bezeichnet, »strategische Verbündete«.[5] Das liegt nahe, stand doch in Mekka das »Haus Gottes«, die Kaaba, die von Abraham erbaut wurde und sichtbares Zeichen für den einen Gott des Monotheismus war, um Menschen vom Irrtum der Vielgötterei abzubringen. Hierher brachte Muhammad die Botschaft von dem Einen Gott, und hier bildeten die beiden Gemeinschaften der Juden und der Christen mit den Muslimen eine breite gemeinsame Front. Doch die Zahl der Christen und Juden in Mekka war zu gering, um der Feindschaft der Götzendiener vom Stamm der Quraisch dauerhaft entgegenwirken zu können. Nach 13 Jahren unermüdlicher Bemühung des Propheten Muhammad und seiner Wegbegleiter, die Mekkaner vor der Wahrheit der Einheit Gottes zu überzeugen, und nach einer Zeit, in der sie viel Leid, Ausgrenzung, Unterdrückung bis hin zum Mord erleiden mussten, entschied sich der Prophet, zusammen mit seiner Gemeinde von Mekka nach Jathrib (Medina) auszuwandern, wo viele Juden lebten.

2. Religiöse, politische und soziale Spannungen mit den Juden in Medina

Zur Auswanderung Muhammad nach Medina sagt die *Encyclopaedia Judaica* Folgendes: »Sicherlich hat die Anwesenheit jüdischer Stämme in Jathrib ihn in seinem Entschluss bekräftigt, dorthin auszuwandern; da er überzeugt war, dass seine Lehre im Wesentlichen mit dem Inhalt der früheren Offenbarungen übereinstimme, hegte er die Hoffnung, die Juden für sich zu gewinnen.«[6] Doch diese Hoffnung wurde zerschlagen.

Die Unterscheidung zwischen den »Kindern Israels« und den »Juden«

Bevor ich auf das Verhältnis zwischen Juden und Muslimen in Medina eingehe, das aufgrund der politisch-sozialen Entwicklungen dort zu einer Verhärtung der Rhetorik des Korans führte, möchte ich zunächst auf eine Beobachtung hinweisen. Der Koran kennt für die Anhänger der

Torah zweierlei Bezeichnungen: »*Banu Isra'il* – Die Kinder Israels (bzw. Jakobs)« und »*Hadu/Hudna/Hud//Yehud* – Juden«. Bemerkenswert ist, dass der Name »*Banu Isra'il*/ Kinder Israels« sowohl in mekkanischen als auch in medinensischen Suren vorkommt (41-mal), hingegen der Name »*Hadu/Hudna/Hud//Yehud:* Juden« ausschließlich in medinensischen Suren (22-mal). Es scheint hier ein Unterschied gemacht zu werden: Der Koran nimmt Bezug auf »Die Kinder Israels«, lobt alle Propheten, die von Israel/ Jakob und vom Urvater Abraham/Ibrahim abstammen. Nach der Erwähnung der Geschichte einiger Propheten wie Zacharias, Johannes, Jesus, Abraham, Isaak, Jakob, Moses, Aaron, Ismael, Idris/Henoch, sagt Gott in der Sure *Maryam/Maria* Folgendes: »*Diese waren einige der Propheten, denen Gott Seine Segnungen erteilt – (Propheten) des Samens von Adam und von jenen, die Wir mit Noah (in der Arche) getragen werden ließen, und des Samens von Abraham und Israel: und (sie alle waren) unter jenen, die Wir rechtgeleitet und erwählt hatten; (und) wann immer ihnen die Botschaften des Allergnädigsten übermittelt wurden, fielen sie (vor Ihm) nieder, sich niederwerfend und weinend.*« (19/*Maryam,* 58). In den Fußstapfen dieser Propheten kam der letzte Prophet Muhammad, der von Abrahams erstgeborenem Sohn Ismael abstammt, um ein für alle Mal die gemeinsame Lehre aller dieser Propheten zu bestätigen, zu wiederholen und Fehlentwicklungen im Gottesverständnis zu korrigieren, die die Menschen, Laien wie auch Würdenträger, seit der Zeit dieser Propheten eingeführt hatten. An der Verbundenheit des Propheten Muhammad mit Abraham/Ibrahim und Israel (Jakob) und ihrer Nachkommenschaft lässt der Koran dabei aber keinen Zweifel. Sie ist so stark, dass der Koran immer wieder ihre enge Zusammengehörigkeit betont. Daher der wiederholte Satz: »*Wir (Muslime) machen keinen Unterschied zwischen irgendeinem von ihnen.*«[7] Oder auch: *»Sagt: ›Wir glauben an Gott und an das, was uns von droben erteilt worden ist, und das, was Abraham und Ismael und Isaak und Jakob (Israel) und ihren Nachkommen erteilt worden ist, und das, was Moses und Jesus gewährt worden ist, und das, was allen (anderen) Propheten von ihrem Erhalter gewährt worden ist: Wir machen keinen Unterschied zwischen irgendeinem von ihnen. Und Ihm ergeben wir uns.‹«* (2/*al-Baqara,* 136).

Der Koran berichtet verschiedene Einzelheiten aus der Geschichte der »Kinder Israels«, sowohl im Hinblick auf deren Propheten, mit denen der Prophet Muhammad sich verbunden fühlt und mit deren Lehren er übereinstimmt, als auch im Hinblick auf die Zeitgenossen dieser Propheten und die Ereignisse, die in dieser Periode stattgefunden haben. Dabei tritt der Koran als »Erklärer« und Deuter auf: *»Siehe, dieser Koran erklärt den Kindern Israels das meiste (dessen), worüber sie unterschiedliche Ansichten haben; und wahrlich, er ist eine Rechtleitung und eine Gnade für alle, die (daran) glauben.«* (27/*an-Naml,* 76-77). Diese Bezüge, die es in über 40 Stellen im Koran gibt, enthalten rein geschichtliche Informationen ebenso wie Weisheiten, über die der Koran zum Nachdenken anregen möchte. Eine Konfrontation mit Juden, als natürliche Nachfolger der »Kinder Israels«, ist hier nicht zu spüren. Ganz im Gegenteil: Der Koran wiederholt zwei Mal, dass Gott sie *»über alle anderen Leute begünstigt hat«* (2/*al-Baqara,* 47 und 122), und erinnert die Menschheit an das Vermächtnis von Israel/Jakob an seine Kinder, als er auf dem Sterbebett lag: *»Und ebendies vermachte Abraham seinen Kindern, und (ebenso) Jakob: ›O meine Kinder! Seht, Gott hat euch den reinsten Glauben gewährt: so erlaubt nicht dem Tod, euch zu ereilen, ehe ihr euch Ihm ergeben habt (muslimun).‹ Nein, aber ihr (selbst, o Kinder Israels,) gebt Zeugnis, dass, als der Tod Jakob nahte,* *er zu seinen Söhnen sagte: ›Wen werdet ihr anbeten, nachdem ich gegangen bin?‹ Sie antworteten: ›Wir werden deinen Gott anbeten, den Gott deiner Vorväter Abraham und Ismael und Isaak, den einen Gott: und Ihm werden wir uns ergeben (muslimun).‹«* (2/*al-Baqara,* 133)

Der Prophet Muhammad wurde gesandt, um das Gottesverständnis dieser Propheten zu bestätigen und neu zu etablieren. Daher ist und bleibt die Lehre des Muhammad untrennbar verbunden mit der Lehre von Abraham hin zu Jakob/Yaaqub, von Moses/Musa über David/Dawud und Salomo/Suleiman zu Jesus/Isa, – *Friede sei mit allen,* wie die Muslime sagen, wenn diese und andere Propheten Gottes erwähnt werden. Und wenn er Kritik übt, tut er das nicht anders als andere Propheten, im Auftrag Gottes, um Fehlentwicklungen zu korrigieren und das, was Menschen im Namen Gottes behaupten, auf den richtigen Weg zu lenken.

Diese religiös-theologische Auseinandersetzung begann mit der Behauptung von Juden und auch von Christen, dass sie *»Gottes Kinder und Seine Lieblinge«* seien (5/*al-Maida,* 18) und somit Privilegien bei Gott hätten. Gott verlangt von Muhammad, als Antwort auf diese Behauptung Seine Botschaft zu übermitteln, dass bei Ihm kein Mensch Sein Kind in einem exklusiven Sinn sei und keine Gruppe darum Sonderrechte bei Gott genieße: *»Nein, ihr seid nur menschliche Wesen von Seinem Erschaffen. Er vergibt, wem Er will, und Er lässt leiden, wen Er will.«* (5/*al-Maida,* 18). Juden und Christen aber gingen einen Schritt weiter und behaupteten, dass sie allein, niemand sonst, ins Paradies eintreten würden: *»Und sie behaupten: ›Keiner wird jemals in das Paradies eingehen, er sei denn ein Jude oder ein Christ.‹ So sind ihre Wunschglaubensvorstellungen! Sag: ›Bringt einen Beweis hervor für das, was ihr behauptet, wenn, was ihr sagt, wahr ist!‹«* (2/*al-Baqara,* 111). Diese Behauptung mancher religiösen Menschen, die für sich Exklusivität beanspruchen und sich selbst im Himmel, aber andere in der Hölle sehen, lehnt der Koran ab. Gott, der Schöpfer und der Besitzer des Paradieses, hat allein die Entscheidungsgewalt, Menschen je nach ihrem Glauben an Gott und an Auferstehung und sowie nach dem Gewicht ihrer Taten zu belohnen. Nur Er kann vergeben oder bestrafen. Der Koran warnt Muslime, um den gleichen Fehler nicht zu machen, und gibt die Antwort, wer gerettet bzw. wer ins Paradies kommen wird: *»Ja, fürwahr: jeder, der sein ganzes Wesen Gott ergibt* (aslama) *und überdies Gutes tut, wird seinen Lohn bei seinem Erhalter haben; und alle solche brauchen keine Furcht zu haben, noch sollen sie bekümmert sein.«* (2/*al-Baqara*, 112).

Und ein weiterer Vers betont: *»Es mag nicht mit eurem Wunschdenken übereinstimmen – noch mit den Wunschdenken der Anhänger früherer Offenbarungen – (dass) dem, der Übel tut, dafür vergolten werden wird, und er keinen finden wird, ihn vor Gott zu schützen, und keinen, ihm Beistand zu leisten, wohingegen ein jeder – sei es Mann oder Frau –, der (was immer er kann) an guten Taten tut und überdies einer der Gläubigen ist, ins Paradies eingehen wird, und ihm wird nicht Unrecht geschehen um soviel wie die Rille eines Dattelkerns (füllen würde). Und wer könnte besseren Glaubens sein, als wer sein ganzes Wesen Gott ergibt und überdies einer ist, der Gutes tut und dem Glaubensbekenntnis Abrahams folgt, der sich abwandte von allem, was falsch ist – angesichts dessen, dass Gott Abraham mit Seiner Liebe erhöhte.«* (4/*an-Nisa*, 123-125). Das heißt, dass alle Anhänger der göttlichen Schriften durch das Vorbild Abrahams miteinander verbunden sind. Ein Vorbild, welches Moses, Jesus und Muhammad bzw. Juden, Christen und Muslime nicht trennt, sondern durch die unmittelbare Ergebenheit zu Gott eint. Auf diesem Hintergrund lehnt der Koran die

Vorstellung ab, das Paradies sei bestimmten Gruppen mit bestimmten Überzeugungen vorbehalten. Dies ist eine Anspielung sowohl auf die jüdische Vorstellung, dass sie »Gottes auserwähltes Volk« seien, als auch auf das christliche Dogma von der »stellvertretenden Sühne«, die allen Heil verspricht, die an Jesus als »Sohn Gottes« glauben.[8]

Der Koran berichtet von einer Diskussion zwischen Juden und Christen, die sich gegenseitig beschuldigten: *»Überdies versichern die Juden: ›Die Christen haben keine gültige Grundlage für ihre Glaubensvorstellungen‹, während die Christen behaupten: ›Die Juden haben keine gültige Grundlage für ihre Glaubensvorstellungen‹ – und beide zitieren die göttliche Schrift! Ebenso, wie das, was sie sagen, haben (immer) jene gesprochen, die bar des Wissens waren (Eine Anspielung auf alle, die behaupten, dass nur die Anhänger ihrer eigenen Konfession der Gnade Gottes im Jenseits teilhaftig werden): aber Gott ist es, der zwischen ihnen am Auferstehungstag richten wird hinsichtlich all dessen, worüber sie uneins zu sein pflegten.«* (2/*al-Baqara*, 113). Die religiös begründeten Differenzen zwischen den Anhängern der Torah, des Evangeliums und des Korans werden bis zum Jüngsten Tag bestehen bleiben. Deswegen betont Gott im Koran immer wieder, dass Er, als Herr aller Weltbewohner, allein die Autorität sei, zwischen den unterschiedlichen Auffassungen der Menschen zu richten.

Bis hierher erscheint das unproblematisch. Mit der Torah und den Propheten der Israeliten, von Jakob bis Moses, können der Koran, der Prophet Muhammad, der Islam und die Muslime keinerlei Problem haben. Wo liegen dann die Wurzeln des Problems? Gibt es überhaupt ein Problem zwischen Juden und Muslimen, und wenn ja, wie ist es zu verstehen und zu lösen?

Um auf diese Frage eine Antwort zu geben, müssen wir den Kontext der Verse im Koran verstehen, die in Medina offenbart wurden und das Verhältnis zwischen Juden und Muslimen thematisieren. Die Konfrontation des Propheten Muhammad bzw. des Korans mit den Juden beginnt in der Auseinandersetzung mit einigen jüdischen Stämmen in Medina. Diese Konfrontation hat einen soziologisch-politischen, keinen religiös-theologischen Charakter. Anders als in Mekka, wo die Zahl der Juden sehr gering war, lebten in Medina viele Juden in mehreren Stämmen und Siedlungen. Die bekanntesten jüdischen Stämme dort waren drei: Banu Qainuqa, Banu n-Nadir und Banu Quraiza. Auch in benachbarten Regionen, sowohl im Norden (Richtung Syrien) als auch im Süden und Osten (Richtung Jemen und Bahrain), lebten Juden.

Das Abkommen von Medina: Der Wunsch nach einer geordneten Zivilgesellschaft

Die stetige Zunahme der Muslime, die zu einem demografischen Wandel in der Stadt Medina führte, fand bei Teilen der nichtmuslimischen Bevölkerung Ablehnung und führte zu Unzufriedenheit. Der berühmte arabische Literat al-Dschahiz (gest. 869) stellte fest, dass die Juden in Medina Seite an Seite mit Muslimen wohnten. Er kommentierte: Manchmal könne die Feindschaft zwischen Familienmitgliedern größer sein als zwischen Fremden, und so könne es auch zwischen Nachbarn sein. Menschen, die sich kannten und dasselbe Umfeld teilen, entdeckten die Fehler und Defizite des anderen eher, als das unter einander fremden Menschen der Fall sei Nähe stärkt die Liebe und die Freundschaft in gleichem Maß, wie sie auch den Hass vergrößern kann. Deswegen waren die Kriege, die zwischen benachbarten und verwandten Stämmen in Arabien geführt wurden, oft heftiger und härter als die zwischen einander fremden Stämmen.[9]

Um also Konflikte zwischen den verschiedenen Stämmen und zwischen benachbarten Juden und Muslimen zu verhindern, um die Gesellschaft zusammenzuhalten, die sich aus Einheimischen und neu dazugekommenen Migranten, aus Götzendienern, Juden und Muslimen zusammensetzte, ergriff der Prophet Muhammad eine Initiative. Dabei verfolgte er eine Doppelstrategie: Einerseits wollte er die Brüderlichkeit zwischen mekkanischen und medinensischen Muslimen absichern und anderseits Brüderlichkeit und Bürgerlichkeit zwischen Juden und Muslimen etablieren. Dafür verfasste er einen Vertrag, der in der Geschichte als »Abkommen oder Vertrag von Medina« bekannt geworden ist. Der deutsche evangelische Theologe und Orientalist Julius Wellhausen (gest. 1918) und der muslimische Theologe Muhammad Hamidullah (gest. 2002) haben diesen Vertrag jeweils analysiert und kommentiert. Das Abkommen, das von der muslimischen Seite angeregt und von den jüdischen Stämmen akzeptiert wurde, sieht u.a. vor, dass Juden und Muslime miteinander eine gemeinsame Gemeinschaft *(umma)* bilden, dass beide in der Ausübung ihrer religiösen Praxis unabhängig, autonom und frei sein sollen, und dass sie verpflichtet sind, die Stadt Medina und ihre Bürger/Bewohner vor Angriffen, die von außerhalb kommen könnten, gemeinsam zu verteidigen, wobei sie darauf verzichten sollen, sich wechselseitig anzugreifen oder anzufeinden.[10]

Jerusalem oder Mekka? Auf das Wesentliche konzentrieren!

Nach der Unterzeichnung dieses Abkommens konzentrierte sich der Prophet darauf, seine Gemeinde religiös zu erziehen, moralisch aufzubauen und sozial zu stärken. Der erste bedeutende Schritt dazu war, einen Gebets- und Versammlungsort einzurichten, also eine Moschee. Dabei kam die Frage auf, in welche Richtung die Muslime beten sollten: in Richtung Jerusalem oder in Richtung Mekka. Vor seiner Berufung zum Prophetentum und während der frühen mekkanischen Zeit pflegte der Prophet sich beim Gebet zur Kaaba hinzuwenden, auch wenn die Kaaba mit verschiedenen Götzen ausgestattet war. Dennoch sah er in der Ka'aba den ersten und ältesten, jemals dem *einen* Gott geweihten Tempel. Da sich der Prophet auch der Heiligkeit Jerusalems bewusst war – dem anderen Zentrum des monotheistischen Glaubens –, betete er in der Regel vor der südlichen Außenmauer der Kaaba gen Norden, so dass er sowohl der Kaaba als auch Jerusalem zugewandt war. Nach dem Auszug nach Medina fuhr er fort, gen Norden zu beten, in Richtung Jerusalem als seiner einzigen *qibla* (Gebetsrichtung). Nach einigen Monaten erhielt er jedoch eine Offenbarung, welche die Kaaba endgültig zur *qibla* der Anhänger des Korans bestimmte. Die neuen Verse, welche die Gebetsrichtung in Richtung Mekka thematisieren (2/ *al-Baqara,* 142-150,) deuten an, dass dieses Thema zwischen »Anhängern der heiligen Schriften« und Muslimen kontrovers diskutiert wurde, auch wenn in diesen Versen Juden nicht explizit erwähnt werden. Diese Abwendung von Jerusalem hin nach Mekka missfiel offensichtlich den Juden von Medina, die bis dahin eine gewisse Befriedigung dabei empfunden haben könnten, wenn sie die Muslime in Richtung ihrer heiligen Stadt beten sahen.[11]

Der Wunsch Gottes und seines Propheten Muhammad, dass sich die Muslime beim Beten in Richtung Kaaba ausrichten sollten, hatte aber mit Opposition gegen Juden nichts zu tun, sondern vielmehr mit dem Wunsch, sich demonstrativ mit dem Urvater des Monotheismus, Abraham/Ibrahim, zu identifizieren, der nach der islamischen Tradition zusammen mit seinem Sohn Ismael die Kaaba erbaut hatte: *»Siehe, der erste Tempel, der jemals für die Menschheit errichtet worden ist, war fürwahr der in B(M)ekka: reich an Segen und eine Quelle der Rechtleitung für alle Welten, voller klarer Botschaften«* (2/*Al 'Imran* 96).

In Zusammenhang mit der Frage nach der Gebetsrichtung betont Gott Seine unbegrenzte und unbeschränkte Anwesenheit, die eben nicht von einem bestimmten Ort abhängig ist: *»Gottes ist der Osten und der Westen: und wohin immer ihr euch wendet, dort ist Gottes Antlitz. Siehe, Gott ist unendlich, allwissend«* (27/*al-Baqara*, 115). Letztlich besteht wahre Frömmigkeit nicht darin, dass die Menschen ihre Gesichter in die eine oder andere Richtung wenden, sondern der Sinn des Glaubens liegt in seinen Inhalten und darin, nützliche Werke für die Menschheit zu verrichten. Der Koran betont: *»Wahre Frömmigkeit besteht nicht darin, dass ihr eure Gesichter nach Osten oder Westen wendet – sondern wahrhaft fromm ist, wer an Gott glaubt und an den Letzten Tag und an die Engel und an die Offenbarung und an die Propheten; und sein Vermögen ausgibt – wie sehr er selbst es auch wertschätzen mag – für seine nahen Verwandten und die Waisen* (für alleinerziehende Mütter) *und die Bedürftigen* (für karitative und humanitäre Projekte) *und den Reisenden* (Geflüchtete/Vertriebene) *und die Bettler* (Obdachlose) *und für das Befreien von Menschen aus Knechtschaft* (Unterdrückte/Gefangene); *und beständig das Gebet verrichtet und die reinigenden Abgaben entrichtet; und wahrhaft fromm sind diejenigen, die ihre Versprechen halten, wann immer sie etwas versprechen und geduldig im Missgeschick sind und in Härte und in Zeiten der Gefahr* (Not und Krisensituationen); *es sind sie, die sich als wahrhaftig erwiesen haben, und es sind sie, sie, die sich Gottes bewusst sind.«* (2/*al-Baqara*, 177).

Die Verse, die die Kaaba als Gebetsrichtung zum Thema machen (2/*al-Baqara*, 142-150), sind zwischen diesen zwei soeben genannten Versen platziert, in denen Gott über Seine unendliche, unbeschränkte Allgegenwart spricht wie auch über die wahre Frömmigkeit. Damit sendet Gott eine Botschaft an Juden und Muslime und an alle anderen, sich auf das Wesentliche zu fokussieren und nicht über Gebetsrichtungen zu streiten.

Bruch der Vereinbarung, öffentliche Hetze gegen Muslime und Blutvergießen

Die »Verfassung von Medina« galt als verbindliches Abkommen, auf das alle Bürger/Bewohner Anspruch hatten und verpflichtet waren. Doch es kam zum Bruch der Vereinbarung. Den muslimischen Historikern zufolge schlossen einige jüdische Stämme mit Stämmen der Götzendiener in Mekka geheime Bündnisse, um in der muslimischen Gemeinschaft in Medina Unruhe zu stiften. Zu diesem *»Teil der Juden«* (2/*al-Baqar*a, 100), wie der Koran ausdrücklich differenziert formuliert, gehörte der berühmte jüdische Dichter Ka´b bin Aschraf (gest. 624) vom Stamm Banu n-Nadir, der mit seinen Versen gegen Muhammad und die Muslime in der Öffentlichkeit hetzte. In seinem Stamm genoss er hohes Ansehen und galt als einer seiner Anführer.[12] Im Hintergrund dieser Entwicklungen, die zur Verschärfung der Spannungen führten, stand auch die Sorge dieser Stämme vor wirtschaftlichem Machtverlust, denn sie besaßen ein Monopol auf die Einnahmen aus den Marktgebühren in Medina.[13] Die Auseinandersetzung zwischen Ka´b und dem Propheten Muhammad entzündete sich an dessen Initiative, in Medina einen gebührenfreien Markt einzurichten, der den vorhandenen Markt im Stadtzentrum, dessen Gebühren an den jüdischen Stamm Banu Qainuqa gingen, ersetzen sollte. Zunächst wollte der Prophet auf einer freien und unbewohnten Fläche an der

Peripherie mit Zelten einen Markt der Muslime einrichten. Daraufhin sei Ka´b in ein Zelt eingedrungen, habe dessen Seile zertrennt und die Arbeit sabotiert,[14] woraufhin Muhammad den Markt an einer anderen Stelle errichtete und ankündigte, die Marktgebühren dort aufzuheben.[15]

Noch herrschte aber in Medina zwischen Juden und Muslimen weiterhin ein relativ stabiler Frieden, als die Götzendiener der Quraisch, des herrschenden jüdischen Stammes in Mekka, auf Medina zumarschierten, um Muhammad und seine Gemeinschaft zu verfolgen. So kam es zur ersten Schlacht zwischen Muslimen und Quraisch in der Provinz Badr, ca. 130 km südwestlich von Medina. Nach der Nachricht vom Sieg der Muslime zog Ka´b, zusammen mit einer Gruppe von Gefährten, sichtlich erschüttert nach Mekka, um dort die geschlagenen Quraisch mit Kampfliedern zum weiteren Kampf gegen Muhammad und seine Anhänger aufzuhetzen und ihre Niederlage zu rächen.[16] Abu Sufyan, einer der Stammesführer der Quraisch, fragte ihn: »Ihr seid das Volk mit dem ersten Buch (der ältesten Offenbarung, der Torah) und habt Wissen über unseren Streit mit Muhammad. Ist unsere Religion besser oder seine?« »Eure Religion ist besser als seine Religion«,[17] antwortete Ka´b, obwohl er genau wusste, dass die Quraisch Götzendiener waren, die gegen die Prinzipien der Juden, Christen und Muslime handelten. Er, eigentlich ein Anhänger der heiligen Schrift und den Muslimen in einem bindenden Abkommen verpflichtet, agitierte gegen dieses Abkommen, kooperierte mit den Götzendienern und bestätigte sogar ihre Vielgötterei im Widerspruch zu seinem eigenen monotheistischen Gottesverständnis. Auf diesen Verrat des Ka´b reagiert dieser Koranvers: *»Bist du nicht jener gewahr, die, nachdem ihnen ihr Anteil der göttlichen Schrift gewährt worden war, (nun) an grundlose Mysterien und an die Mächte* *des Übels glauben und behaupten, dass jene, die darauf aus sind, die Wahrheit zu leugnen, sicherer geleitet sind als jene, die Glauben erlangt haben?«* (4/*an-Nisa*, 51).

Nachdem Ka´b nach Medina zurückgekehrt war, verschärfte er seinen Ton gegen die muslimische Gemeinde, indem er mit seinen Versen verheiratete muslimische Frauen beleidigte.[18] In einem weiteren Gedicht soll er unter anderem die Bewohner von Medina aufgefordert haben, Muhammad und Muslime zu töten und sie aus Medina zu vertreiben.[19] Diese öffentlich feindselige Haltung Ka´bs gegenüber dem Islam, wie auch seine Kooperation mit den Quraisch, waren drastische Verstöße gegen das vereinbarte Abkommen. Dieser Verrat und diese Provokation heizten die Situation dermaßen auf, dass drei Gefährten des Propheten Muhammad den Plan fassten, Ka´b zu töten und diesen Plan auch umsetzten. Einer muslimischen Quelle ist zu entnehmen, dass der Prophet von dem Mordplan an Ka´b wusste.[20] Die Frage ist, was der tatsächliche Grund dafür war, ihn zu töten: der Verrat am Abkommen von Medina, der einem Landesverrat gleichkam, oder die Beleidigung des Propheten? Die meisten Überlieferungen begründen den Mord an Ka´b mit der Beleidigung des Propheten und seiner Hetze gegen die Muslime. Darauf basierend stützte der Gelehrte Ibn Taymiya (gest. 1328) in seinem Buch über die Konsequenzen einer Beleidigung des Propheten[21] die Position, wonach die Tötung derjenigen, die Gott und Muhammad beleidigen, tatsächlich gerechtfertigt sei. Und bis heute müssen wir die gravierenden Auswirkungen dieser Position miterleben, die den Mord an Menschen, die Gott oder den Propheten tatsächlich oder vermeintlich beleidigen, rechtfertigt, obwohl der Koran, als höchste Instanz des Islam, an keiner Stelle eine solche Tötung erlaubt, geschweige denn dazu auffordert.

Die noch weiter gehende muslimische Überlieferung, wonach der Prophet die Liquidierung Ka´bs in Auftrag gegeben habe, erscheint ebenfalls sehr problematisch. Zum einen wirkt die Darstellung des Szenarios, wie sie sich z.B. im Geschichtsbuch *al-bidaya wan-nihaya* von Ibn Kathir findet,[22] dramaturgisch stark aufgeladen. Offenbar wurde hier eine lange mündlich überlieferte Geschichte in eine endgültige Form gebracht, die mit den lange zurückliegenden Ereignissen nur noch wenig gemein hat. Auf der anderen Seite spricht der Koran, als sicherste Quelle über die Entwicklungen und Auseinandersetzungen zwischen Juden und Muslimen mit keinem Wort von einem durch Muhammad erteilten Mordauftrag! Grund genug, die tendenziösen, späteren Überlieferungen anzuzweifeln. Die damaligen muslimischen Autoren waren vielleicht vom Stolz getrieben und wollten, wie nicht wenige heute das immer noch tun, erzählen, wie stark der Prophet war, dass er sogar einen mächtigen jüdischen Stammesführer ums Leben zu bringen vermochte. Doch sie sind sich nicht bewusst, dass sie damit einen Gesandten Gottes, der als *»Barmherzigkeit zu der Welt gesandt ist«* (21/*al-Anbiya,* 107), zu einem Verbrecher machen!

Gott hat doch den Propheten Muhammad keinesfalls beauftragt, einen Menschen zu töten, nur weil dieser ihn beleidigte. Ka´b war weder der Erste noch der Letzte und auch nicht der Schlimmste, der den Propheten provozierte und beleidigte. Der Koran berichtet an mehreren Stellen von der Beleidigung des Propheten und davon, wie dieser sich fühlte und welche Ratschläge er von Gott erhielt, um damit umzugehen. Mit der Beleidigung des Propheten und Blasphemie beschäftige ich mich im nächsten Kapitel. Hier werde ich nur eine Stelle vorwegnehmen: *»Rufe du zum Wege deines Herrn mit Weisheit und mit schöner Predigt, und streite mit ihnen auf gute Weise! Siehe, dein Herr kennt die am besten, die von seinem*

Weg abirren, und er kennt die am besten, die sich rechtleiten lassen. Darum, wenn ihr auf einen Angriff (im Streit) antworten müsst, antwortet nur im Maße des gegen euch gerichteten Angriffs; aber euch mit Geduld zu betragen, ist tatsächlich weit besser für (euch, da Gott mit) jenen (ist), die geduldig in Widrigkeit sind. Sei geduldig! Doch deine Geduld – sie liegt bei Gott allein. Sei nicht traurig über sie, und sei auch nicht bedrückt ob dessen, was sie sich an Ränkespiel ausdenken! Siehe, Gott ist mit jenen, die sich Seiner bewusst sind und die überdies Gutes tun!« (16/*an-Nahl*, 125-127).

Aus Sicht des Korans und des Propheten selbst kann ausgeschlossen werden, dass die Beleidigung des Propheten als Begründung dafür, Ka´b zu töten, herangezogen werden konnte. Der Grund für seinen Tod war vielmehr der Landesverrat, nämlich die Gefährdung der inneren und äußeren Sicherheit der Stadt Medina. Das galt damals, wie auch heute, als eines der schwersten Verbrechen überhaupt und wurde nach damals üblichen Rechtsstandards mit dem Tode bestraft. Dass der Tatbestand des Landesverrats bei den Aktivitäten des Stammesoberhauptes Ka´b erfüllt war, ist eindeutig belegt. Darin liegt der einzige Grund für seine Liquidation. Die Überlieferung, wonach der Prophet nach dem Anschlag gesagt haben soll: *»Wenn er sich ruhig verhalten hätte wie andere, die die gleiche Einstellung haben wie er, wäre er nicht gemeuchelt worden …«*[23], weist darauf hin, dass nicht seine Einstellung gegen den Islam, sondern seine staatsgefährdende Agitation der Grund für seinen Tod war.

Verschärfung des Konflikts

Die Hetze durch Ka´b, sein Verstoß gegen den Vertrag mit den Muslimen und schließlich seine Ermordung vergifteten das Verhältnis zwischen Juden und Muslimen zusehends und schließlich gingen die jüdischen Stämme gegen die muslimische Gemeinde in die Offensive. Der Stamm Banu n-Nadir plante ein Attentat auf Muhammad, als er sich zusammen mit einigen seiner Gefährten auf dem Territorium des Stammes befand, um mit ihnen über eine Angelegenheit zu beraten. Als der Prophet nun mit seinem Anliegen zu den Banu n-Nadir kam, empfingen sie ihn höflich und erklärten sich bereit, ihm zu helfen. Aber es entstand der Plan zu einem Hinterhalt, über den beraten wurde: »In eine so günstige Lage bekommen wir diesen Mann nie wieder.«[24] Muhammad aber wurde während der Verhandlungen die feindselige Haltung der Banu n-Nadir ihm gegenüber durch den Erzengel bekannt gemacht. Dem Koranexegeten at-Tabari (gest. 923) wurde der folgende Vers offenbart,[25] um die Gläubigen an die Bewahrung des Propheten durch Gott zu erinnern: *»O ihr, die ihr Glauben erlangt habt! Gedenkt der Segnungen, die Gott euch erteilt hat, als feindliche Leute sich daran machten, Hand an euch zu legen, und Er ihre Hände von euch zurückhielt.«* (5/*al-Maida,* 11). So entging er einem Attentat.

In Vers 4/*an-Nisa,* 46 wirft der Koran einigen Juden vor, dass sie *»die Bedeutung der (offenbarten) Worte entstellen, sie aus ihrem Zusammenhang reißen und sagen: ›Wir haben gehört, aber wir gehorchen nicht‹ und ›Höre!‹, ohne zuzuhören.«* Diese Kritik bezieht sich auf ihre Haltung sowohl gegenüber ihren eigenen Schriften als auch gegenüber dem Koran. Auch im Vers 5/*al-Maida,* 13 wird kritisiert, dass sie die Bedeutung der Worte Gottes entstellen, sie aus ihrem Zusammenhang reißen und Wörter von ihrem Platz *(tahrif)* verrücken. Es ergeht der Ratschlag an Muhammad: *»Aber verzeihe ihnen und übe Nachsicht: wahrlich, Gott liebt, die Gutes tun.«* (5/*al-Maida,* 13). Der Prophet war also beauftragt, die Botschaft Gottes zu Themen, die mit Glaubensangelegenheiten der Juden zu tun haben, weiterzugeben. Dabei wird von ihm verlangt, mit der islamischen Lehre Unvereinbares zu verzeihen und Nachsicht zu üben. So sollen die Gläubigen bezüglich theologischer Sichtweisen und Unterschiede miteinander umgehen: mit Nachsicht (und mit Geduld, wie in 16/*an-Nahl,* 127, anempfohlen ist). Das ist die Botschaft dieser Verse, die nach dem Vers vorkommen, in dem an den Mordplan an Muhammad erinnert wird. Wenn es aber um den Bruch eines Abkommens geht, dann nimmt die Thematik eine andere Dimension an. Dann geht es um Vertrauensbruch und die Gefährdung der Sicherheit der Gemeinschaft. Hier sind zwei Bereiche klar zu trennen: nämlich der, in dem es um religiöse Themen geht, und der, in dem es um das Überleben der Gemeinschaft geht. Auf dem ersten Feld wird zu Toleranz und Dialog aufgerufen, im zweiten Bereich gilt es, die Gefahr entschieden abzuwehren.

Deswegen hat der Prophet den gegen ihn gerichteten Attentatsplan der Banu n-Nadir als klaren Verstoß gegen das abgeschlossene Abkommen interpretiert. Er schickte eine Delegation zu den Banu n-Nadir mit der Nachricht, sie bekämen eine bestimmte Frist eingeräumt, um die Stadt Medina zu verlassen, und dabei all ihre beweglichen Güter mitzunehmen; des Weiteren bekämen sie das Recht eingeräumt, einmal im Jahr zurückzukehren, um die Ernte ihrer Palmenhaine einzubringen.[26] Der Prophet verzichtete auf einen gewaltsamen Bruch mit ihnen. Der Grund ihrer Vertreibung aus Medina war nicht, dass sie Juden waren, dann wären gleichzeitig auch die Banu Quraiza aus Medina vertrieben worden (die sich fatalerweise später ebenfalls gegen die Muslime stellten), sondern der Bruch des Abkommens. Darin heißt es im 43. und 44. Abschnitt: »Weder die Quraisch (Götzendiener in Mekka) noch diejenigen die mit ihnen kooperieren, werden Obhut genießen.« »Sie (Juden und Muslime) werden sich bei einem Angriff auf Jathrib (Medina) gegenseitig unterstützen.«[27] Der Koran hält diesen Grund für die Vertreibung in seiner Sprache fest: *»dies, weil sie sich selbst von Gott und Seinen Gesandten abschnitten«* (59/*al-Haschr,* 4), womit der Bruch der Vereinbarung gemeint ist. Der Stamm der jüdischen Banu n-Nadir wird charakterisiert als *»solche, die darauf aus waren, die Wahrheit zu leugnen«*, weil sie sich verräterisch gegen den Propheten wandten, und das, obwohl sie zuvor eingeräumt hatten, dass er wirklich der in ihren eigenen heiligen Schriften angekündigte Überbringer von Gottes Botschaft sei (»Einen Propheten wie mich wird dir der Herr, dein Gott, aus deiner Mitte, unter deinen Brüdern, erstehen lassen. Auf ihn sollt ihr hören«; »Einen Propheten wie dich will ich ihnen mitten unter ihren Brüdern erstehen lassen. Ich will ihm meine Worte in den Mund legen und er wird ihnen alles sagen, was ich ihm auftrage«, Altes Testament, Deuteronomium, Kapitel 18, Vers 15 und 18).[28]

Die zwei medinensischen jüdischen Stämme der Banu Qainuqa und der Banu n-Nadir zogen nach Khaibar, eine Oasenstadt etwa 150 Kilometer nördlich von Medina, wo sie sich niederließen. Doch sie und ihre Verbündeten hörten nicht auf, gegen Muhammad und seine Gemeinde vorzugehen. Ihre Stammesführer begannen, von Khaibar aus ein Bündnis gegen den Propheten zu schmieden, um Verbündete für einen Angriff auf Medina zu gewinnen. So wurde eine Allianz gegründet zwischen jüdischen und arabisch-polytheistischen Stämmen, um in Richtung Medina zu marschieren. Dieser Koalition schlossen sich noch die sog. *munafiqun,* »Die Heuchler«, an, also Menschen, die das Glaubensbekenntnis als bloßes Lippenbekenntnis aussprachen: Nach außen taten sie muslimisch, waren aber in Wirklichkeit gegen sie. Diese Allianz zwischen unterschiedlichen Parteien nennt der Koran *»ahzab«*, »die Verbündeten«. Sure 33 trägt diesen Namen. Die Verse 9 bis 25 erzählen von der Auseinandersetzung der Muslime mit diesen »Verbündeten«. Als diese bis zur Grenze von Medina kamen, wandte sich der Anführer der Banu n-Nadir, Huyay bin Akhtab, an die ebenfalls jüdischen Banu Quraiza und überredete sie, ihr Versprechen Muhammad gegenüber zu brechen und sich den »Verbündeten« anzuschließen, um gemeinsam die muslimische Gemeinde zu bekämpfen und sie endgültig aus Medina zu beseitigen. Einige der Banu Quraiza stimmten zuerst dagegen, den Bund mit Muhammad zu verletzen und ihn zu verraten, denn sie hatten von ihm nur Gutes erfahren. Der Prophet hatte sie gleichrangig wie alle Bürger betrachtet und sie am Gemeindebudget und den öffentlichen Einnahmen beteiligt.[29] Als jedoch das Oberhaupt der Heuchler, Ibn Salul, hinzukam und bestätigte, was Huyay ihnen gesagt hatte, wurden sie vom Erfolg des Unternehmens überzeugt.

Der Koran selbst warnte während dieser Belagerung von Medina die Juden, nicht mit Heuchlern zu kooperieren, denn diese schauten nur auf ihre Eigeninteressen und würden Gläubige, egal ob Juden, Christen oder Muslime, im Stich lassen: *»Bist du nicht gewahr, wie jene, die immer (ihre wahren Gefühle) verhehlen, zu ihren wahrheitsleugnenden Brüdern von den Anhängern der früheren Offenbarungen sprechen: ›Wenn ihr vertrieben werdet, werden wir ganz gewiss mit euch fortgehen und werden niemals gegen euch auf irgendjemanden Acht geben; und wenn Krieg gegen euch geführt wird, werden wir ganz gewiss zu eurem Beistand kommen.‹ Aber Gott bezeugt, dass sie höchst schändlich lügen: (denn) wenn jene (denen sie sich verpflichtet haben,) in der Tat vertrieben werden, werden sie nicht mit ihnen fortgehen; und wenn Krieg gegen sie geführt wird, werden sie nicht zu ihrem Beistand kommen; und selbst wenn sie ihnen bei(zu)stehen (versuchen), werden sie ganz gewiss den Rücken (in Flucht) kehren, und am Ende werden sie (selbst) keinen Beistand finden.«* (59/*al-Haschr*, 11-12). Doch die Banu Quraiza glaubten den Versprechungen. Als der Prophet dann auch gegen die Banu Quraiza in den Kampf ziehen musste, worüber wir gleich sprechen werden, erwies sich, dass die Heuchler die Juden tatsächlich im Stich ließen.

Die große Zahl der »Verbündeten«, etwa 10.000 Kämpfer,[30] verführte die Banu Quaraiza zu der falschen Einschätzung, sodass sie überzeugt waren, Muhammad und seine Gemeinde würden mit ihren etwa 3.000 Männern nicht in der Lage sein, Medina zu verteidigen. Deshalb entschieden sie sich fatalerweise, Muhammad bzw. ihrer eigenen Stadt den Rücken zu kehren und sich den »Verbündeten«, d.h. den Angreifern, anzuschließen.[31] Die Nachricht vom Verrat der Banu Quraiza erreichte Muhammad, als er sich mit seiner Gemeinde an der Grenze der Stadt befand, um sie gegen diese gewaltige Allianz zu verteidigen. Die Banu Quraiza waren nicht Zugezogene, sondern alteingesessene Bewohner von Medina, sodass die Verteidigung der Stadt, gemäß dem Abkommen, eigentlich auch ihre Verpflichtung gewesen wäre. Somit war ihre Kooperation mit den »Verbündeten« gegen ihre eigene Stadt und ihre muslimischen Mitbürger eine unerwartete und erschütternde Entwicklung. Der Koran hält diese Situation wie folgt fest: »*Wurde nicht jedes Mal, wenn sie einen Bund geschlossen hatten, ein Teil von ihnen bundesbrüchig?*« (2/*al-Baqar*a, 100). Die Sorge bei den Muslimen über diese Nachricht war umso größer, als sie ihre Frauen und Kinder im Wohngebiet der Banu Quraiza zurückgelassen und sie ihnen anvertraut hatten. Ein Koranvers beschreibt diese Sorge der Muslime um ihre Familienmitglieder: »*Gedenkt, was ihr fühltet, als sie über euch kamen von über euch und von unter euch, und als eure Augen trüb wurden und eure Herzen zu euren Kehlen hinaufkamen, und als euch die widersprüchlichsten Gedanken über Gott durch den Sinn gingen (d.h. ob Er euch retten oder eure Feinde triumphieren lassen würde).*« (33/*al-Ahzab*, 10).

Zur Verteidigung von Medina gegen den Anmarsch der »Verbündeten« entwickelte ein Wegbegleiter des Propheten, der Perser Salman al-Farisi, einen Plan, der den offenen Kampf um die Stadt vermeiden sollte: Tiefe Gräben wurden rund um die Stadtgrenze ausgehoben, die es dem Feind erschweren sollten, diese zu überschreiten. Der Prophet, der Blutvergießen so weit wie möglich vermeiden wollte, begrüßte den Plan.[32] Nach einigen Wochen pausenloser Belagerung[33] mussten die »Verbündeten« angesichts der Aussichtslosigkeit ihres Unternehmens wieder abziehen. Der Angriff wurde als die »Grabenschlacht« berühmt, wohl gerade, weil sie – ungewöhnlich für die damalige Zeit – kampflos verlief. Das Scheitern des Angriffs der »Verbündeten« stärkte die Position der Muslime. Die »Verbündeten« kehrten in ihre Wohnstädte zurück, doch die Banu Quraiza mussten dafür, dass sie ihre eigene Stadt und ihre muslimischen Mitbürger verraten hatten, büßen und die Konsequenten tragen.

Das Schicksal der Banu Quraiza: Kritik und Rechtfertigung

Der Prophet war vom Verhalten der Banu Quraiza zutiefst enttäuscht. Der klare Verstoß gegen das Abkommen hatte jedes Vertrauen zerstört. Nach der »Grabenschlacht« kam die Zeit, eine Entscheidung zu fällen: Sollte man sie, wie schon zuvor die Banu Qainuqa und Banu n-Nadir, aus Medina abziehen lassen oder sie belagern und vernichten. Die erste Option war nicht mehr denkbar, weil sich an den Banu Qainuqa und den Banu n-Nadir gezeigt hatte, dass sie auch aus der Ferne weiterhin für Medina eine Bedrohung darstellten und gegen die Muslime kämpfen würden. Um die existenzielle Bedrohung zu beenden, traf der Prophet harte, aber aus seiner Sicht notwendige Maßnahmen. Die Banu Quraiza wurden aufgefordert, bedingungslos zu kapitulieren. Diejenigen, die sich an dem Verrat beteiligt hatten, seien entweder zu töten oder gefangen zu nehmen (33/*al-Ahzab*, 26). Nach einer 25 Tage währenden Belagerung ergaben sie sich den Muslimen und büßten alles ein, was sie besaßen.[34] Historikern zufolge wurden etwa 400[35] bis 900[36] männliche Stammesangehörige der Banu Quraiza getötet. Frauen und Kinder sollen versklavt worden sein. Mehmet Azimli, der Autor einer Biografie des Propheten, wundert sich allerdings darüber, dass in den muslimischen Quellen die Anzahl der Getöteten stark variiert, obwohl in diesen Quellen bei manchen vorangegangenen Kriegen sogar die Namen der Opfer registriert sind.[37] Auf die Widersprüchlichkeit der Quellen macht auch der renommierte Islamwissenschaftler Marco Schöller aufmerksam.[38]

Die Entscheidung des Propheten, die Banu Quraiza derart hart zu bestrafen, ist auf vehemente Kritik nichtmuslimischer Historiker und Orientalisten gestoßen. Martin Hartmann (gest. 1909): »Die Ruchlosigkeit, mit der Muḥammad gegen den Stamm Quraiẓa verfuhr, ist ein ewiges Schandmal.«[39] Tor Andrae (gest. 1930): »Mohammed hat bei dieser Gelegenheit wieder den Mangel an Ehrlichkeit und moralischem Mut gezeigt.«[40] Tilman Nagel (gest. 2010) bezeichnet das Vorgehen als eine der »abstoßendsten Untaten Mohammeds.«[41]Andere westliche Wissenschaftler hingegen urteilten differenzierter. Der niederländische Islamwissenschaftler Arent Jan Wensinck (gest. 1939) beurteilte den Vorgang wie folgt: »Es wäre ungerecht, Mohammeds Charakter [allein] nach dieser Tat zu beurteilen. Bei anderen Gelegenheiten hat er sich als ein Mann mit einem versöhnlichen Herz erwiesen [...]. Was ihn in diesem Fall zu dieser grausamen Tat bewogen hat, lässt sich wie folgt verstehen: Er wurde von den Quraiza provoziert, die ihn durch ihre schwankende Haltung wochenlang in Angst und Spannung gehalten haben, und die womöglich großes Unheil über Medina gebracht hätten, wenn sie den verbündeten Armeen [d. h. den Quraisch und ihren Verbündeten] effektiv geholfen hatten.«[42] Der schottische Islamwissenschaftler William Montgomery Watt (gest. 1961) referierte, dass die Intention Muhammads nicht die Vernichtung von Juden war: »Des Weiteren beweist der Verbleib wenigstens einiger Juden in Medina auch nach der Exekution der Banū Quraiza, dass Mohammed nicht das Ziel der Vertreibung bzw. Vernichtung aller Juden der Oase verfolgte. Die Banū Quraiza sind demnach aufgrund ihres Verhaltens in der Grabenschlacht und des dabei ausgeübten Verrats an der islamischen Gemeinschaft exekutiert worden: Mohammed, dessen Position nach dem fehlgeschlagenen Angriff der Quraisch nun gefestigt war, war nicht bereit, ein solches Verhalten zu tolerieren. Folglich ist es zu dem Beschluss gekommen, diese ›Schwachstelle in der Oase‹ zu entfernen, um dadurch seinen tatsächlichen wie auch potentiellen Feinden eine Lektion zu erteilen.«[43] Der deutsche Islamwissenschaftler Rudi Paret (gest. 1957) stellte fest, dass es nicht leicht sei, ein objektives Urteil über dieses aus rein muslimischer Sicht überlieferte Ereignis zu fällen, bei dem man von vornherein geneigt sei, die Schuld primär bei Muhammad und seiner Anhängerschaft zu suchen: »Doch sprechen auch gewichtige Gründe zugunsten des Propheten. Vor allem ist zu bemerken, dass die medinischen Juden nicht um ihres Glaubens willen bekriegt und aus dem Land vertrieben oder umgebracht worden sind, sondern weil sie innerhalb des Gemeinwesens von Medina in sich geschlossene Gruppen bildeten, die für Mohammed und seine Parteigänger jederzeit, vor allem aber bei einer Bedrohung durch auswärtige Gegner, gefährlich werden konnten. Es ist kein Zufall, dass die Unternehmungen [...] gegen die Quraiẓa unmittelbar nach dem Grabenkrieg stattgefunden haben. [...] Mohammed [war] mit den Seinen in eine äußerst kritische Lage geraten. Der Prophet musste mit der Möglichkeit rechnen, dass die Juden mit seinen Gegnern gemeinsame Sache machen würden, falls sich das Kräfteverhältnis noch etwas weiter zu seinen Ungunsten verschieben sollte. Nachdem die akute Gefahr überstanden war, sollten für die Zukunft eben durch die Ausschaltung jüdischer Bevölkerungsgruppen sichere Verhältnisse geschaffen werden. Im Übrigen erstreckten sich die Unternehmen Mohammeds immer nur auf einzelne jüdische Stämme, nie auf das medinische Judentum in seiner Gesamtheit.«[44]

Das Vorgehen des Propheten muss mit den Maßstäben seiner eigenen Zeit gemessen werden. Dementsprechend betont der jüdische Historiker Norman Arthur Stillman (geb. 1945), dass die Behandlung der Banu Quraiza nicht nach den heutigen normativen Maßstäben zu messen sei: Ihr »bitteres Schicksal« sei »gemäß den rauen Regeln der Kriegsführung der damaligen Epoche nicht unüblich« gewesen.[45] Auch Gordon Newby (geb. 1939), US-Professor der komparativen Studien zwischen Islam und Judentum, sagt: »Es liegt allerdings auf der Hand, dass die dahinterliegende Vorgehensweise nicht durchweg antijüdisch war, da in Medina und den Gebieten unter Mohammeds Kontrolle bis zur Zeit nach seinem Tod Juden verblieben.«[46] Der deutsche Orientalist und Koranübersetzer Hartmut Bobzin (geb. 1946) betont, dass Muhammads Vorgehen gegen die Juden Medinas – »so unbegreiflich es uns heute in manchen Zügen zu sein scheint« – nicht zu einer grundsätzlich judenfeindlichen Haltung innerhalb des Islam geführt habe, und verweist dabei auf die ihm zufolge historisch weitaus feindlichere Einstellung des Christentums gegenüber Juden. Der Prophet habe »im Interesse der Konsolidierung seiner Gemeinde gewiss konsequent und im Rahmen der damaligen in Arabien üblichen ethischen

Normen gehandelt. Wäre sein Handeln ›verwerflich‹, d. h. gegen die geltende Norm, gewesen, so hätten seine Biografen, denen ja an einer grundsätzlich positiven Darstellung gelegen war, viel mehr verschwiegen.«[47]

Der amerikanische Historiker Juan Cole (geb. 1952) bestreitet sogar den Wahrheitsgehalt der muslimischen Überlieferungen, die in der Dynastie der Abbasiden verfasst wurden und auf die alle Historiker, sowohl westliche als auch östliche, ihre Einschätzungen, Analysen und Urteile gründen, wonach der Prophet alle jüdischen Männer der Banu Quraiza hingerichtet und die Frauen versklavt habe. »Der Koran hat die Tyrannei verurteilt: ›*Siehe, Pharao erhöhte sich selbst im Land und teilte sein Volk in Kasten. Eine Gruppe von ihnen erachtete er für völlig niedrig; er pflegte ihre Söhne abzuschlachten und (nur) ihre Frauen zu verschonen: denn siehe, er war einer jener, die Verderbnis (auf Erden) verbreiten.*‹ (28/*al-Qasas,* 4). Es ist unmöglich, dass Muhammad den gleichen Befehl wie der Pharao erteilt hat. Tatsächlich unterstützen einige Details im Koran die Position der Biografen aus der Zeit der Abbasiden nicht und widersprechen ihnen sogar deutlich. So erzählt ein sehr spätes Korankapitel (5/*al-Maida,* 5), das die meisten Gelehrten in die Jahre 631-632 einordnen, davon, dass die Gläubigen in Medina gemeinsame Mahlzeiten einnehmen und nicht konvertierte Juden heiraten.«[48]

Der ägyptische Historiker Walid Feckry (geb. 1980) kritisiert diejenigen Muslime, die dem Vorgehen des Propheten eine »religiösen Dimension« geben, somit seine Intervention, zu der er nicht als Gottes Prophet, sondern als Oberhaupt der führenden Männer in Medina gezwungen war, mit »göttlicher Weisung« rechtfertigen und sie so für alle Zeiten als Maßstab nehmen. Er kritisiert ebenso westliche Historiker, die das historische Ereignis mit dem Maßstab der heutigen Zeit messen, und dadurch Hass gegen den Islam als Religion schüren, Muhammad brandmarken und ihn zu einem »Judenhasser« machen, obwohl nach diesen Ereignissen Muhammad weiterhin mit Juden zusammengelebt hat.[49]

Die britische Religionswissenschaftlerin Karen Armstrong (geb. 1944) stellt in einem Interview für *Qantara* fest: »Der Prophet wurde seit dem Zeitalter der Kreuzzüge im Westen als ein gewalttätiger, epileptischer, lüsterner Scharlatan dargestellt. Dieses verzerrte Bild des Islam entstand zur gleichen Zeit wie der europäische Antisemitismus, der Juden als bösartige, gewalttätige, perverse und mächtige Feinde Europas karikierte.«[50]

3. »Nicht alle sind gleich!«[51] – Das Bündnis mit Christen und Juden gilt ungebrochen

Wenn der Koran die sozial-politischen, aber auch religiösen Auseinandersetzungen zwischen Juden (und auch Christen) und Muslimen dokumentiert, wird immer wieder betont, dass sie *»nur einen Teil von ihnen«* (feriqun minhum) betreffen (vgl. 2/*al-Baqar*a, 100 und 146; 3/*Al 'Imran,* 23, 78, 100 und 110). Oder es kommt diese Formulierung vor: *»Nicht alle Juden und Christen sind gleich«* (laysu sawaen min ahli-l Kitabi) (3/*Al 'Imran,* 113). Der Koran macht keinen pauschalen Vorwurf, etwa des Vertragsbruchs, gegenüber allen jüdischen Gruppierungen, denn außerhalb der betreffenden Stämme gab es Juden, die friedlich mit Muslimen lebten und in Medina blieben.

Was für Muhammad und die Muslime anstößig war, war die Zusammenarbeit zwischen Götzendienern und Anhängern der heiligen Schriften, obwohl zwischen ihnen keine religiösen Berührungspunkte bestanden. Was Muslime und andere Anhänger der heiligen Schriften verbindet, nämlich ein monotheistisches Gottesverständnis, sollte doch wertvoller sein als ein politischer, strategischer Pakt gegen Muslime. Der Koran bedauert diese Opposition, weil er Christen und Juden als Verbündete sehen wollte und sehen will. Wenn dieser Koranvers auf diese »unheilige« Verbundenheit hinweist: *»Weder jene unter den Anhänger früherer Offenbarungen (Christen und Juden), die darauf aus sind, die Wahrheit zu leugnen, noch jene, die anderen Wesen neben Gott Göttlichkeit zuschreiben, möchten sehen, dass euch jemals irgendetwas Gutes von droben durch euren Erhalter erteilt wird«* (2/*al-Baqara*, 105), dann sehen wir selbst hier, wie Pauschalisierung vermieden und betont wird, dass nicht alle Christen und Juden dazu neigen, sondern nur solche, *»die darauf aus sind, die Wahrheit zu leugnen«*.

Vor diesem Hintergrund der feindseligen Kooperation zwischen den Quraisch (Götzendiener) und den Banu Quraiza (Juden) gegen die Gläubigen des Korans muss dieser Vers verstanden werden: *»Du wirst sicherlich finden, dass von allen Leuten die feindseligsten gegenüber jenen, die (an diese göttliche Schrift) glauben, die Juden sind wie auch jene, die darauf aus sind, etwas anderem neben Gott Göttlichkeit zuzuschreiben; und du wirst sicherlich finden, dass von allen Leuten jene, die sagen: ›Siehe, wir sind Christen‹, am nächsten kommen, Zuneigung jenen gegenüber zu verspüren, die (an diese göttliche Schrift) glauben: dies ist so, weil unter ihnen Priester und Mönche sind und weil diese nicht zum Hochmut geneigt sind.«* (5/*al-Maida*, 82). Natürlich definiert der Koran hier nicht pauschal die Juden als »Feinde«, die Christen hingegen als »Freunde« der Muslime. Diese Darstellung hat vielmehr mit der sozial-politischen Situation der damaligen Zeit und nicht a priori mit der Theologie zu tun. Theologisch gesehen, verbinden die Muslime deutlich mehr Gemeinsamkeiten mit den Juden als mit den Christen. Wegen der Trinitätslehre stehen Christen theologisch wesentlich ferner vom Koran, als Juden das tun. Wenn der Vers 5/*al-Maida,* 82 diejenigen beschreibt, die nahe oder fern zu Muslimen stehen, dann muss die Nähe oder Ferne hier einen politischen Charakter haben und keinen religiösen, wie es auch der türkische Theologe Mustafa Öztürk betont.[52]

Heute könnte man vielleicht argumentieren, dass der Vers die Situation im Heiligen Land beschreibt. Aber wie war es zur Zeit der Kreuzfahrer dort, als nicht Juden die Muslime angriffen, sondern Christen? Wie war die Situation im mittelalterlichen Andalusien und wie in Bosnien? Im Bosnienkrieg waren es Christen, die einen Völkermord an Muslimen verübten, während Juden zu ihren muslimischen Mitbürgern standen. Auch im mittelalterlichen Spanien standen sich Juden und Muslime oft sehr nahe, bis sie durch die Hand von Christen dasselbe Schicksal erlitten. Die katholischen Könige Spaniens sahen Juden und Muslime gleichermaßen als Gefahr; ein gesellschaftliches Zusammenleben der Christen zusammen mit Juden und Muslimen machten sie unmöglich. Tausende von Juden und Muslimen mussten entweder zum Christentum konvertieren, wurden getötet oder aus Spanien vertrieben. Der Vers 5/*al-Maida,* 82 hätte also in der Zeit von Al-Andalus oder im Bosnienkrieg die Verhältnisse zwischen Juden, Christen und Muslimen entsprechend der Situation wohl ganz anderes formuliert. Ich will damit sagen: Diesen Vers und ähnliche, die als Reaktion auf eine bestimmte Situation offenbart wurden, dürfen wir nicht dogmatisch verstehen und keinesfalls verallgemeinern. Aber die Position Gottes und Sein Prinzip bleiben immer unveränderlich: Wo Unrecht, Gewaltherrschaft und Grausamkeit verübt werden, dort herrscht Gottlosigkeit und umgekehrt. Gott ist immer gegen »Unrecht«, egal, wer es ausübt, und immer auf Seiten der »Opfer«, zu welcher Gruppierung sie auch gehören mögen. Ich bin sicher: Wäre der Koran in der Zeit der Schoah, oder in der Zeit des Genozids in Srebrenica, in der Zeit der Grausamkeiten von »Da'esh« (des sog. »I.S.«) offenbart worden, dann hätte er sich eindeutig auf die Seite der Opfer gestellt und die Übeltäter verurteilt, unabhängig von ihrer jeweiligen religiösen Zugehörigkeit! Das Prinzip Gottes ist im Koran sehr prägnant und bündig formuliert: *»Gott will nicht, dass den Weltbewohnern Unrecht geschieht«* (3/*Al 'Imran*, 108). Ähnlich wiederholt sich diese Formulierung weitere 6 Mal im Koran.[53] Gott, seine Propheten und Gläubigen sind immer dort, wo Vertrauen, Gerechtigkeit, Recht (Gesetz) und Bündnistreue (Verfassung) geachtet werden.

»Nicht alle Juden und Christen sind gleich« *(laysu sawaan min ahli-l kitabi):* Dieser differenzierte Umgang mit Anhängern der heiligen Schriften *(ahl al-kitab)* ist für Gott und somit für die Menschen ein ethischer Grundsatz. Eine ganze Gruppe von Menschen oder eine ganze Religionsgemeinschaft unter Generalverdacht zu stellen, kann zu Feindschaft, Hass und somit zu Unrecht führen. Diese differenzierte Ansicht gegenüber Christen und Juden bekräftigt der Koran ein weiteres Mal in der Sure *»Das Haus von 'Imran«* und sagt: *»Sie sind nicht alle gleich: unter den Anhängern früherer Offenbarungen (Christen und Juden) gibt es aufrechte Leute, die Gottes Botschaften die Nacht hindurch rezitieren und sich (vor Ihm) niederwerfen. Sie glauben an Gott und den Letzten Tag und gebieten das Tun dessen, was recht ist, und verbieten das Tun dessen, was unrecht ist, und wetteifern miteinander im Tun guter Werke: und diese sind unter den Rechtschaffenen. Und was immer Gutes sie tun, ihnen wird niemals der Lohn davon verweigert werden: denn Gott hat volles Wissen von jenen, die sich Seiner bewusst sind.«* (3/*Al 'Imran*, 113-115).

Uns Muslimen stellt Gott im Koran unmissverständlich vor Augen, dass es bei den Anhängern von Moses, also den Juden, natürlich solche Menschen gab und gibt, die gerecht sind und rechtschaffene Taten tun: *»Aus dem Volk Moses stammt eine Gemeinschaft, die mit der Wahrheit auf den rechten Weg führt und die mit ihr wandelt in Gerechtigkeit.«* (7/*al-Araf*, 159). Dieser differenzierte Umgang des Korans mit Juden sehen wir auch im Vers 66 der Sure 5/*al-Maida*, wo Gott uns mitteilt, dass es *»unter ihnen eine Gemeinschaft gibt, die maßvoll ist« (minhum ummatun muqtasida)*, also Menschen, die einen rechten Kurs verfolgen.

Genau wie es unter Muslimen auch solche gibt, die Übles tun und das friedliche Zusammenleben torpedieren, gibt es auch unter Christen und unter Juden Menschen, die Übles tun, Hass schüren und nicht im Frieden mit Muslimen leben wollen. Der Dialog, der Austausch und die Zusammenarbeit der Muslime mit Christen und Juden, die in Frieden leben wollen und Unrecht bekämpfen, sind und bleiben ein unverzichtbarer Bestandteil der koranischen Botschaft: *»Und streitet nicht mit den Anhängern früherer Offenbarung anders als auf gütigste Weise – außer, es seien solche von ihnen, die auf Übeltun aus sind – und sagt: ›Wir glauben an das, was uns von droben erteilt worden ist, wie auch an das, was euch erteilt worden ist: denn unser Gott und euer Gott ist ein und derselbe, und Ihm ergeben wir (alle) uns.‹«* (29/*al-Ankebut*, 45).

Das Bündnis der Muslime mit Juden und Christen gilt ungebrochen. Wir sind alle, wie der Koran uns beschreibt, »Anhänger des Buches«, und das Buch, die Offenbarungsschrift, symbolisiert Wissen, Austausch und Kultur. Wo all diese zu verhandeln sind, dort blühen die Entwicklung und Zivilisation. Die Menschen, vor allem die Religiösen, sollen sich von historischen, politisch motivierten Ereignissen nicht belasten lassen. Wir müssen die göttliche Religion von Konflikten, welche in der Geschichte stattgefunden haben und womöglich in der Gegenwart fortwirken, befreien und dürfen den Auseinandersetzungen kein religiöses Kleid anziehen. Um Missverständnisse zu überwinden, sind Vertrauen und Kommunikation auf Augenhöhe notwendig. Um andere Menschen nicht undifferenziert unter ein Vorurteil zu stellen, ruft der Koran zu Vertrauen auf: *»O ihr, die ihr glaubt! Wenn ihr unterwegs seid auf dem Wege Gottes, dann gebt Acht und sagt nicht zu jemandem, der euch den Friedensgruß entbietet: ›Du bist kein Gläubiger!‹«* (4/*an-Nisa,* 94), und daher einer der Feinde. Dieser Vers verbietet es, Nichtkombattanten, also Personen, die von einem Krieg oder einem bewaffneten Konflikt betroffen sind, ohne aktiv an den Kampfhandlungen beteiligt zu sein, als Feinde zu behandeln und ihren vermeintlichen Unglauben oder ihre Untreue als Vorwand zu benutzen, um sie auszuplündern.[54] Dieser Vers verbietet es auch, Menschen anderer Überzeugungen unter Generalverdacht zu stellen und ihnen zu misstrauen.

Die Ereignisse in der Geschichte von Medina, wie sie ausführlich dargestellt wurden, und ihre »Dogmatisierung« ebenso wie politisch motivierte Auseinandersetzungen in der Gegenwart bilden oft Hindernisse für unsere individuelle Begegnung mit Juden im *Hier* und *Heute*.

Wir müssen zugeben: Es gibt unter uns Muslimen solche, die Hass gegenüber Juden schüren, eine ganze Gemeinschaft brandmarken und meinen, dies sachlich begründen zu können. Kriege und Ungerechtigkeit, die an verschiedenen Orten und meistens weit weg von uns Wirklichkeit sind, dienen ihnen dazu, diese Verachtung lebendig zu halten. Oft versuchen solche Menschen, ihre Haltung zu rechtfertigen, indem sie aus dem Koran Verse heranziehen. »Gott hat Juden verflucht!«, so lautet ihre Verleumdung, und dabei wird ein Koranvers (5:78) völlig falsch zitiert und somit Gott missbraucht. In diesem Vers sagt Gott Folgendes: *»Jene der Kinder Israels, die darauf aus waren, die Wahrheit zu leugnen, sind (schon) verflucht worden durch die Zunge von David und von Jesus, dem Sohn der Maria: dies, weil sie sich (gegen Gott) auflehnten und darauf beharrten, die Grenzen dessen zu überschreiten, was recht ist. Sie pflegten einander nicht vom Tun dessen abzuhalten, was immer an hassenswerten Dingen sie taten: schlimm war fürwahr, was sie zu tun pflegten!«* (5/*al-Maida*, 78-79). Dieser Vers erinnert z.B. an Psalm 78,21-22.31-33 und passim; auch an Matthäus 12,34 und 23,33-35.

All diese Koran- und Bibelverse sprechen über Strafen Gottes für die Sünden, die Einzelpersonen verübt haben, richten sich aber nicht gegen das ganze Volk Israel. Wir müssen genau auf die Formulierung des Korans achten: *»Jene der Kinder Israels, die darauf aus waren, die Wahrheit zu leugnen«*. Der Grund für den Zorn Gottes, wie in Vers 5:79 dargestellt, ist darin zu suchen, dass jene einander von verwerflichen Taten, die sie begingen, nicht abhielten. Juden, Christen, Muslime, Buddhisten oder andere, die hassenswerte und verwerfliche Taten individuell oder kollektiv nicht bekämpfen, werden vom Zorn Gottes getroffen – als schuldige Menschen und Individuen – nicht aber, weil sie einem Volk oder einer Religionsgruppe angehören.

Wir Muslime, als erste Adressaten des Korans, finden in der göttlichen Botschaft den klaren Auftrag, das zu entdecken, was uns eint, und nicht das zu betonen, was uns trennt. Mit diesem Blickwinkel müssen wir Gottes Wort und die Mission des Propheten lesen. Schließlich sind wir alle »Leute des Buches« und darüber hinaus Brüder und Schwestern. Folgendes Bittgebet, das Muhammad nach jedem Gebet verlas, fasst die islamische Sichtweise auf die ganze Menschheit zusammen: *»O unser Herr und Herrscher über alle Dinge! Ich bezeuge, dass alle Menschen Brüder sind.«*[55]

Der Prophet hat kurz von seinem Tod auf dem Hügel von Arafat in Mekka vor einer Menge von über hunderttausend Menschen Folgendes gesagt: »O Menschen, werdet Geschwister!«[56]

Wir sind als Menschen einander anvertraut. Wir dürfen nicht hinnehmen oder tatenlos zusehen, dass Bezeichnungen wie »Jude«, »Christ« oder »Moslem« zu Schimpfwörtern oder zu Beleidigungen abgewertet werden. Juden, Christen und Muslime sind aufgefordert, gemeinsam ihre Stimme gegen Judenhass, gegen Christenhass und gegen Islamhass, wo auch immer sie sich zeigen, zu erheben.

»MUHAMMAD-KARIKATUREN«: WIE SOLLTEN DIE MUSLIME MIT BELEIDIGUNG UMGEHEN?

So, wie alles seine Grenzen hat, hat auch die Freiheit ihre Grenzen – nämlich dort, wo das Recht und die Würde der anderen verletzt werden. Unsere Werte müssen sich auf eine Philosophie stützen, die die Gefühle Einzelner achtet, ebenso wie die einer ganzen Religionsgemeinschaft. Daher lassen sich Muhammad-Karikaturen und ähnliche Beleidigungen nicht mit Bezug auf die Meinungsfreiheit rechtfertigen. So denke ich, so denken viele, aber eben nicht alle. Und es müssen auch nicht alle gleich denken. Es gibt Künstler, die gar nicht unbedingt die Absicht haben, durch ihre in unseren Augen abscheulichen Kunstwerke, andere zu beleidigen, und es gibt solche, die gerade das Ziel verfolgen, einen Keil zwischen in einer Gesellschaft friedlich zusammenlebenden Menschen zu treiben oder den Glauben von mehr als einer Milliarde Menschen zu verspotten.

Beleidigungen können bei den Muslimen ihre Liebe zum Propheten Muhammad nie infrage stellen. Tatsache ist sogar, dass diese Beleidigungen dazu geführt haben, dass einige Muslime, die bisher die eigene Religion nicht bewusst gelebt haben, aber auch viele Nichtmuslime mehr Interesse und Zuneigung zum Islam entwickelt haben. Andererseits mobilisieren solche Beleidigungen jedoch auch die Extremisten auf beiden Seiten, einfache Bürger wie auch Politiker, die für ihre ideologischen und politischen Zwecke die Situation aufheizen. Sie schädigen das friedliche Zusammenleben und nähren den Hass zwischen den Menschen in einer Gesellschaft.

Niemand muss einverstanden sein, wenn die Meinungsfreiheit ausgerechnet dadurch gestärkt werden soll, dass verächtlich gemacht werden darf, was anderen Menschen viel bedeutet. Das ist das eine. Das andere ist, dass wir Muslime Demokratie und Meinungsfreiheit damit schützen und stärken müssen, dass wir für die Achtung der Würde und der Rechte auch der anderen eintreten. Was die Muslime unerträglich finden, ist, wenn jemand Opfer der Meinungsfreiheit wird. Aggressive Antworten auf Beleidigungen sind aber, umgekehrt, offenkundiger Schwachsinn. Zu Recht fragen jedoch Muslime, wie sie denn z.B. auf Muhammad-Karikaturen und ähnliche Diffamierungen reagieren sollen. Die Antwort auf diese Frage ist bei Gott und beim Propheten Muhammad selbst zu finden, wie wir sehen werden.

1. Ibn Salul als Prototyp des Muhammad-Karikaturisten

Die islamischen Geschichtsbücher und die Sunna bzw. die Hadith-Sammlungen überliefern, dass ein Mann namens Abdullah ibn Ubayy (gest. 631), bekannt als Ibn Salul, ein gnadenloser Gegner des Propheten war und sich als Anführer der Gruppe, die der Koran als »Heuchler« bezeichnet, hervorgetan hat. Sie haben den Propheten immer wieder attackiert und beleidigt. Dieser Ibn Salul ist ein Prototyp für alle Menschen zu allen Zeiten, die bewusst oder unbewusst, unter dem Deckmantel der Kunst, der Meinungsfreiheit oder von was auch immer, den Propheten Muhammad »beleidigen« oder »erniedrigen«. Aber kann der Prophet Gottes überhaupt beleidigt und erniedrigt werden? Nein!

Der Prophet Muhammad, als *»das beste Modell«* (33/*al-Ahzab,* 21), wird über Zeiten und Grenzen hinweg bei Millionen von Menschen das höchste Ansehen genießen, das diejenigen, die ihn verspotten, ihm dies aus Unverständnis missgönnen. Der Prophet Muhammad wird, wie kein anderer Mensch, weltweit zu jeder Minute rund um die Uhr und rund um den Globus im muslimischen Gebetsruf gelobt. So ein Mensch kann niemals erniedrigt werden. Kein Spott kann ihn treffen.

In der Auseinandersetzung mit Ibn Salul hat sich der Prophet niemals »beleidigt« gefühlt. Seine Reaktionen auf ihn waren immer gelassen und besonnen. Al-Bukhari der als authentischer Hadith-Sammler und Biograf des Propheten bekannt ist, überliefert, dass der Prophet Muhammad einmal ein Gespräch mit Ibn Salul führen wollte, um Frieden mit ihm zu schließen. Er machte sich auf seinem Esel auf den Weg zum Wohnort von Ibn Salul. Als dieser den Propheten sah, beleidigte er ihn mit den Worten: »Weg von mir, dein Gestank und der Gestank deines Esels stören mich!«[1]

Als ein Freund des Propheten Muhammad das hörte, stand er auf und wollte, um den Propheten zu verteidigen, Ibn Salul attackieren. Sofort beruhigte der Prophet seinen Freund, bat ihn, nicht aggressiv zu handeln, und verhinderte so eine gewalttätige Auseinandersetzung. Dies ereignete sich nicht etwa in Mekka, wo die Muslime schwach waren, sondern in Medina, als der Prophet und die muslimische Gemeinde stark waren.

Der Koran erzählt, dass Ibn Salul in seinem Hass gegenüber dem Propheten so weit ging, ihm und seiner Gemeinschaft mit der *»Vertreibung«* aus Medina zu drohen: *»Sie sagten: Fürwahr, wenn wir zur Stadt (Medina) zurückkehren, werden wir, die der Ehre Würdigsten (meint sich selbst) sicher-*

lich jene Verachtenswertesten (meint Muhammad) *von dort vertreiben!«* (63/*al-Munafiqun,* 8), woraufhin sein Freund Omar bin Khattab den Propheten um Erlaubnis bat, Ibn Salul zu töten. Der Historiker und Korankommentator Ibn Tabari belegt in seiner Exegese zum oben genannten Vers, dass der Prophet Muhammad diesen Wunsch Khattabs strikt zurückwies und sagte: *»Ich will nicht als Muhammad in Erinnerung bleiben, der erlaubt hat, seinen Wegbegleiter zu töten.«*[2] Wohlgemerkt, der Prophet bezeichnete Ibn Salul als »Wegbegleiter/Freund«! Die Hadith-Gelehrten al-Bazzar und at-Tabari überliefern, dass der Sohn von Ibn Salul den Islam annahm und den Propheten fragte, wie er nun mit seinem Muhammad feindlich gesinnten Vater umgehen solle. Der Prophet antwortete: *»Respektiere deinen Vater und gehe mit ihm bestens um.«*[3] Bemerkenswert ist auch noch eine Anekdote, die von Ibn Abbas (dem Cousin des Propheten und zugleich ältesten Koran-Exegeten) überliefert wird: Als Ibn Salul krank geworden war, besuchte ihn der Prophet, und als er starb, bedeckte ihn der Prophet mit seinem Hemd und nahm an seiner Beerdigung teil.[4]

Wir können an diesen Beispielen erkennen, wie der Prophet Muhammad trotz der harten und jahrelangen Anfeindungen Ibn Saluls auf Diffamierungen gelassen und souverän reagiert hat. Zu keiner Zeit unternahm er etwas gegen ihn.

Die Ehefrau des Propheten Aischa berichtete, dass einige ihm feindlich gesinnte Menschen ihn mit den Worten »Tod (arab. *saam*) sei mit dir« begrüßt haben, worauf der Prophet mit *»Friede* (arab. salam) *sei mit dir«* konterte. Wütend über deren Gruß, sagte seine Frau zu ihnen: »Fluch auf euch«. Der Prophet wies sie zurecht: *»Aischa, rede nicht so! Gott liebt die Sanftmütigkeit in allen Dingen. Reagiere nicht* *gewalttätig und mit Beschimpfungen.«*[5] Der Umgang des Propheten mit Ibn Salul und ähnlichen Menschen folgte immer diesem Prinzip: *»Ich wurde nicht herabgeschickt als ein Fluch, sondern als eine Gnade.«*[6]

2. Warum reagierte der Prophet auf Hetze und Spott so gelassen?

Der Koran ist die Richtschnur für den Propheten und somit auch für die Muslime. Er gibt Orientierung, wie sich der Mensch in Situationen verhalten soll, in denen auf Gottes Kosten oder auf Kosten des Korans oder seines Propheten gespottet wird. Der Koran thematisiert solche Fälle an mehreren Stellen, und an keiner erlaubt er eine aggressive Reaktion, weder mit Worten noch mit Taten. Hier einige Bespiele und Ratschläge aus dem Koran:

Der Koran berichtet, dass der Prophet Muhammad mehrmals als *»Verrückter!«* (vgl. die Verse 15:6; 26:27; 37:36; 44:14; 51:39; 52:29; 68:2; 68:51 und 81:22) oder *»lügnerischer Zauberer!«* (38:04) bezeichnet wurde. Gott erinnert ihn daran, dass auch andere Propheten vor ihm verspottet wurden: *»Und fürwahr, selbst vor deiner Zeit sind Propheten verspottet worden.«* (6/*al-Anam,* 10; 43/*az-Zukhruf,* 7; 51/*adh-Dhariyat,* 52). Natürlich ist es für einen Menschen, der versucht, Frieden und Barmherzigkeit in der Gesellschaft zu stiften (21/*al-Anbiya,* 107), schwer, Beleidigungen zu ertragen. Gott beschreibt diese menschliche Situation, tröstet Muhammad und gibt ihm Orientierung: *»Wir wissen gut, dass deine Brust beengt ist wegen der blasphemischen Dinge, die sie sagen: aber lobpreise du den grenzenlosen Ruhm deines Erhalters und rühme Ihn.«* (15/*al-Hidschr,* 97-98). Gott rät ihm, Geduld zu üben und Distanz zu halten: *»Ertrage mit Geduld, was immer die Leute gegen dich sagen mögen, und meide sie mit schicklicher Meidung.«* (73/*al-Muzzammil,* 10). Als ein Schritt über die Geduld hinaus ist ihm empfohlen, Böses mit Gutem abzuwehren: *»Aber was immer sie sagen oder tun mögen, wehre das Übel, das sie begehen, ab mit etwas, was besser ist.«* (23/*al-Mu´minun,* 96). Dieser Vers findet sich in der Sure »Die Gläubigen«, was auch bedeutet, dass es eine Eigenschaft der Gläubigen ist, das Böse mit Gutem abzuwehren. Warum? Weil wir von Gott beauftragt sind, »Feinde« zu »Freunden« zu machen. Das kann nur gelingen, wenn wir mit Besserem entgegnen: *»Die gute und die schlechte Tat sind nicht einander gleichzusetzen. Entgegne mit etwas Besserem! Und wenn zwischen dir und ihm Feindschaft ist, dann soll es sein, als wäre er ein enger Freund!«* (41/*Fussilat,* 34).

Blasphemie im Koran

Sogar wenn Menschen Gott/Allah oder den Koran verspotten, empfiehlt der Koran, zu ihnen Distanz einzunehmen: *»Wenn du nun solche triffst, die sich in (blasphemischer) Rede über Unsere Botschaften ergehen, kehre ihnen den Rücken, bis sie über andere Dinge zu reden beginnen.«* (6/*al-Anam,* 68). Abstand also, bis sie ein anderes, besseres Thema finden. Gott verbietet uns, Menschen zu schmähen, die ein anderes Gottesverständnis haben als wir: *»Schmäht nicht jene (Wesen), die sie anstelle Gottes anrufen, damit sie nicht Gott schmähen aus Gehässigkeit und in Unwissenheit: denn Wir haben jeder Gemeinschaft ihr eigenes Tun fürwahr gefällig erscheinen lassen.«* (6/*al-Anam,* 108). Dieses Verbot, etwas zu schmähen, was anderen Menschen heilig ist – selbst wenn es im Widerspruch zum Prinzip der Einheit Gottes steht –, steht im Plural und ist somit an alle Gläubigen gerichtet. Während also von den Muslimen erwartet wird, gegen die falschen Glaubensvorstellungen anderer zu argumentieren, ist ihnen nicht erlaubt, die Inhalte dieser Glaubensvorstellungen zu verunglimpfen und dadurch die Gefühle ihrer irrenden Mitmenschen zu verletzen.[7]

Wenn aber keine Distanz zu den Menschen eingenommen wird, die Gott oder den Propheten verspotten, und stattdessen mit gleichen Methoden oder gar mit Gewalt reagiert wird, dann führt das nur dazu, dass sowohl diejenigen, die spotten, als auch diejenigen, die sich davon provozieren lassen, auf gleicher Stufe stehen. Gott warnt: *»Er hat euch in dieser göttlichen Schrift geboten, dass immer, wenn ihr Leute die Wahrheit von Gottes Botschaften leugnen und über sie spotten hört, ihr ihre Gesellschaft meiden sollt, bis sie von anderen Dingen zu reden beginnen – sonst werdet ihr wahrlich wie sie werden!«* (4/*an-Nisa,* 140).

All diese Koranverse und die Haltungen des Propheten zeigen, dass Gott und Sein Gesandter gegen jegliche Art von Aggression und Gewalt sind, wenn andere sich über unsere religiösen Symbole lustig machen. Diejenigen, die Gewalt ausüben, und solche, die Sympathie mit den Gewalttätern zeigen, aber auch solche, die dazu schweigen, sind es, die dem Islam tatsächlich mehr schaden. Sie tragen gerade nicht dazu bei, sondern sie verhindern es direkt oder indirekt, unseren barmherzigen Propheten richtig darzustellen. Solange solche Menschen vorgeben, im Namen des Islam zu handeln, so lange werden wahre Musliminnen und Muslime sich darüber empören und ihren Widerspruch gegen die, die den Islam von innen heraus beschädigen, laut und deutlich öffentlich kundtun. Denn tun sie es nicht, dann beleidigen sie selbst und, stillschweigend, den Propheten.

3. Was also tun?

Die Liebe zu Gott und Seinem Gesandten soll allein durch mehr Demut, Barmherzigkeit, Geduld und Wohltaten in unseren Herzen und in unserem Handeln ausgedrückt werden! Je mehr wir Liebe und Sanftmut demonstrieren, desto mehr handeln wir im Sinne des Propheten. Jeder von uns soll ein »lebender Muhammad« sein, der durch sein Handeln Spuren der Barmherzigkeit auf der Erde zurücklässt. Ja, zu Humor, Scherz und Kunst, aber die Beleidigung von heiligen Symbolen kann nicht akzeptiert werden, egal, um welche Religion es sich handelt. In der Geschichte waren Religion und Kunst immer Geschwister, allerdings haben sich beide manchmal so entfremdet, dass beide daran leiden. Was nötig ist, ist, Kunst und Religion wieder zu versöhnen. Hier sind die in Europa lebenden muslimischen Künstler aufgefordert, ihre Arbeiten in die Öffentlichkeit zu bringen und die Schönheit der Kunst zu demonstrieren. In der Zeit des Propheten Muhammad waren es ausgerechnet nichtmuslimische Künstler, bzw. Poeten, die den Propheten verspotteten. Der Wegbegleiter des Propheten und der erste muslimische Poet, Hassan Ibn Thabit, spielte eine entscheidende Rolle, als es darum ging, die menschlichen Eigenschaften des Propheten Muhammad innerhalb der Welt der Kunst sichtbar zu machen. Die heutigen muslimischen Dichter, Maler, Musiker können und sollen das gnadenvolle Gesicht des Propheten in die Sprache der Kunst übertragen. Mit dem Karikaturen-Streit haben die Karikaturisten es geschafft, was wir als Muslime nicht geschafft haben, nämlich den Prophet Muhammad auf die Weltbühne der Kunst zu bringen. Jetzt sind wir herausgefordert und aufgefordert, den Propheten in bester Art und Weise auf dieser Bühne zu präsentieren. Er, bzw. seine Botschaft, müssen aus den muslimischen Häusern und Moscheen hinaus in die Öffentlichkeit. Seine Lehre muss da sein, wo die Menschen sind, in Bibliotheken, Schulen, Universitäten, Parlamenten, Medien, Museen, Theatern …, denn er ist nicht als »Schwert«, sondern *»als Barmherzigkeit für alle Menschen entsendet«* (21/*al-Anbiya*, 107). Die Muslime sind diejenigen die diese Barmherzigkeit des Propheten durch ihre Taten sichtbar machen sollten. Es sind ihre Taten, die die Barmherzigkeit des Propheten und des Korans bestätigen oder verleugnen.

LITERATUR

Koranübersetzungen

Asad, Muhammad, *Die Botschaft der Koran*, Ostfildern [2]2011.
Bobzin, Hartmut, *Der Koran*, München [3]2019.
Elyas, Nedeem, *Der edle Qur´an*, Medina 1425n.H./2004.

Allgemeine Literatur

Abu Dawud, al-Sidchistani, *Sunnen. Hadith Sammlung*, Heidelberg 2015-2017.
Albani, Nasiruddin, *silsilatu-l-ahadith ad-daifa*, Riyad 1993.
Andalusi, Abu Hayyan, *al-bahru-l-muhit*, Beirut 1993.
Andrae, Tor, *Mohammed. Sein Leben und sein Glaube*, Gauting 2002.
Aydin, Mehmet, *Tanri Hakkinda Konusmak*, Ankara 2019.
Azimli, Mehmet, *Siyeri Farkli Okumak*, Ankara 2016.
Bagawi, Alhusain b. Mas'ud, *mealimu-t-tanzil*, Beirut 1995.
Baihaqi, Abu Bakr, *sunenu-l kubra*, Beirut 2003.
Behdžet, Ahmed, *Allah – islamsko poimanje i vjerovanje*, Sarajevo 1990.
Bobzin, Hartmut, *Mohammed*, München [4]2016.
Bollnow, Friedrich, *Ifade ve Anlama*, (Dogan Özlem, *Hermeneutik Üzerine Yazilar*), Ankara 1995.
Bukhari, Muhammed ibn Ismail, *al-dschamius-sahih*, Riyad 2008.
Buti, M. Said Ramadan, *Fiqh al-sirah. Die Analyse der Prophetenbiografie*, Bochum 2015.
Büyür, Hasan, *Namaz Bilinci*, Istanbul 2001.
Cerić, Mustafa, *Das Konzept des Friedens im Islam*, hg. v. Münchner Forum für Islam e.V., München 2015.

Cevdet, Abdullah, *Funun ve Felsefe,* Istanbul 2009.
Chittik, William C./Murata, Schiko, *Vision of Islam*, London/New York [2]2006.
Cole, Juan, *Muhammad: Prophet of Peace Amid the Clash of Empires*, New York 2020.
Dchahiz, Abu Uthman bin Bahr, *al-mukhtar fir-radi ala´n-nasara,* Kairo 1991.
Demir, Ömer, *Salih Amel*, Ankara 2012.
Derweze, Izzet, *siratu´r-rasul,* Kairo 1948.
Dhahabi, Schamsuddin, *siyar al-a`alm an-nubala,* Beirut 1985.
Dschabiri, Abid, *bunjetul-aklil-arabi,* Beirut 2017.
Dschabiri, Abid, *widschhetun-nazar,* Beirut 1992.
Đozo, Husein, *Izabrana djela,* Sarajevo 2006.
Đozo, Husein, Korankommentar, Marburg 2008.
Eilers, Wilhelm, *Codex Hammurabi. Die Gesetzesstele Hammurabis,* Neuausgabe, Wiesbaden 2009.
Eliaçık, İhsan, *Bana Dinden Bahset*, Istanbul 2011.
Eliaçik, Ihsan, *Ihyadan Insaya*, Istanbul 2015.
Eliaçik, Ihsan, *Mülk Yazilari*, Istanbul 2014.
Eliaçik, Ihsan, *Sosyal Islam*, Istanbul 2015.
Elik, Hasan, *Tevhit Mesajı*, Istanbul 2016.
Erten, Mevlüt, *Nass-Yorum Iliskisi,* Ankara 2013.
Fowler, James W., *Stufen des Glaubens. Die Psychologie der menschlichen Entwicklung und die Suche nach Sinn,* Gütersloh 2000.
Fromm, Erich, *Kendini Savunan Insan;* deutsch: *Den Menschen verstehen: Psychoanalyse und Ethik,* München 2017.
Ghazali, Muhammad, *al-fasad as-siyasi fi-l mudschtamaatil arabiyyati wa-l islamiyyaeti,* Kairo 2005.
Gordon Newby: *A History of The Jews of Arabia. From Ancient Times to Their Eclipse Under Islam*, Columbia/USA 2009.

Güler, Ilhami, *Itikattan Imana*, Ankara ²2010.
Güler, Ilhami, *Allahin Ahlakiligi Sorunu*, Ankara 2002.
Güler, Ilhami, *Imân Ahlak Iliskisi*, Ankara ²2000.
Hakim, Ibn Abdullah an-Nisaburi, *al-mustadrak*, Beirut 2002.
Hamidullah, Muhammad, *Muhammad – Prophet des Islam. Sein Leben, sein Werk*, Ostfildern 2016.
Hanafi, Hasan, *al-wahju wa´l-waqi´*, Damaskus 2010.
Hanafi, Hasan, *at-turath wat-taschdid, mawqifuna min et-turath al-qadim*, Kairo 1980.
Hanafi, Hasan, *qadaja muasira fi fikrina al-muasir*, Kairo 1998.
Hanafi, Hasan, *Teoloji mi Antropoloji mi?* Ankara.
Hartmann, Martin, *Der Islam: Geschichte – Glaube – Recht*, Nachdruck der Originalausgabe von 1909, Hamburg 2011.
Hashimi, Muhammad ibn Habib, *al-muhabbar*, Damaskus 2013.
Ibn Aschur, Muhamad at-Tahir, *maqasid al-scharia al-islamiyya*, Amman 2001.
Ibn Chaldun, *muqaddima*, Beirut 1989.
Ibn Hanbal, Ahmad, *musned*, Istanbul 1992.
Ibn Hischam, Abdulmelik, *siratun-nabawiyya*, Beirut 1955.
Ibn Ishaq, Muhammad, *Das Leben des Propheten*, übersetzt von Gernot Rotter, Lympia/Zypern ⁴2008.
Ibn Kathir, Abu l-Fida' Ismail, *al-bidaya wan-nihaya*, Beirut 2015.
Ibn Kathir, Abu l-Fida' Ismail, *tafsir al-qur´an siratun-nabawiyya*, Beirut 1955.
Ibn Madscha, Abu Abdullah, *as-sunan*, Istanbul 1992.
Ibn Qaiyim al-Dschauziyya, Abu Abdullah Schamsuddin, *at-turuk al-hakimeh*, Beirut 2005.
Ibn Qaiyim al-Dschauziyya, Abu Abdullah Schamsuddin, *i´ilam al muwaqqe'in*, Beirut 1973.

Ibn Qaiyim al-Dschauziyya, Abu Abdullah Schamsuddin, *medaredch as-salikin,* Beirut 1996.
Ibn Sa'd, Muhammed, *at-tabakat al-kubra,* Beirut 1957.
Ibn Taymiya, Taqiyuddin, *as-sarim al-maslul ala scahtimir-rasul,* Mekka 1422 n.H.
Idriz, Benjamin, *»Zeig mir doch was Mohammed Neues gebracht hat ...«,* München 2018.
Idriz, Benjamin, *Der Koran und die Frauen*, Taschenbuchausgabe, Gütersloh 2021.
Idriz, Benjamin, *Grüß Gott, Herr Imam! Eine Religion ist angekommen*, München 2010.
Islamoglu, Mustafa, *Hayat Kitabı Kur'an, gerekceli Meal-Tefsir, Dusunce,* Istanbul 2002.
Islamoglu, Mustafa, *Hayatin Yeniden Insasi Icin,* Istanbul 2012.
Izetbegović, Alija, *Die islamische Ordnung*, Berlin 1993.
Izutsu, Toshihiko, *God and Man in The Koran*, Islamic Book Trust 2002.
Jones, John Marsden Beaumont (Hg.), *The Kitab al-Maghazi of al-Wāqidī*, Oxford 1967.
König, Stefan (Hg.), *Islamische Gemeinde Penzberg – Die Moschee, die Menschen, das Miteinander*, Gütersloh 2021.
Malik, Ibn Anas, *muwatta,* Beirut 2004.
Muhasibi, al-Harith bin Asad, *ar-riaya li huquqillah,* Beirut 2009.
Muqatil, Ibn Sulayman, *tafsir,* Beirut 2002.
Muslim, Ibn al-Hadschasch, *al-dschamius-sahih,* Istanbul 1992.
Nagel, Tilman, *Mohammed – Zwanzig Kapitel über den Propheten der Muslime,* München 2010.
Nasr, Seyyed Hossein, *Religion and Religions: The Challenge of Living in a Multi-religious World.* Vorlesung vom 8. April 1985, Charlotte/USA 1985.

Neuwirth, Angelika, *Koran,* Berlin 2011 (Bd. 1) / 2017 (Bd. 2/1).
Numayri, Abu Zayd, *tarihu´l-madinati´l-munawwara,* Beirut 1996.
Okuyan, Mehmet, *Kisa Surelerin Tefsiri,* Istanbul 2016.
Özcan, Hanifi, *Epistemolojik Acidan Imân,* Istanbul 2019.
Özsoy, Ömer, *Religionsfreiheit und religiös begründete Gewalt aus islamischer Sicht – ein koranhermeneutischer Beitrag,* in: Peter Antes, Heinrich de Wall (Hg.), Religions- und Weltanschauungsfreiheit. Verfassungsrechtliche Grundlagen und konfessionelle Perspektiven, Stuttgart 2018, S. 34-40.
Öztürk, Mustafa, *Kur´ani Kendi Tarihinde Okumak,* Ankara 2014.
Öztürk, Mustafa, *Siyaset, Itikad, Din,* Ankara 2019.
Paret, Rudi, *Mohammed und der Koran. Geschichte und Verkündung des arabischen Propheten,* Stuttgart [10]2008.
Qurtubi, Abu Abdallah bin Ahmad al-Ansari, *al-dschami‹ liahkami-l-qur'an,* Beirut 2006.
Rahman, Fazlur, *Islam,* Chicago 2020.
Rahman, Hannah, *The conflicts Between the Prophet and the Opposition in Madina,* in: Journal of the Culture of the Middle East 62 (1985) 260-297.
Razi, Fachruddin, *mefatihu-l-gayb,* Beirut 1991.
Rida, Raschid & Abduhu Muhammad, *al-manar,* Kairo 1947.
Sahintürk, Hanim, *Übersetzbarkeit des Korans. Inwiefern lässt sich der Korantext übersetzen?,* München 2018.
Samhudi, *wafa᾽ al-wafa bi-akẖbar dar al-muṣṭafa,* Mekka 2001.
Sardschani, Ragib al-Hanafi, *ar-rahma fi hayatir-rasul,* Beirut 2018.
Sarsur, Husam, *ayatus-sifat,* Beirut 2004.
Schimmel, Annemarie, *Muhammad,* München 2002.

Schöller, Marco, *Mohammed*, Frankfurt a.M. 2008.
Shahrur, Muhammad, *al-kitab wa ʾl-qur ʾān,* Damaskus 1990.
Spahić, Mustafa, *Koraci u Islam,* Sarajevo 1995.
Spinoza, Hasan Hanafi und Fuad Zekeriya, *Risale fillahuti ve-ssiyase,* London 2020.
Stillman, Norman Arthur, *The Jews of Arab Lands. A History and Source Book*, Philadelphia/USA 1994.
Ströbele, Christian /Middelback-Varwick, Anja / Dziri, Amir / Tatari, Muna (Hg.), *Armut und Gerechtigkeit – Christliche und islamische Perspektiven*, Regensburg 2016.
Tabari, Abu Dchaʻfar b. Dscharir, *dschami-ul-bayan,* Beirut 1997.
Tarabishi, George, *min islam el-qurʻan ila islam el-hadith.*
Tha´labi, *al-keschf wal-bayan,* Beirut 2004.
Tirmidhi, Muhammad Ibn Isa, *al-dschamisus-sahih,* Istanbul 1992.
Uludag, Süleyman, *Islam Düsüncesinin Yapisi,* Istanbul 2015.
Wahidi, *asbab an-nuzul,* Kairo 1969.
Waqidi, *kitab al-maġazi.*
Watt, W. Montgomery, *Muhammad. Prophet and Statesman*, Oxford 1974.
Wellhausen, Julius, *Skizzen und Vorarbeiten: Medina vor dem Islam. Muhammads Gemeindeordnung von Medina*, Nachdruck der Ausgabe von 1884, Norderstedt 2016.
Wellhausen Julius, *Muhammad in Medina – Das ist Vakidi´s Kitab Almaghazi in verkürzter deutscher Wiedergabe*, Nachdruck der Ausgabe von 1884, Norderstedt 2016
Zamahschari, Abu-l-Qasim, *al-kasch-schaaf,* Beirut 1977.
Zarqa, Mustafa, *scharh el-qawaid al-fikhiya,* Damaskus 1989.
Zayd, Mustafa, *al-maslaha fittaschri´al-islami,* Kairo 1964.

ANMERKUNGEN

Einleitung:
Der Koran – ein Buch, das meinen Horizont erweitert und mich vor Extremen schützt

1 Der Koran wird in diesem Buch in der Regeln nach folgender Übersetzung zitiert: Asad, Muhammad, *Die Botschaft der Koran*, Ostfildern [2]2011.

2 Überliefert von Tirmidhi.

3 Stefan König (Hg.), Islamische Gemeinde Penzberg – Die Moschee, die Menschen, das Miteinander, Gütersloh 2021, S. 181.

Text und Kontext:
Drei Kriterien, um den Koran besser zu verstehen

1 In der islamischen Tradition wird empfohlen, dass, wenn der Name des Propheten Muhammad genannt wird, er mit dem Segenswunsch *sallallahu alaihi wasallam* (Mögen Allahs Segen und Frieden auf ihm sein) verbunden wird. Traditionelle Wissenschaftler sind der Meinung, dass der Koranvers: *»Gott und Seine Engel segnen den Propheten. O die ihr glaubt, segnet ihn auch und sendet ihm einen Gruß!«* (33/*al-Ahzab*, 56) von den Gläubigen verlangt, den Propheten zu segnen und zu grüßen, und dies wird mit den *Worten sallallahu alaihi wasallam* mit dem sog. *salawat* getan. Einige zeitgenössische Kommentatoren des Korans sind der Meinung, dass dieser Vers nicht erfordert, den Propheten mündlich zu grüßen, sondern ihn aktiv zu unterstützen. Mehmet Azimli schreibt in der Einleitung seiner Biografie des Propheten: »Der wahre *salawat* ist nicht, ihn ständig auszusprechen, sondern echte Unterstützung für die Religion des Propheten zu zeigen.« In: Mehmet Azimli, *Siyeri Farkli Okumak*, S. 12. Siehe Exegese dieses Verses: Hasan Elik, *Tevhit Mesaji*, S. 963. Mustafa Islamoglu, *Hayat Kitabi Kur'an*, S. 841-842.

2 Im Koran gibt es dreizehn Verse, die mit »*Yas´alunaka*« (Sie fragen dich) beginnen: 2:189, 215, 217, 219, 220, 222; 5:4; 7:187; 8:1; 17:85; 18:83; 20:105; 79:42.

3 Hasan Elik, *Tevhit Mesaji*, S. 22.

4 Angelika Neuwirth, *Koran*, S. 113.

5 Hanim Sahintürk, *Übersetzbarkeit des Korans. Inwiefern lässt sich der Korantext übersetzen?*, München 2018.

6 Seyyed Hossein Nasr, *Religion and Religions: The Challenge of Living in a Multi-religious World*, Vorlesung vom 8. April 1985, Published by The University of North Carolina, Charlotte 1985.

7 Siehe Vers 2 der Sure 58/*al-Mudschadala*. Al-Zamachschari deutet den Vers wie folgt: »Dieser Vers ist Kritik und Verurteilung derjenigen Araber, die ihn aus Gewohnheit ihren Frauen als eine Beleidigung sagten«, *al-kashshaf*, S. 4/473.

8 Said Ramadan al-Buti, *fikhus-sire*, S. 278.

9 Al-Wahidi, *asbab an-nuzul*, S. 6.

10 Husein Đozo, *Izabrana djela*, II, S. 387.

11 Hasan Hanafi, *al-wahju wa´l-waqi´*, S. 135-136. (Mevlüt Erten, *Nass-Yorum Iliskisi*, S. 106).

12 Mevlüt Erten, *Nass-Yorum Iliskisi*, S. 106.

13 Siehe z.B. die Verse: 2/*al-Baqara*, 121; 3/*Al 'Imran*, 64 und 113-115; 4/*an-Nisa´*, 5; *Al-Maida*, 5 und 82, 86; 29/*al-Ankebut*, 46.

14 Husein Đozo, *Izabrana djela*, II, S. 390.

15 Ebd., S. 388.

16 26/*asch-Schuara*, 74; 5/*al-Maida*, 104; 7/*al-A´araf*, 28 und 38; 9/*at-Tawba*, 30 und 65; 10/*Yunus*, 78; 21/*al-Anbiya*, 53; 31/*Luqman*, 21; 43/*az-Zukhruf*, 43/22–23.

17 Süleyman Uludag, *Islam Düsüncesinin Yapisi*, S. 91.

18 Husein Đozo, *Izabrana djela*, II. S. 424-425.

19 Friedrich Bollnow, *Ifade ve Anlama*, Dogan Öylem, Hermeneutik Üzerine Yazilar, S. 87.

20 Mevlüt Erten, *Nass-Yorum Iliskisi*, S. 57.

21 Hasan Hanafi, *qadaja muasira fi fikrina el-muasir*, S. 185.
22 Abid al-Dschabiri, *bunjetul-aklil-arabi*, S. 41.
23 Mevlüt Erten, *Nass-Yorum Iliskisi*, S. 59.

Die Sieben Säulen des Korans

1 Überliefert von Bukhari und Muslim.
2 Überliefert von Ibn Madscha.
3 Alija Izetbegović, *Problemi islamskog preporoda – islamska deklaracija*, S. 107-110; deutsch: Die islamische Ordnung, Berlin 1993.
4 Mustafa Zayd, *al-maslaha fittaschri´al-islami*, S. 200.
5 Ibn Ashur, *maqasid al-scharia al-islamiyya*.
6 Abid al-Dschabiri, *widschhetun-nazar*, S. 105-106.
7 Az-Zamekhschari, *tafsir al-kesch-schaaf*, VI, S. 766.
8 Muhammad Asad, *Die Botschaft des Koran*, S. 297 (Anmerkung 124). Siehe auch: Georges Tarabishi, *min islam el-qur'an ila islam el-hadith*, S. 89-92 und Hasan Elik, *Tevhit Mesaji*, S. 434. Siehe die Analyse des Begriffs ›*ummiy*‹ und darüber, ob der Prophet lesen und schreiben konnte: Muhammad Shahrur, *al-kitāb wa'l-qur'ān*, S. 139-142.
9 M. Asad, *Die Botschaft des Koran*, S. 297 (Anmerkung 124).
10 Mehmet Okuyan, *Kisa Surelerin Tefsiri*, I, S. 348.
11 Mustafa Islamoglu, *Hayat Kitabi Kur'an*, S. 1279.
12 Überliefert von Abu Dawud.
13 R. Ihsan Eliacik, *Ihyadan Insaya*, S. 17.
14 Überliefert von Ibn Madscha.
15 Überliefert von Baihaqi.
16 Überliefert von Muslim.
17 Ibn Chaldun, *muqaddima*, XXV, S. 131.
18 Mustafa Islamoglu, *Hayat Kitabi Kur'an*, S. 376.
19 »Nach einer in Arabien herrschenden vorislamischen Sitte wurden die Monate Muharram (1. Monat), Radschab, Dhu-l-Qa´da und Dhu-l-Hidschdscha (10., 11. und 12. Monat) in dem Sinn als ›heilig‹ angesehen, dass alle Stammeskriege

während dieser Monate aufzuhören hatten. Mit der Absicht, diese Zeiten des Waffenstillstandes zu erhalten und somit den Frieden zwischen den häufig gegeneinander kriegführenden Stämmen zu befördern, hob der Qur´an diese alte Sitte nicht auf, sondern bestätigte sie vielmehr.« In: M. Asad, *Die Botschaft des Koran,* S. 224 (Anmerkung 6).

20 Aus dem Vortrag von Prof. Dr. Ömer Özsoy: *»Religionsfreiheit und religiös begründete Gewalt aus islamischer Sicht – ein koranhermeneutischer Beitrag«,* veröffentlicht in: Peter Antes, Heinrich de Wall (Hg.), Religions- und Weltanschauungsfreiheit. Verfassungsrechtliche Grundlagen und konfessionelle Perspektiven, Stuttgart 2018, S. 34-40.

21 Ibn Kathir, *tafsir,* II/336.

22 M. Said Ramadan al-Buti, *fikhus-sira,* Str. 419

23 Al-Razi, *mefatihu-l-gayb,* V/128-130.

24 Al-Qurtubi, *al-dschami´,* II/236.

25 Al-Bagawi, *mealimut-tanzil,* II/269.

26 Rashid Rida, *tafsir al-manar,* II/169; Mustafa Öztürk, *Kur´ani Kendi Tarihinde Okumak,* S. 129-178.

27 Juan Cole, *Muhammad: Prophet of Peace Amid the Clash of Empires,* ab S. 173.

28 M. Asad, *Die Botschaft des Koran,* S. 644 (Anmerkung 59).

29 Überliefert von Muslim und Abu Dawud. Siehe: Benjamin Idriz, *»Zeig mir doch, was Mohammad Neues gebracht hat ...«,* München 2018, S. 110.

30 M. Asad, *Die Botschaft des Koran,* S. 74 (Anmerkung 167).

31 Überliefert von Bukhari und Muslim.

32 https://en.qantara.de/content/jawdat-said-islam-as-a-violence-free-religion, [abgerufen 13.07.2021].

33 4/*an-Nisa,* 75; 28/*al-Qasas,* 5.

34 11/*Hud,* 27; 26/*asch-Schuara,* 111-114; 80/ *Abasa,* 1-12.

35 34/*Saba,* 34; 43/*az-Zuhruf,* 23; 56/*al-Waqia,* 45.

36 7/*al-Araf,* 99; 13/*ar-Rad,* 42; 10/*Yunus,* 21; 27/*an-Naml,* 50.

37 3/*Al 'Imran,* 123-125; 9/*at-Tawba,* 25; 22/*al-Hadsch,* 38; 48/ *al-Fath,* 3.

38 2/*al-Baqara,* 98; 5/*al-Maida,* 56; 8/*al-Anfal,* 60; 58/*al-Mudschadila,* 22.

39 Überliefert von Bukhari und Muslim.

40 Überliefert von Al-Beyhaqi.

41 M. Asad, *Die Botschaft des Koran,* S. 397 (Anmerkung 122).

42 Ebd., S. 252 (Anmerkung 92).

43 Idriz, Benjamin, Der Koran und die Frauen, TB der Erstausgabe (2019), Gütersloh 2021.

44 Ebd., S. 101ff.

45 M. Asad, *Die Botschaft des Koran,* S. 1137. (Anmerkung Nr. 1).

46 Al-Dhahabi, *siyar a´alma al nubala,* I/361.

47 Annemarie Schimmel, *Muhammad, kao divan uzor,* S. 51, deutsch: Und Muhammad ist sein Prophet – Die Verehrung des Propheten in der islamischen Frömmigkeit. TB der Erstausgabe (1981), München 2002. S. 51.

48 Über die beispielhafte Erfahrung der Moschee in Penzberg: Stefan König (Hg.), Islamische Gemeinde Penzberg. Die Moschee – die Menschen – das Miteinander, Gütersloh 2021.

49 Ibn Qaiyim, *at-turuk al-hakimah,* S. 14. Siehe auch: Ibn Qaiyim, *i'lam al muveqqi'in,* 4/373.

50 Ihsan Eliaçik, *Mülk Yazilari,* I, S. 59.

51 Ihsan Eliaçik, *Mülk Yazilari,* S. 26.

52 Bericht der humanitären Organisation Oxfam für 2015, »Reichtum auf Kosten der Armut«, www.oxfam.de.

53 Siehe Verse wie in der Reihenfolge des Korans: 68/*al-Qalem,* 10-16; 74/*al-Muddathir,* 6 und 11-17; 77/*al-Mursalat,* 46; 89/ *al-Fadschr,* 17-20; 92/*al-Layl,* 8-1; 93/ad-Duha, 9-10; 96/ *al-´Alaq,* 6-10; 100/*al-Adiyat,* 6-7, 102/*at-Takathur,* 1-6; 104/ *al-Humaza,* 1-4; 107/*al-Ma´un,* 1-6.

54 M. Asad, *Die Botschaft des Koran,* S. 344 (Anmerkung 51).

55 At-Tabari, *dschamiu-l-beyan,* X, S. 73.

56 Überliefert von Hakim.

57 Ströbele, Christian /Middelback-Varwick, Anja / Dziri, Amir / Tatari, Muna (Hg.), *Armut und Gerechtigkeit – Christliche und islamische Perspektiven*, Regensburg 2016, S. 69.
58 Ihsan Eliaçik, *Sosyal Islam*, S. 178.
59 Überliefert von Ibn Madscha.
60 Überliefert von Bukhari un Ahmad.
61 Überliefert von Muslim.
62 Überliefert von Muslim.
63 M. Asad, *Die Botschaft des Koran,* S. 298 (Anmerkung 125).
64 Überliefert von Ibn Madscha, vgl.: Benjamin Idriz, *»Zeig mir doch, was Mohammed Neues gebracht hat ...«*, München 2018, S. 56.

Der Islam: Ein Weg zu Gott vermittelt durch verschiedene Propheten

1 Überliefert von Malik, vgl.: Benjamin Idriz, *»Zeig mir doch, was Mohammed Neues gebracht hat ...«*, München 2018, S. 37.
2 Überliefert von Bukhari.
3 Vgl.: Exodus 20,3.
4 Ibn Habib, *al-muhabbar*, S. 322-323.
5 M. Asad, *Die Botschaft des Koran,* S. 53 (Anmerkung 92).
6 Ilhami Güler, *Allahin Ahlakiligi Sorunu*, S. 15.
7 Mustafa Cerić, *Das Konzept des Friedens im Islam,* hg. v. Münchner Forum für Islam e.V., München 2015, S. 6.
8 Überliefert von Bukhari und Muslim; vgl. Benjamin Idriz: *«Zeig mir doch, was Mohammed Nues gebracht hat ...«*, München 2018, S. 128.
9 Überliefert von Bukhari und Muslim. Vgl.: Benjamin Idriz, *»Zeig mir doch, was Mohammed Neues gebracht hat ...«*, München 2018, S. 40.
10 Die Religionsgemeinschaft der Sabier geht ursprünglich vermutlich auf einen Kult des babylonischen Mondgottes Sin zurück, nahm im Laufe der Zeit aber andere religiöse Motive auf und scheint zur Zeit Muhammads als »Religion des Bu-

ches« jüdische und christliche Elemente integriert zu haben; vgl. M. Asad, *Die Botschaft des Koran*, S. 541 (Anmerkung 49).

11 Ebd., S. 41 (Anmerkung 50).

Der Imân: Mehr als Glaube

1 »*O ihr Menschen, zu euch ist nunmehr ein Beweis von eurem Herrn gekommen, und Wir haben zu euch ein deutliches Licht hinabgesandt.*« (4/*an-Nisa*, 174).

2 Siehe Verse: 6/*al-Anam*, 25; 8/*al-Anfal*, 31; 16/*an-Nahl*, 24; 23/*al-Muminun*, 83; 25/*al-Furkan*, 5; 27/*an-Naml*, 68; 46/ *al-Ahqaf*, 17 und 13; 68/*al-Qalem*, 15; 83/*al-Mutaffifin*, 13.

3 Hanefi Özcan, *Epistemolojik Acidan Imân*, S. 46

4 3/*Al 'Imran*, 191; 7/*al-A´raf*, 176; 30/*ar-Rum*, 21.

5 2/*al-Baqara*, 76; 12/*Yusuf*, 2; 22/*al-Hadsch*, 46.

6 6/*al-An´am*, 98; 8/*al-Anfal*, 65; 9/*at-Tawba*, 122.

7 Siehe Seite 36.

8 Erich Fromm, *Kendini Savunan Insan*, S. 160; deutsch: Den Menschen verstehen: Psychoanalyse und Ethik, München 2017.

9 Mustafa Islamoglu, *Hayatin Yeniden Insasi Icin*, S. 104.

10 D.h.: mit dem Vermögen des Fühlens wie auch des rationalen Denkens (M. Asad. *Die Botschaft des Koran*, S. 1081 Anmerkung 20).

11 Muhammad al-Ghazali, *al-fasad as-sijasi fi al mugtemat al-arabijja wel-islamijja*.

12 Mustafa Cerić, *Das Konzept des Friedens im Islam*, hg. v. Münchner Forum für Islam e.V., München 2015, S. 5.

13 Ernest Klein, *Comprehensive Etymological Dictionary of the Hebrew Language for Readers of English*, S. 34-35

14 Mustafa Öztürk, *Siyaset, Itikad, Din*, S. 93.

15 Ilhami Güler, *Itikattan Imana*, S. 12.

16 Ömer Demir, *Salih Amel*, S. 22.

17 Ilhami Güler, *Itikattan Imana*, S. 16.

18 Ömer Demir, *Salih Amel*, S. 75.

19 Abdullah Cevdet, *Funun ve Felsefe,* S. 264.

20 James W. Fowler, *Imân Bilincinin Evreleri,* ins Türkische übersetzt von A. Ulvi Muradoglu, in: MÜIFD 2000, Nummer 19, S. 90; deutsch: *Stufen des Glaubens. Die Psychologie der menschlichen Entwicklung und die Suche nach Sinn,* Gütersloh 2000.

21 Toshihiko Izutsu, *Kur`an`da Dini ve Ahlaki Kavramlar,* S. 1245.

22 6/*al-Anam,* 11; 27/*an-Naml,* 69; 29/*al-Ankabut,* 20; 30/*ar-Rum,* 42.

23 Ihsan Eliacik, *Bana Dinden Bahset,* S. 376.

24 Benjamin Idriz, *Grüß Gott, Herr Imam! Eine Religion ist angekommen,* München 2010, S. 71-73.

25 Ilhami Güler, *Allahin Ahlakiligi Sorunu,* S. 15.

26 Mustafa Öztürk, *Siyaset, Itikad, Din,* S. 96

27 Hasan Hanafi, *at-turath wat-taschdid, mawqifuna min etturath al-qadim,* S. 84.

28 Mustafa Öztürk, *Siyaset, Itikad, Din,* S. 98

29 Fazlur Rahman, *Islam* (ins Türkische übersetzt von M. Aydin), S. 319; amerikanische Ausgabe: Chicago 2020.

30 Ilhami Güler, *Itikattan Imana,* S. 12.

31 Ilhami Güler, *Imân Ahlak Iliskisi,* S. 11.

35 Al-Muhasibi, *ar-riaya li huquqillah,* S. 15.

33 Mehmet Aydin, *Tanri Hakkinda Konusmak,* S. 25.

Das Verhältnis zwischen Gott und Mensch

1 3/32 und 132; 4/59; 5/92; 8/1; 8/20; 8/46; 20/90; 24/54 und 56; 47/33; 58/13; 64/12 und 16.

2 Siehe die Übersetzungen z.B. von: Hartmut Bobzin, Nadeem Elyas, Max Henning.

3 »*Gott bestärkt die, die sich leiten lassen, in der rechten Leitung.*« (19/*Maryam,* 76).

4 »*Gottes Barmherzigkeit ist denen nahe, die Gutes tun!*« (7/*al-A`raf,* 5).

5 *»Es war Pflicht für uns, den Glaubigen/Vertrauenden zu helfen!«* (30/*ar-Rum*, 47).
6 *»Gott verteidigt diejenigen, die glauben/anvertrauen.«* (22/*al-Hadsch*, 38).
7 *»Es gibt kein Lebewesen auf Erden, dessen Versorgung nicht Gott obliegt.«* (11/*Hud*, 6).
8 *»Unser Herr! Siehe, wir hörten einen Rufer, der zum Glauben rief: Glaubt an euren Herrn! Da glaubten wir.«* (3/*Al 'Imran*, 193).
9 *»Den Dankbaren werden wir vergelten.«* (3/*Al 'Imran*, 145).
10 *»Seinetwegen kräuselt sich die Haut derer, die gegenüber Gott Respekt haben.«* (39/*az-Zumar*, 23).
11 *»Jener ist Gott gewahrt, die ihre Verbundenheit mit ihm halten und sich Seiner bewußt sind: und wahrlich, Gott liebt jene, die sich Seiner bewusst sind.«* (3/*Al 'Imran*, 76).
12 Hasan Elik, *Tevhit Mesaji*, S. 50.
13 Amanah heißt zunächst »Vertrauen«, hat aber breitere Bedeutungen. Es meint die moralische Verantwortung, die Verpflichtungen gegenüber Gott zu erfüllen. Es bedeutet auch »freier Wille«.
14 So übersetzt Ilhami Güler das Wort *»amanah«* in diesem Vers. *Itikattan Imana*, S. 60.
15 Siehe Beispiele dazu im Koran: 2/*al-Baqara*, 27; 3/*Al 'Imran*, 81; 4/*an-Nisa*, 21; 5/*al-Maide*, 14; 6/*al-Anam*, 115; 7/*al-Araf*, 169; 10/*Yunus*, 19; 20/*Ta-Ha*, 129; 41/*Fussilat*, 45.
16 Spinoza, *Risale fillahuti ve-ssiyase*, Hasan Hanafi und Fuad Zekeriya, S. 187.
17 Hasan Hanafi, *Teoloji mi Antropoloji mi?*, S. 512.
18 Mustafa Islamoglu, *Hayatin Yeniden Insasi Icin*, S. 15-18.
19 Toshihiko Izutsu, *God and Man in The Koran*, 2002, S. 76-77.
20 Ebd., S. 230.
21 3/Al'Iman, 117 und 182; 8/*al-Anfal*, 51; 16/*an-Nahl*, 33; 22/*al-Hadsch*, 10; 41/*Fussilat*, 46; 50/*Qaf*, 29.

Gnade ist die Grundlage aller Lehre

1 Husam Sarsur, *ayatus-sifat,* S. 337.
2 As-Sardschani, *ar-rahma fi hayatir-rasul,* S. 35.
3 Ahmed Behdžet, *Allah – islamsko poimanje i vjerovanje,* S. 179.
4 Überliefert von Bukhari.
5 William C. Chittik / Schiko Murata, *Islamin Viyzonu,* S. 133; englische Ausgabe: *Vision of Islam*, London/New York [2]2006.
6 Ahmed Behdžet, *Allah – islamsko poimanje i vjerovanje,* S. 179.
7 Vortrag vom 30. Juli 2008 an der Yale University in den USA auf der Konferenz zum Thema »Loving God and Neighbor in Word and Deed: Implcations for Christian an Muslims«.
8 Vgl. *»Love in the Holy Qu'ran«* des jordanischen Autors Prinz Ghazi bin Muhammad bin Talal (2019), und: *»Islam ist Barmherzigkeit«* von Mouhanad Khorchide (Freiburg i.Br. 2015) nennen.
9 Überliefert von Abu Dawud und Tirmidhi.
10 Überliefert von Muslim.

Die täglichen Gebete als Training für Mitmenschlichkeit

1 Überliefert von Tabarani.
2 2/*al-Baqara,* 43, 83, 110, 117, 277; 4/*an-Nisa,* 77, 162; 5/*al-Maida,* 12, 55; 9/*at-Tawba* 5, 11, 71, 103; 19/*Maryam,* 31, 55; 21/*al-Anbiya,* 73; 22/*al-Hadsch,* 41, 78; 24/*an-Nur,* 37, 56; 27/*an-Naml,* 3; 31/*Luqman,* 4; 33/*al-Ahzab,* 33; 35/*al-Fatir, 18;* 58/*al-Mudschadila,* 13; 73/*al-Muzzammil,* 20; 98/*al-Bayyina,* 5.
3 2/*al Baqara,* 45, 153; 11/*Hud,* 114-115; 13/*ar-Ra´d,* 22; 22/*al-Hadsch,* 35.
4 Yusuf al-Qardawi, *as-sabru fi-l qur´an,* S. 49.
5 12/*Yusuf,* 18.
6 39/*az-Zumar,* 10.
7 10/*Yunus,* 109; 11/*Hud,* 49, 115; 16/*an-Nahl,* 126-127; 20/*Ta Ha,* 130; 40/*Ghafir,* 55 und 77; 74/*al-Muddaththir,* 7; 30/*ar-Rum,* 60; 38/*Sad,* 7; 46/*al-Ahkaf,* 35; 50/*Qaf,* 39; 52/*at-Tur,* 48.

8 Z.B. in Pakistan am Fr. den 30.01.2015 (60 Tote); in Kuwait am Fr. den 26.06.2015 (25 Tote); in Pakistan am Fr. den 16.09.2016 (24 Tote); in Ägypten am Fr. den 24.11.2017 (305 Tote); in Afghanistan am Fr. den 18.10.2019 (62 Tote); in Pakistan am Fr. den 10.01.2020 (10 Tote).
9 Mustafa Spahić, *Koraci u Islam*, S. 100.
10 Al-Albani, *silsilatu-l-ahadith ad-daifa*, II/449.
11 Hasan Büyür, *Namaz Bilinci*, S. 23.
12 (1/*al-Fatiha*, 1 und 6; 2/*al-Baqara*, 142; 3/*Al 'Imran*, 51; 6/*al-Anam*, 87)
13 Nämlich: »und greift nicht auf rohe Gewalt zurück, wenn es um eure persönlichen Interessen geht«. Der Ausdruck »anders als in (der Ausübung von) Gerechtigkeit« bezieht sich auf die Ausübung einer gesetzlichen Strafe, das Töten in einem gerechten – d.h. defensiven – Krieg oder auf individuelle, rechtmäßige Selbstverteidigung«, in: M. Asad, *Die Botschaft des Koran*, S. 264 (Anmerkung 148).

Gebote und Verbote im Verhältnis zu Gott und der Menschen zueinander

1 Husein Đozo, *Izabrana djela, Knjiga druga, Kur'anske studije*, S. 599.
2 M. Asad, *Die Botschaft des Koran*, S. 70 (Anmerkung 151).
3 Wilhelm Eilers, *Codex Hammurabi. Die Gesetzesstele Hammurabis*, Neuausgabe Wiesbaden, S. 32.
4 Az-Zarqa, *scharh el-qawaid al-fiqhiya*, S. 481.
5 Fazlur Rahman, *Islam*, Chicago 2020, S. 221.
6 Ibn Qaiyim, *medaredch as-salikin*, I/331.
7 Überliefert von Tirmidhi.

Islamisch begründeter Antisemitismus? – Eine notwendige Reflexion über die Koranverse zu den Juden

1 Encyclopaedia Judaica, Bd. 3, S. 51.
2 At-Tabari, d*schami´ul bayan*, XIV/227 und XVI/228; Ar-Razi,

mafatihu-l-ghayb, XX/37 und XXII/144 al-Andalusi, *al-bahru´l-muhit*, V/478 und VI/277; Muqatil bin Sulaiman, *tafsir*, II/223 und 352. Siehe auch: M. Asad, *Die Botschaft des Koran*, S. 508 (Anmerkung 46).

3 At-Tha´labi, *al-kaschf wal-bayan*, V/149; Al-Baghawi, *mealim al-tanzil*, IV/150.

4 Izzet Derweze, *siratu´r-rasul*, I/335-336.

5 Mustafa Öztürk, *Siyaset, Itikad, Din*, S. 189.

6 Encyclopaedia Judaica (1928-1934), Bd. 3, S. 51.

7 2/al-*Baqara*, 136 und 285; 3/*Al 'Imran*, 84; 4/*an-Nisa*, 150-152.

8 M. Asad, *Die Botschaft des Koran*, S. 182 (Anmerkung 143).

9 Abu Uthman bin Bahr al-Dchahiz, *al-mukhtar fir-radi ala´n-nasara*, S. 58.

10 Siehe die Details des Abkommens: Julius Wellhausen, *Skizzen und Vorarbeiten: Medina vor dem Islam. Muhammads Gemeindeordnung von Medina ...*, Nachdruck der 1. Aufl. (1884), Berlin 2010; Julius Wllhausen, *Muhammad in Medina – Das ist Vakidi´s Kitab Almaghazi in verkürzter deutscher Wiedergabe* (1884), Muhammad Hamidullah, *Muhammad – Prophet des Islam. Sein Leben, sein Werk*, Ostfildern 2016.

11 M. Asad, *Die Botschaft des Koran*, S. 60 (Anmerkung 116).

12 Hannah Rahman, *The conflicts Between the Prophet and the Oppsition in Medina*, in: Journal of the Culture of the Middle East 62 (1985), 281.

13 Abu Zayd an-Numayri, *tarihu´l-madinati´l-munawwara*, I/304-306.

14 As-Samhudi, *wafa᾽ al-wafa bi-akḫbar dar al-muṣṭafa*. Bd. 3, S. 82; ins Deutsche übersetzt von Ferdinand Wüstenfeld: *Geschichte der Stadt Medina*. Göttingen 1860, S. 118 f.

15 Al-Waqidi, *kitabu´l-meghazi*, I/184-190; Ibn Sa´d, *tabaqati al-kubra*, II/28-31.

16 Muhammad Hamidullah, *Muhammad – Prophet des Islam. Sein Leben, sein Werk*, Ostfildern 2016, S. 385.

17 Adh-Dhahabi, *siyar a´alam an-nubala*, S. 26/385.

18 Hannah Rahman, *The Conflicts Between the Prophet and the Opposition in Madina,* in: Journal of the Culture of the Middle East 62 (1985), 281.

19 William Montgomery Watt, *Muhammad. Prophet and Statesman,* Oxford 1974, S. 128.

20 Überliefert von Bukhari und Muslim.

21 Ibn Taymiya, *as-sarim al-maslul ala scahtimir-rasul.*

22 Ibn Kathir, *al-bidaya wan-nihaya,* 5/326-337.

23 John Marsden Beaumont Jones (Hg.), *The Kitāb al-Maghāzī of al-Wāqidī,* Bd. 1, S. 192. Übersetzung nach Rudi Paret: *Mohammed und der Koran. Geschichte und Verkündung des arabischen Propheten,* Stuttgart [10]2008, S. 156.

24 Ibn Ishaq, *Das Leben des Propheten,* übersetzt von Gernot Rotter, Lympia/Zypern [4]2008, S. 160.

25 At-Tabari, *dchami´ul bayan fi tafsir al-qur´an,* Bd. 6, S. 93.

26 *The Encyclopaedia of Islam,* Bd. 7, S. 852.

27 Muhammad Hamidullah, *Muhammad – Prophet des Islam. Sein Leben, sein Werk,* Ostfildern 2016, S. 358; Mehmet Azimli, *Siyeri Farkli Okmak,* S. 326.

28 M. Asad, *Die Botschaft des Koran,* S. 1045 (Anmerkung 1).

29 Mehmet Azimli, *Siyeri Farkli Okumak,* S. 326.

30 William Montgomery Watt, *Muhammad – Prophet and Statesman*, Oxford 1974, S. 166.

31 Al-Waqidi, *kitab al-maġazi,* S. 458.

32 Mehmet Azimli, *Siyeri farkli Okumak,* S. 324.

33 Ibn Hischam, *Siyar,* VI/2007.

34 M. Asad, *Die Botschaft des Koran*, S. 801 (Anmerkung 29).

35 Ibn Hanbal, *musnad,* III/350.

36 Ibn Hischam, *Siyar,* VI/234.

37 Mehmet Azimli, *Siyeri Farkli Okumak,* S. 331.

38 Marco Schöller, *Mohammed,* Frankfurt a.M. 2008, S. 47

39 Martin Hartmann, *Der Islam: Geschichte – Glaube – Recht,* Nachdruck der Originalausgabe von 1909, Hamburg 2011, S. 16.

40 Tor Andrae, *Mohammed. Sein Leben und sein Glaube*, Gauting 2002, S. 126.

41 Tilman Nagel, *Mohammed – Zwanzig Kapitel über den Propheten der Muslime,* München 2010, S. 12 und 144.

42 Arent Jan Wensnick, *Mohammed and the Jews of Medina,* S. 127.

43 William Montgomery Watt, *Muhammad – Prophet and Statesman,* Oxford 1974, S. 171.

44 Rudi Paret, *Mohammed und der Koran. Geschichte und Verkündung des arabischen Propheten*, Stuttgart [10]2008, S. 122-125.

45 Norman Arthur Stillman, *The Jews of Arab Lands. A History and Source Book*, Philadelphia/USA 1994, S. 16.

46 Gordon Newby: *A History of The Jews of Arabia. From Ancient Times to Their Eclipse Under Islam*, Columbia 2009, S. 91.

47 Hartmut Bobzin, *Mohammed*, München [4]2016, S. 107.

48 Juan Cole, *Muhammad: Prophet of Peace Amid the Clash of Empires,* New York 2020, ab S. 173.

49 https://www.ida2at.com/the-jews-of-bani-qureizah-beyond-the-religious-reading-of-the-incident/ [abgerufen 13.07.2021]

50 https://de.qantara.de/inhalt/interview-mit-der-religionswissenschaftlerin-karen-armstrong-unsere-freiheit-zaehlt-mehr-als [abgerufen am 13.07.2021]

51 Der Koran pauschalisiert nicht, wenn er über eine Erscheinung oder eine Gruppe spricht, er differenziert zwischen ihnen und sagt: »weminen-nasi« (es gibt Menschen). Beispiele: 2/*al-Baqara,* 8, 165, 200, 204, 207; 22/*al-Hadsch,* 3, 8, 11; 29/*al-Ankebut*, 10; 31/*Luqman,* 7, 20; oder: »*weminhum* (und unter ihnen)«. Beispiele: 2/*al-Baqara,* 28, 203; 4/*an-Nisa,* 55; 7/*al-araf,* 168; 9/*at-tawba,* 49, 58, 61, 75; 35/*Fatir,* 32.

52 Mustafa Öztürk, *Siyaset, Itikad, Din,* S. 202.

53 3/*Al 'Imran,* 182; 8/*al-Anfal,* 51; 22/*al-Hadsch,* 10; 40/*Gafir,* 31; 41/*Fussilat,* 46; 50/*Qaf,* 29.

54 M. Asad, *Die Botschaft des Koran,* S. 175 (Anmerkung 119).

55 Überliefert von Ahmad bin Hanbal.
56 Überliefert von Muslim.

»Muhammad-Karikaturen«: Wie sollten die Muslime mit Beleidigungen umgehen?

1 Überliefert von Bukhari.
2 Überliefert von Bukhari.
3 Überliefert von Bazzar.
4 Überliefert von Muslim.
5 Überliefert von Bukhari.
6 Überliefert von Muslim.
7 M. Asad, *Die Botschaft des Koran*, S. 252-253 (Anmerkung 92).

Sollte diese Publikation Links auf Webseiten Dritter enthalten, so übernehmen wir für deren Inhalte keine Haftung, da wir uns diese nicht zu eigen machen, sondern lediglich auf deren Stand zum Zeitpunkt der Erstveröffentlichung verweisen.

Penguin Random House Verlagsgruppe FSC® N001967

1. Auflage

Umschlagmotiv: © imago images / Astrid Schmidhuber
Druck und Bindung: GGP Media GmbH, Pößneck
Printed in Germany
ISBN 978-3-579-07449-8
www.gtvh.de